U0943395

史林札记

蔡美彪 著

中華書局

图书在版编目(CIP)数据

史林札记/蔡美彪著. —北京:中华书局,2015.11
ISBN 978-7-101-11015-9

Ⅰ.史… Ⅱ.蔡… Ⅲ.中国历史-文集 Ⅳ.K207-53

中国版本图书馆 CIP 数据核字(2015)第 127896 号

书　　名　史林札记
著　　者　蔡美彪
责任编辑　李　静
出版发行　中华书局
(北京市丰台区太平桥西里 38 号　100073)
http://www.zhbc.com.cn
E-mail:zhbc@zhbc.com.cn
印　　刷　北京天来印务有限公司
版　　次　2015 年 11 月北京第 1 版
2015 年 11 月北京第 1 次印刷
规　　格　开本/640×960 毫米　1/16
印张 16¾　插页 2　字数 200 千字
印　　数　1-2000 册
国际书号　ISBN 978-7-101-11015-9
定　　价　68.00 元

前　　言

耄耋之年，对历年留存的文稿做了些清理。承中华书局先后出版了我的《辽金元史考索》《学林旧事》等文编。收入本书的，是已出两书没有编入的零散文稿，内容庞杂，姑且题为《史林札记》。

蔡美彪

2012 年 10 月

目　　录

卷一　综合评述

卷二　专题探索

卷三　评介存稿

附录　答问三篇

卷一

综合评述

试说中华民族的形成

中华一词，古已有之。中是中原，华指华夏。“民族”一词则是十九世纪末才从日本引进，是英语 nation 的译名。所以，中华民族作为一个习用的概念，只是在二十纪才逐渐通行。它的实际含义，不同于人类学或民族学所称谓的狭义的（血缘的或体质的）民族或种族，也不是简单地以国家的概念作为民族的概念，而是作为以汉族为主体的五十几个民族的总称，是一个相互凝结的多民族的群体。本世纪以来，这一概念已渐为中华各族人民所通用，并且也在散居各地的中华儿女中形成了共识。例如，现在作为国歌的《义勇军进行曲》中的歌词：“中华民族到了最危险的时候”，就是指中华各民族的整体。人们常说的华侨与华裔，也并不是仅指汉族的后裔，而是包括侨居海外的满族、蒙古族、回族等等各民族的子孙。所谓“华”，已不是古老意义的作为汉族祖先的华族，而是中华民族的简称。

汉族作为中华民族的主体，是历史发展主要是经济文化发展所形成的结果，而不是由于汉族对人数较少的各民族的军事的或行政的征服。

汉族的称谓，起源于汉王朝的国名。先秦时期，民族交融的历史，姑且不论。自汉朝以来到清朝灭亡这两千多年间，汉族曾多次统治过非汉族的各民族，非汉族的一些民族也多次统治过汉族。自历史上所谓“十六国”以来，鲜卑族拓拔氏建立过北魏，契丹族耶律氏建立过辽朝，女真族完颜氏建立过金朝，蒙古族乞颜部建立过元朝，直到历史上最后一个封建王朝清朝，统治者也不是汉族而是满族。至于非汉民族在局部地区建立起对汉族的统治，事例甚多，不需备举。约略统计一下，历史上非汉民族在全国或局部地区建立起对汉族的统治，将近千年之久，即相当于汉代以来两千年间一半左右的时间。但是，在这漫长的时间里，汉民族并没有因为遭受非汉民族的统治而趋向衰落，相反，它得以始终保持作为中华民族主体的地位，并且不断得到发展。这是因为汉民族在中华各民族中是经济发展较早、文化水平较高的民族，非汉民族要对汉族实行统治，就不能不适应汉族地区的经济发展水准和文化形态。北魏孝文帝力倡汉化，辽朝吸收汉文明，金朝自海陵王南迁后，女真族普遍学习汉语文，元世祖忽必烈推行汉法，清康熙帝征服了江南，汉文明却征服了满族的康熙皇帝。大量的历史事实反复说明，非汉民族由于汲取了汉文明而使自己的民族文化具有了新的形态；汉文明在非汉民族统治时期得到更为广泛的传播，并且由于吸收其他民族的文化内容而得到发展。作为人们共同体的汉民族也由于不断融入他族分子而发展壮大。所以说，汉族作为中华民族的主体，并不是由于单纯的武力扩展，而主要是由于经济文化的发展。如果认为中华民族的形成是基于汉族对各少数民族的军事征服，那是不符合历史实际的。

作为中华民族的各民族，经过长时期的交流与交融，形成了内在的凝结。

中华各民族在历史上有过频繁的交往，也有过彼此间的冲突以至争战，各民族也有过处于统治地位或被统治地位的不同经历。但是，各民族间发生各种冲突的结果，并不是彼此分离，而是交往和联系的强化。不仅行政上、经济上的关系日益密切，而且从语言、文字、宗教、文化以至心理状态、民族感情上也逐渐形成内在的凝结。蒙古族曾经征服过维吾尔族，却汲取了维吾尔族的文化，应用古维吾尔文创造了自己民族的文字蒙古文。这种蒙古文后来又传于满族，改制为满文。藏传佛教曾先后在蒙古族和满族中传播。萨迦的八思巴曾被元朝封为国师，统领释教。尔后，达赖与班禅额尔德尼也是蒙古汗与满族皇帝加给的称号。蒙古族也还应用藏文创制过方体的蒙古文字。直到现在，蒙古族人仍然习用藏语命名。维吾尔族原来信奉佛教，改奉伊斯兰教之后，才应用阿拉伯字母制成新的维吾尔文。但是，信奉伊斯兰教的回族，在日常生活中广泛应用汉语文。人数众多的壮(僮)族应用汉语文更为普遍。中华各民族的语言，几乎无不或多或少地吸收了其他民族的语汇，从而也吸收了其他民族的思想与文化。历史上屡见的一些民族之间相互通婚的事例，更是加强了这些民族之间的血缘的凝结。至于各民族的经济生活和各种文化形态间的交流与交融，学者的研究，成果累累，不需多举。所以，无论从历史的纵向，还是文化的横向来考察，各民族之间都已历史地形成为具有丰富内涵的凝结。

民族的形成，是历史的产物。各个民族之间不能不存在各种差异和矛盾。矛盾运动的结果，历史上曾经煊赫一时的某些民族逐渐消失了，他们的成员融合于他族。例如，匈奴、鲜卑便是这类已消失的民族。一些原来处于较为原始状态的民族又相继兴起，演出了纵横驰骋的场面。例如建立元朝的蒙古族和建立清朝的满族，便是这类后来居上的民族。但是，中华民族历史上各个民族的兴衰消长，都并不是各自孤立地发展，而是相互影响、相互渗透，从而在中华民族总体的历史上构成了波澜起伏、灿烂多姿的画面。

1993 年 11 月

在民族关系史研讨会上的发言，原载《内部参阅》

简说汉族

中华人民共和国是统一的多民族的国家，共有五十几个民族。汉族人口最多，约占各民族总人口的百分之九十四左右。他分布在全国三十个省、市、自治区，是中国各民族的主体。

汉族有悠久的历史。在历史发展过程中，逐渐形成今天这样约有七亿人口的民族。

古代流传下来的历史传说认为，汉族最早的祖先是生活在中国中部地区的黄帝族和炎帝族。“帝”原来是部落盟长的称号。黄帝族和炎帝族大约是两个不同的部落联盟。依据考古发掘判断，这大约相当于公元前三千多年。黄帝族和炎帝族在相互斗争中融合到一起，发展成为华族。

中国历史上周朝的后期——东周时期（公元前八世纪到前三世纪），出现了许多并立的侯国，相互争战。但是，生活在中原地区不同侯国中的人们，却已形成了共同的语言和文化。这种文化把赤色（大红）作为最高尚的颜色。因此，被称为华族（华，义为赤）。华族周邻的各族人，在斗争和交往中，逐渐接受华族的文化，并和华族融合到一起。华族经过不断地扩大，形成为最强大的族。它就是后来的汉族。

汉族的名称，起源于汉王朝统治的时代。公元前 221 年，秦王朝统一了全国，建立起专制主义中央集权的封建国家。这个国家仅仅存在了十五年，就被农民起义所推翻。农民起义领袖刘邦在秦朝统一的基础上，重建了汉王朝。长期以来割据混乱的局面结束了。

汉王朝统辖的领域，西北包括今新疆地区，西南到达云南，东南到达南海，东北包括今东北各省。生活在这个广大地区的华族，处在一个统一的国家里，更加广泛地扩展了它们文化影响。华族进一步发展，被称为汉族。据公元 2 年的纪录，汉王朝的人口近六千万人，基本上是汉族人。

汉族在以后的历史发展过程中，又有过两次较大的扩展和民族间的融合。

第一次是在公元三世纪至六世纪，即中国历史上所说的“南北朝时期”。在这个时期里，北方的一些游牧族，包括匈奴族、羯族、氐族、羌族、鲜卑族等先后进入黄河流域，在局部地区建立了若干政权。四世纪末，鲜卑族拓拔统一了这些游牧族的政权，在黄河流域建立北魏王朝。原来居住在北方的一些汉族贵族，南迁到长江流域，先后建立了宋、齐、梁、陈等几个王朝，统称为“南朝”。北方游牧族在黄河流域统治了汉族人民，却不能不逐渐接受汉族的先进文明，最后并接受了汉族的语言。包括一度强大的鲜卑族在内的北方几个游牧族，在这个时期里，都逐渐地与汉族相融合，成为汉族的不可分割的组成部分。581 年，北朝和南朝统一于隋朝的统治之下，汉民族又在统一的国家里继续向前发展了。

第二次是在公元十世纪到十三世纪。即中国历史的宋、辽、金、元统治时期。十世纪初，生话在横河（西拉木伦）流域的契丹族在华北、东北地区建立了强大的辽朝，和汉族建立在河南开封的宋王朝相对峙。十二世纪初，松花江和黑龙江流域的女真族建立了强大的金朝，消灭了辽朝，统治了黄河以北的广大地区。宋王朝被迫南迁到杭州。在这个时期里，各民族间进行着频繁的战争，也加强了相互间的交往。契丹、女真人也和古代的鲜卑人那样，在进入汉族地区后，逐渐接受了汉族的文化和语言，并且和汉人通婚姻。北方的其他一些少数民族也在这个时期里逐渐与汉族融合。十三世纪中叶，蒙古贵族先后消灭辽、金和宋朝，建立起统一的王朝——元朝。在元朝统治时期，契丹、女真和北方其他一些少数族人已经和汉族很少区别，以致都被叫作“汉人”。汉族又一次融合了别族的部分居民而发展了自己。

依据十八世纪时的不完全的统计，当时处在清王朝统治下的中国各族人，共有四亿。其中百分之九十几是汉族。汉族始终是中国各民族中人数最多、文化水平最高的民族。

汉族的文字，起源于象形字，用简单的笔划表示各种形象。后来又把一些符号作为声符和象形的符号合在一起，形成许多方体字。一个字代表一个音。因此，大量的词汇是由几个字组成。现在还能看到的最古的文字，是大约四千年前的商朝，铸在青铜器上和刻在占卜用的甲骨（龟甲、兽骨）上的文字。东周时代各诸侯国使用的文字，有很大的差别。秦朝统一全国后，统一各国的字体。汉族也形成了统一的书面语。秦朝以后的两千多年来，汉字不断丰富和改进，但基本上仍是古代的象形字的演变。现在，中国人民在进行文字改革的工作，以便使汉字更为简易，更便于学习和应用。

汉族的文化有悠久的历史和民族的特色。

奴隶制初期的商代，文化知识的代表人物是掌管占卜的“巫”和“史”。巫能音乐、舞蹈、医治疾病。史偏重记载人事，熟悉历史。商代的巫史文化到周代形成哲学和史学。哲学的基本著作是《周易》。《周易》总结用“八卦”（八个卦象）占卜的经验，研究自然界和人类社会的“变化之道”，也包含着把哲学应用于政治的政治学。在马克思主义传入中国以前，汉民族的各种哲学学说都和《周易》有着直接或间接的关系。历史学方面，专职的史官记载重大事件，形成传统。商、周两代的历史文献被汇集在《尚书》里。东周时代各诸侯国都各有史官记事。鲁国的历史称为《春秋》。儒家学派的创始人孔子整理古代文献，把《周易》、《尚书》、《春秋》和古代诗歌的选集《诗》、记载礼仪制度的《周礼》都作为经典，合称“五经”。秦汉以来，历代封建王朝都要编修前代的历史。注重历史经验，注重实际应用，成为汉文化的一个特色。历史学包括政治学、法学的发展超过了哲学。

注重实际的传统是和宗教信仰相矛盾的。汉族从来没有形成过全民族一致信仰的宗教。汉朝后期,汉族曾产生过自己的宗教“道教”。但这种宗教只有少数的信徒。印度的佛教传入中国后,在唐代(618—907 年)曾经一度广泛流传。但同时流传的宗教,还有伊斯兰教和波斯传来的景教(基督教的一派)、火袄教(拜火)、摩尼教。西方的基督教的许多教派都陆续传到中国,但直到近代,信仰者仍然很少。在汉民族的历史上,任何统治者都不可能利用政治力量把某种宗教规定为全民族都必须信仰“国教”。信仰自由成为汉民族的又一个传统。汉族生活中的许多风俗、习惯、传统的节日等,大多是和农业生产有关,而不是来自宗教信仰。

古代的汉族是以农业生产为主的民族。随着农业生产发展的需要,天文学、气象学、数学、植物学以及医学、药物学等科学技术,早在商、周、春秋时代,就已取得了成就。汉民族在世界上最早发明了造纸术、活字印刷术,指南针应用于航海,火药应用于作战。汉族也是最早开采和使用煤与石油的民族。宋元时代,汉族的科学技术水平,在许多部门都曾居于世界的前列。十五世纪以后,西方资本主义国家的科学技术有了较快的发展。十九世纪中叶以来,西方资本主义、帝国主义势力侵入中国,使中国沦于半殖民地的地位。中国科学技术的发展因此受到了严重的阻碍。

在汉民族的传统文化中,文学艺术占有重要的地位。《诗经》是商周时代官方的和民间的诗歌总集。战国时代产生了杰出的诗人屈原。诗发展到唐代,用字用韵都有了固定的格式。著名的诗人李白、杜甫、白居易都出现在唐代。他们的许多诗篇在当时和后世都有深远的影响。直到现在,按照唐代形成的格律写诗,仍然是人们广泛采用的艺术形成。唐代以后,诗又有了新的体裁——词和曲。它造句有长有短,可以据谱歌唱。十三世纪时,在词、曲的基础上,汉族人民创造了最早的戏剧。关汉卿、王实甫等一批著名的戏剧家创造了许多优秀的剧本。这些剧本一直流传到现在。十四世纪以后,陆续产生了《三国演义》、《水浒传》、《西游记》、《金瓶梅》等长篇小说。十八世纪时曹雪芹作的《红楼梦》是一部驰名世界的杰出的名著。汉族的文艺中，书法与绘画得到最广泛的发展。战国时代，汉族已经发明了毛笔。用毛笔写汉字，构成汉族的独特的“书法”艺术，并由此形成独特的绘画。悠久的工艺美术是汉族艺术的又一特色。地下发掘的商、周青铜器、玉器的雕琢，已有相当高的艺术水平。四千来年，工艺美术不断得到新的发展。古老的建筑艺术也显示出汉族独有的民族风格。汉民族和各兄弟民族之间不断进行文化交流。汉族人民吸收了西北各民族的音乐和舞蹈，丰富了自己的文化艺术。

中国人民十分重视各民族的文化遗产，批判地继承汉族的丰富的文化遗产，去其糟粕，取其精华，以建设社会主义的新文化。

毛泽东同志曾指出：“在汉族数千年的历史上，有过大小几百次的农民起义，反抗地主和贵族的黑暗统治。而多数朝代的更换，都是由于农民起义的力量才能得到成功的。”(《中国革命和中国共产党》)1840 年以来，近代中国的历史上，汉族人民和中国各族人民一起，展开了反抗帝国主义侵略和封建主义统治的人民民主革命。伟大的民主主义者孙中山领导的 1911 年的革命，推翻了清王朝的封建帝制，建立了中华民国。但这个革命由于遭到封建势力的破坏，很快地陷于失败。封建军阀又统治了中国。1921 年，中国共产党成立。中国人民在中国共产党的领导下，经过第一次革命战争、第二次革命战争、抗日战争和人民解放战争，终于推翻了国民政府的腐朽统治，1949 年 10 月 1 日建立了中华人民共和国。中华人民共和国制定了民族平等的政策。汉族人民和五十几个兄弟民族平等相处，团结合作，在社会主义革命和社会主义建设中为祖国做出了重大的贡献。

原载世界语《中国报道》(*EL popola Cinio*)
1978 年 10 月号

对中国农民战争史讨论中几个问题的商榷

近几年来，我国历史学界展开了关于中国农民战争史的讨论。据不完全的统计，报刊上已发表的文章和讨论会的报导，已有一百篇左右。应当看到，讨论是取得了不少成绩的。一些发人深思的新问题被提了出来，广泛地引起了研究工作者的兴趣。参加讨论的人相当多，讨论所涉及的范围相当广，情况之热烈是前此所少见的。这个问题的讨论，对中国封建社会的研究有着重要的意义。而且，通过讨论，有一些错误观点得到纠正，提高了人们的认识。例如，在中国封建社会史的研究中，曾经有人忽视了农民阶级和地主阶级间的这一主要矛盾，忽视了阶级斗争是历史发展动力这一客观真理。也曾有人只看农民战争失败的一面，不看其推动历史前进的一面，只看其消极的一面，不看其积极的一面。不少同志对诸如此类的论点提出了必要的有益的批评。

可是，也应当看到：在讨论中，我们有些同志却又把农民战争推动历史前进的真理应用到它所可能应用的限度之外，超越了一定的历史范围。有这样一些说法：中国封建社会里的农民战争是农民阶级自觉地反对封建主义的社会制度，它的任务是“推翻封建制度建立新的社会制度”；在没有无产阶级及其政党领导的条件下，古代农民也能建立起“和无产阶级政权相似的”“农民专政”，即代表本阶级利益的农民阶级的政权。人们宣称：这些是中国历史上农民战争的特点。

不能不说，这实质上是一种中国古代史近代化的倾向，古代农民理想化、无产阶级化的倾向。在这里，我想就其中几个问题提出一些意见来，供大家参考。讨论的范围限于中国封建制时期，不包括民主革命时期，例如太平天国战争、义和团反帝运动等等在内。

一　两种不同性质的革命

毛泽东同志把中国历史上的农民战争称作是革命战争、革命斗争，是一种革命。关于这种革命战争的任务和性质的探讨，吸引了众多的研究工作者。我们的讨论就从这里开始。

不同历史阶段不同国度的革命有着不同的内容。历史上每一社会形态的更替，例如封建制度之代替奴隶制度，资本主义制度之代替封建制度，都是通过各种形式的暴力革命而完成的。这是一种社会革命。从一次到另一次社会革命之间，一般说来，相隔着一整个的社会发展阶段。例如，中国的封建社会就至少经历了两千多年之久。在这个历史时期里充满着被压迫者反对压迫者的革命的阶级斗争。中国封建社会里的农民战争就是这样的革命斗争。这也是一种革命，但它是不同于社会革命的另一种性质的革命。

两种革命的不同是由不同的社会经济条件所决定的。社会革命是在旧的社会制度已然走向瓦解、新的生产力新的生产关系已然在这个母胎中发生和发展起来的条件下，是在旧的生产关系已经成为生产力发展的桎梏的条件下爆发的。中国农民战争（指封建社会的农民战争，下同）则是在还没有新的生产力和新的生产关系的条件下，是在封建社会的生产力还有其发展余地的条件下爆发的。

由此决定了两者具有不同的革命动力、革命对象和革命任务。

社会革命的动力，主要是新的阶级力量，例如反封建的资产阶级革命的领导力量主要是资产阶级或无产阶级，农民阶级则是作为被领导的同盟军参加了革命。中国农民战争的动力主要是农民阶级——封建社会的这个基本阶级。而在当时，还没有什么新的阶级力量。

社会革命的对象是整个的旧的剥削阶级，整个的旧的社会制度。中国农民战争的革命对象则是地主贵族的黑暗势力的统治，封建王朝的腐朽统治。

社会革命的任务是要解决新的生产力和旧的生产关系的矛盾，是要推翻旧的社会制度建立新的社会制度，推翻旧的统治阶级代之以新的统治阶级。中国农民战争则只是在封建社会内打击地主阶级的封建统治，至多是推翻旧的王朝建立新的王朝，推翻旧的统治集团代之以新的统治集团。每次大规模的农民战争，都促使当时的经济关系政治制度多少有一些改进，即社会多少有些进步，但始终不会超越封建制度的范围。农民阶级和地主阶级的矛盾，并不能够在封建制度范围内得到解决，不能由农民战争来解决，而只有推翻这个制度的民主革命才能够解决。因之，农民战争又不能不是总是陷于失败的革命。

当然，这两种革命是相互区别而又相互联系、相互衔接的。农民战争不断地推动着封建社会的进步和社会生产力的发展，这个发展的结果也就必然地要为新的生产方式和新的阶级力量的产生准备着条件。但是，只有旧制度本身的这种革命的阶级斗争把这个制度推进到了它的尽头，而新的生产方式新的阶级力量又已在它的内部成长壮大起来的时候，社会革命才会到来。不到这样的时候，是不会到来的。或者说，革命的阶级斗争是不会转变为社会革命的。这里有一个社会经济发展阶段问题，有一个界限问题。人们不能依据主观愿望来进行超越社会发展阶段的革命，同样，也不能超越历史发展阶段来看待历史上的革命。

宁可同志在《中国农民战争史上的农民政权问题》一文中认为农民由于阶级的和历史的局限性，“不能根本改变封建制度”。这是正确的。但是其中关于农民战争任务的解释，还有可以商量的地方，如说：

> 革命的历史任务是推翻旧的社会制度，建立新的社会制度。单纯的农民战争是资产阶级或无产阶级出现以前的封建社会的阶级斗争的最高形式。它的性质是反封建，历史任务是推翻封建制度，因此农民战争就是革命。[①]

显而易见，这是忽视了两种不同性质革命的区别，而以社会革命的含义来理解农民战争了。以“推翻旧的社会制度，建立新的社会制度”为历史任务的革命自然是社会革命，而农民战争并不是这样的革命。“推翻封建制度”是近代民主革命的任务而不是古代农民战争的任务。马克思说：“人类始终只能抱定自己所能解决的任务，因为我们仔细去看时总可看出，任务本身只有当它所能借以解决的那些物质条件已经存在或至少是在形成过程中的时候才会发生的。”[②]宁可同志也指出当时还没有资产阶级无产阶级，没有新的社会物质条件，那么，这样的任务又怎么会发生呢？古代的农民战争并没有提出“推翻封建制度”的任务，而只是在封建社会的范围内去打击封建统治。它在不同程度上起了这样的作用，因而推动了历史的前进。如果像宁可同志所说，农民战争担负着超越当时历史条件的如此巨大的任务，而又“不可能完成”，那么，这就不是使问题明确起来，而是使问题模糊起来了。

宁可同志说，农民由于他们的阶级地位的局限性产生思想意识上的局限性。事实正是如此。农民尽管恨地主阶级的残暴统治，不断地反抗它，但是他们并没有把地主看作一个阶级，也没有认识地主阶级用以推行对农民的残暴统治的制度是封建制度，以消灭这个阶级和推翻这个制度的思想来指导他们的行动，当然更谈不到以此作为他们的历史任务。农民和地主阶级的矛盾，农民和封建制度的矛盾，是客观存在，不是主观认识。这种认识，只有在人类社会进入

---

① 《中国农民战争史上的农民政权问题》，《新建设》1960 年第 10—11 期。

② 《政治经济学批判》，人民出版社 1955 年第 1 版，“序言”第 3 页。

资本主义时代以后,才有可能。马克思指出:“资本主义社会是历史上最发达、最复杂的生产组织。因此,表现它的各种关系的种种范畴,关于它的结构的理解,同时对于一切已经覆灭了的社会形态的结构和生产关系提供了透彻理解的可能性,——资本主义社会是在这些社会的残片和因素上建立起来的,这些残片和因素,一部分被当作未及克服的遗迹而保存着,一部分仅仅是征象的东西被它发展为十分显著的东西,诸如此类。人体解剖对于猴体解剖是一把钥匙。在下等动物身上所透露的高等动物的征象,反而只有在已经认识了高等动物之后才能理解。资本主义经济为古代经济等等提供了钥匙。但是决不是像抹煞一切历史差别而把一切社会形态都看成资本主义形态的那些经济学家的做法。我们认识了地租的时候,我们就能理解贡赋、什一税之类。但是我们决不要把它们看成一个。”[①]这一段话对于我们所讨论的问题具有十分重要的意义。我们已经掌握了理解农民战争的钥匙,这个钥匙就是资产阶级民主革命和无产阶级社会主义革命的丰富的经验。这种经验使我们对古代农民战争的许多模糊的表现能有比较清楚的认识,但是我们不能把农民战争和资产阶级民主革命或无产阶级社会主义革命等同起来,看作一个东西。农民是社会革命的伟大的动力,然而他们不是新的生产力的代表,他们不可能独立进行这种革命。农民之为社会革命的动力,只有在资产阶级革命中或者在无产阶级革命中才能得到发挥,农民问题也只有在这时才能得到资本主义的或者社会主义的解决。而在此以前,用毛泽东同志的话来说,“农民革命总是陷于失败,总是在革命中或革命后被地主和贵族利用了去,作为改朝换代的工具”[②]。农民的革命斗争,在中国历史上反复地归结为封建制度的重建。所以对于古代起义农民的觉悟性和组织性不宜渲染过甚。

---

① 马克思:《政治经济学批判》,人民出版社 1955 年版,第 167 页。

② 《中国革命和中国共产党》,《毛泽东选集》第二卷,人民出版社 1952 年第 2 版,第 619 页。

如果渲染过甚，那么，农民战争的性质和特点就会得不到正确的说明了

二　农民战争是自发的还是“自觉的”？

有些研究者提出这样一种主张：封建社会里的农民虽然不能“推翻封建制度建立新的社会制度”，但已经有了这样的“理解”和“认识”，自觉地反对封建制度。农民战争是农民自觉地发动的阶级斗争。有些同志提出农民阶级不是“自在的阶级”，“认识到反对封建制度”等等，说法不同，含义是一样的。

然而，这是不可能的。农民阶级是个特殊的阶级。和无产阶级不同，在封建社会里，它是被剥削的劳动者阶级又是小私有者阶级。这是结合在一起不可分割的两个方面。强调任何一面，忽视任何一面，都会造成片面的误解。马克思曾说，法国的农民群众“是由一些同名数简单相加而成的，好像一袋马铃薯是由袋中一个个马铃薯所集成的那样。既然数百万家庭是生活在使他们的生活方式、利益和教育程度，与其他阶级的生活方式、利益和教育程度相异并且相敌对的经济条件中，所以他们就组成为一个阶级。既然各个小农间只存在有地方的联系，既然他们利益的同一性并不使他们彼此间形成任何一种共同关系，形成任何一种全国性的联系，形成任何一种政治组织，所以他们就不组成为一个阶级”①。作为农民阶级的基本的阶级特征，中国农民的情形是大体相同的。这里，除了小私有者的特点，还有小生产者这个重要的特点。正是这个特点，使他们的政治眼光不能不受到限制，使他们的活动往往局限于狭隘的利益范围，而不能产生出如同无产阶级那样的阶级的觉悟，达到阶级的团结。从而他们也就不能了解贫困和饥饿是来源于作为历史产物的

---

① 《路易·波拿巴政变记》，《马克思恩格斯文选》（两卷集）第一卷，莫斯科外国文书籍出版局 1954 年版，第 311 页。

社会制度。正如列宁所说:“大众是不自觉地适应于这些关系的,而且根本不了解这些关系是特殊的历史的社会关系。”[①]起义农民反抗地主阶级的封建剥削和压迫,却不曾自觉到作为一种社会制度来反抗,作为一整个的地主阶级来反抗。或者,从另一方面说,起义者并不会自觉到他们的斗争是为了农民阶级的整个的阶级利益。

起义农民缺乏阶级的自觉,还可以从这样一些历史事实得到说明:他们总是把自己的指责归之于个别官吏、个别皇帝以至个别的王朝,却不会指向那个制度那个阶级;起义者也往往是借助于地主阶级的王朝的名义、皇帝的名义,而不是以自己的阶级的名义,来表达自己的向往和自己的利益。第一次起义的陈胜、吴广就是“诈自称公子扶苏”“为天下唱”[②],理由是二世不当立,而扶苏当立。西汉末年的分散的农民军,“众虽多而无所统一”,“诸将遂共议立更始为天子”[③]作为领导自己的统帅。唐末黄巢所宣告的是“宦竖柄朝,垢蠹纪纲”,“指诸臣与中人赂遗交构状,铨贡失才”[④],指责坏人当政,败坏了作为封建统治秩序的纲纪。宋朝起义的方腊,惋惜元老旧臣的贬黜,指责当政的是些龌龊奸佞之臣,“但知以声色土木浮蛊上心。”[⑤]元末的起义军“谓(韩)山童实宋徽宗八世孙,当为中国主”[⑥]。“龙飞九五,重开大宋之天”[⑦],是起义者高举的旗帜。明朝中叶河南的起义首领赵鐩向朝廷指责:“今群奸在朝,舞弄神器,浊乱海内,诛戮谏臣,屏弃元老”,他要求皇帝:“枭群奸之首以谢天下。”[⑧]明末农

---

① 《什么是“人民之友”以及他们如何攻击社会民主主义者?》,《列宁全集》第一卷,人民出版社 1955 年版,第 119 页。

② 《史记》卷四八《陈涉世家》。

③ 《后汉书》卷四一《刘玄传》。

④ 《新唐书》卷二二五下《黄巢传》。

⑤ 方勺:《青溪寇轨》。

⑥ 《元史》卷四二《顺帝纪》五。

⑦ 陶宗仪:《辍耕录》卷二七。

⑧ 《明史》卷一七五《仇钺传》。

民战争的著名领袖李自成发布檄文说："明朝昏主不仁，……不能救民水火。"[①]把人民的灾难归结为明主是个"不仁"的昏主。继而又宣称"君非甚闇，孤立而炀蔽恒多；臣尽行私，比党而公忠绝少"[②]。至于清朝的起义者冒称明室后裔，以恢复明朝为号召，史不绝书，不烦备举。元朝和清朝的农民战争虽然结合着民族斗争，却不曾由此掩盖了作为农民革命的阶级斗争的实质。同那些反抗外族的地主阶级将领从没有以前代农民领袖作象征相反，起义农民则总是以前代的皇帝或王朝作象征，认作自己的事实上的代表。秦朝以来的历次农民起义各有其不同的具体的特点，却同样地从这一方面或那一方面表现出他们只是以封建的纲纪、封建的理论来反抗封建统治，只是意识到反对个别的王朝、个别的皇帝和个别的官吏，而始终不会自觉到反抗整个的封建制度和整个的地主阶级。白寿彝同志是不同意这样看法的。他曾经从反面提出问题说："为什么历次的农民战争从来没有提出过撤换某一个皇帝或某些官吏的要求。"[③]上面举出的和还没有举出的历史事实是可以回答这个问题的。

考察一下历史上农民战争发动的原委，也可以说明这只是自发的运动而不是自觉地发动的运动。秦末农民起义是在"今亡亦死，举大计亦死"的处境下爆发的。陈胜告诉那些徒属们说："遇雨失期当斩，借第令毋斩，而戍死者固十六七。且壮士不死即已，死即举大名耳。"[④]起义就是这样发动了。隋朝末年民间歌谣说："忽闻官军至，提刀向前荡，譬如辽东死，斩头何所伤。"[⑤]这是和秦末起义情形有相似处的。所谓"百姓困穷，财力俱竭，安居则不胜冻馁；死期交急，剽掠则犹得延生"[⑥]。这不仅是隋末农民起义爆发的缘由，也是

① 《平寇志》卷六。

② 《明季北略》卷二三《补遗》。

③ 《关于中国封建社会农民战争性质的商榷》，《历史研究》1961年第1期。

④ 《史记》卷四八《陈涉世家》。

⑤ 引自杨慎：《古今风谣》。

⑥ 《资治通鉴》卷一八一《隋纪》五。

历次农民起义的共同的基本的缘由。正像《水浒传》里所描述的那样,起义英雄只是在难于立足走投无路时才"逼上梁山"。历代农民起义的史实几乎是一致地表明:隐忍苟活的农民只是被迫近死亡的边缘,到了只有死路,没有活路的时刻,才不得不铤而走险、发动了拼死的斗争。所以,毛泽东同志说,地主阶级对于农民的残酷的经济剥削和政治压迫,"迫使农民多次地举行起义"[①]。列宁说:"农民不自觉地发动了起来,只是因为他们已经忍不住了,只是因为他们不愿意不声不响也不反抗就死掉。"[②]至于这种反抗推动了历史的前进,成为历史发展的真正动力,这在起义农民自己是不曾想到也不会想到的。农民起义打击了当时的封建统治,推动了社会生产力的发展,这是起义的客观结果,而并不是起义农民预先计划好了的目的。

马克思列宁主义的经典作家,无论是对于法国的、德国的还是俄国的农民起义农民战争,一般都是称之为自发的斗争、自发的起义、自发的暴动,或者说是不自觉地发动,而从没有指为自觉的运动。列宁依据恩格斯关于德国农民战争的论断得出结论说:"千百万分散的农村小业主只有在资产阶级或者无产阶级领导下才能有组织地行动,才能在政治上有意识地行动并且具有为取得胜利而必需的集中性。"[③]至于无产阶级,也只是在有了马克思主义的理论指导的时候,才可能认识到自己的阶级地位,才能自觉地进行阶级的斗争。马克思曾对人说,工人"没有正确的理论,就什么都作不成","什么都干不出来"[④]。列宁为反对机会主义而写了一系列的文章,一再指出只有经过社会民主党人把马克思主义从外面灌输进去,才能使无产阶级的自发的斗争变成自觉的阶级斗争。毛泽东同志在

---

① 《中国革命和中国共产党》,《毛泽东选集》第二卷,人民出版社 1952 年第 2 版,第 619 页。

② 《给农村贫民》,《列宁全集》第六卷,人民出版社 1959 年版,第 385 页。

③ 《论立宪幻想》,《列宁全集》第二十五卷,人民出版社 1958 年版,第 191 页。

④ 安年科夫:《随笔"美妙十年"片断》,《回忆马克思恩格斯》,第 311—312 页。

总结中国民主革命的历史经验时，多次强调马克思主义理论武器的决定性作用。中国无产阶级比资产阶级的资格还要老些，但只是在学得了马克思主义这样新东西，才自觉地担当起领导革命的责任。既然如此，那么，又怎么能够设想中国封建社会里的农民会产生阶级的自觉，会自觉地进行反对封建制度的斗争，自觉地进行阶级的斗争呢？显然可见，这样的主张在历史事实上是缺少根据的，在理论上也是缺少根据的。

三　关于“均贫富，等贵贱”口号

好多位研究者都举出宋代农民起义的“均贫富”、“等贵贱”等口号和明末农民战争的“均田”口号。他们认为这些口号曾经付诸实施，成为事实，以此证明起义农民已经具备了“推翻封建制度建立新的社会制度”的自觉的认识。

侯外庐同志在《中国封建社会前后期的农民战争及其纲领口号的发展》一文中，曾经对中国农民战争提出了一些值得重视的意见，也牵涉到一些有待进一步商讨的问题。这里，不想对这篇文章进行全面的讨论，而只想指出，文中对“均贫富”、“等贵贱”等口号曾经实际施行的解说是使人怀疑的。这些解说曾为一些同志们所接受，并且成为他们论证起义农民自觉地反对封建制度的依据，因此，在讨论这个问题时，我们不得不先就侯外庐同志所引据的某些历史材料和他的论断作一初步的考察。

侯外庐同志引据《渑水燕谈录》卷八“故小波得以激怒其人曰：吾疾贫富不均，今为汝均之。贫者附之益众”，由此指出“北宋初年王小波的起义就明白提出了均贫富的口号”。又引据《梦溪笔谈》的材料，作出解释说“可见王小波起义不仅以‘均产’‘均贫富’为口号，并且也付诸实际行动”,“把富者的财富均分给贫者”[1]。

王辟之《渑水燕谈录》的此段记事又见于较早成书的曾巩《隆平集》,所记是可信的。沈括《梦溪笔谈》的原文是:

> (李)顺本味江王小博之妻弟,始王小博反于蜀中,不能抚其徒众,乃共推顺为主,顺初起,悉召乡里富人大姓,令具其家所有财粟,据其生齿足用之外,一切调发,大赈贫乏。录用材能,存抚良善,号令严明,所至一无所犯。时两蜀大饥,旬日之间归之者数万人。所向州县开门延纳,传檄所至,无复完垒,及败,人尚怀之。[2]

侯外庐同志引录此条到“大赈贫乏”而止,如果我们对这条材料全面地加以分析,就会发现:(一)李顺对待“富家大姓”,不是像历史上某些起义农民那样诛杀劫掠,而是“调发”财粟。而且这也只限于所谓“富家大姓”,并不是起义区内所有的地主。(二)调发财粟是用来赈济贫乏。并没有说是“把富者的财富均分给贫者”。(三)作为地主阶级文人的沈括称赞他“存抚良善,号令严明,所至一无所犯”,这说明了起义军的纪律严明,也说明了起义者所到地区,对一般地主的财富并没有剥夺。“所向州县开门延纳”的记载也透露了这个消息。总之,仅仅依据沈括的这一条材料,要得出外庐同志所作的解释,是困难的。

侯外庐同志也说到钟相、杨幺起义:

> 南宋钟相杨幺的起义,继续以“等贵贱、均贫富”为号召,《三朝北盟会编》卷一三七说:“钟相……阴语其徒曰:法分贵贱

---

① 《中国封建社会前后期的农民战争及其纲领口号的发展》,《历史研究》1959 年第 4 期;《新华月报》1961 年第 1 期。

② 《梦溪笔谈》卷二五《杂志》。

> 贫富非善法也，我行法当等贵贱均贫富。持此说以动小民，故环数百里间，小民无知者翕然从之……如是凡二十年”。钟相杨幺的“等贵贱、均贫富”在洞庭湖畔确实见于行动，因而能维持了二十余年。①

这里所引的材料可以说明钟相提出过“等贵贱、均贫富”的号召，但又怎么能够证明“确实见于行动”呢？让我们还是先来考察一下材料的全文。侯外庐同志用省略号略去的第一处原文是：“鼎州武陵人，无他技能，善为诞谩，自称老爷，亦称天大圣，言有神灵与天通；能救人疾患”②。略去的第二处原文是：“备糈谒相，旁午于道，谓之拜爷”。所引“凡二十年”句后紧接着是“相缘此家赀巨万”，同书同卷还有这样的记载：“寇遂猖獗，焚官府城市寺观神庙及豪右之家，杀官吏儒生僧道巫医卜祝及有仇际之人，谓贼兵为爷儿，谓国典为邪法，谓杀人为行法，谓劫财为均平”③。这些记载可以说明：第一，即使在起义军的内部，也并没有能够把“均贫富，等贵贱”真的付诸实施。从之者“备糈谒相”，而钟相则是“缘此家赀巨万”。钟相“自称老爷，亦称天大圣”。据另一记载，起义发动后，并且“自称楚王”、“立妻伊氏为皇后，子子昂为太子，行移称圣旨，补授用黄牒”④。依然沿袭着封建的政治制度。第二，起义军焚官府及豪右之家，用“均平”的口号，劫夺财富，这可能是接近于事实的。但这并不能说明实行了“均贫富”的新制度，而且这种“劫财”恐怕主要也还是一些“豪右之家”而不是剥夺了所有地主的家产。这里可补充一下《建炎以

---

① 《中国封建社会前后期的农民战争及其纲领口号的发展》，《历史研究》1959年第4期；《新华月报》1961年第1期。

② 《三朝北盟会编》卷一三七。案神灵与天通句，“灵”字通行光绪排印本作“通”，显误。此书有八千卷楼原藏旧抄本，存南京图书馆，一时不及往勘，现参据《建炎以来系年要录》校改。

③ 引文均依通行本《三朝北盟会编》卷一三七，《备糈相谒》，《建炎以来系年要录》卷三十一作《备粮谒相》似较胜。

④ 《建炎以来系年要录》卷三一。

来系年要录》的材料:“相与其徒结集为忠义民兵,士大夫避乱者多依之,相所居村有山曰天子岗,遂即其处筑垒浚濠。”[①]为什么“士大夫避乱者多依之”? 如果这里已是倒转了乾坤的新社会,那是难于设想的。

说到明末农民战争中的“均田”口号,大家知道,这是在战争后期,由一个地主阶级出身的知识分子李岩提出的。现在所知道的材料里,只有这样一个口号,而并没有关于它的内容和涵义的详明的记载,更没有实际施行的记载。侯外庐同志也说,这个要求“在当时的历史条件下,依然是一种不可能实现的空想”[②]。这是完全正确的。他同时举出了“一个封建地主”丁耀亢《出劫纪略》中的一条材料。这个材料说,起义农民“以割富济贫之说,明示通衢,产不论久近,许业主认耕,故有百年之宅,千金之产,忽有一二穷棍认为祖产者。亦有强邻业主,明知不能久占而掠取货物者,有伐树抢粮,得财物而去者,一邑纷如沸釜,大家茫无恒业”。当时所谓“均田”是否即是如此不可知,但这条材料所记“产不论久近,许业主自耕”,“忽有一二穷棍认为祖产”云云,只能说明那些被地主豪绅所强占去了的农民的田产,应由原业主认领,此外很难说明更多的内容。侯外庐同志说,这是“记述了当时打土豪分田产的情景”,“农民起来打倒地主,并把地主占有的田产收归农民所有”[③]。这是难于使人信服的,因为史料并不曾表明农民分了田产。

综上所述,农民群众的这些“均贫富”、“均田”的口号,在历史上始终并不曾成为现实,农民起义和农民战争也并没有消灭过封建的社会制度。这是不难理解的。农民阶级不是埋葬封建社会的阶级,不能够推翻和改造社会阶级制度和等级制度。当起义者一旦想把

① 《建炎以来系年要录》卷三一。

② 《中国封建社会前后期的农民战争及其纲领口号的发展》,《历史研究》1959 年第 4 期;《新华月报》1961 年第 1 期。

③ 《中国封建社会前后期的农民战争及其纲领口号的发展》,《历史研究》1959 年第 4 期;《新华月报》1961 年第 1 期。

这些口号付诸实现时，就会发现：当时的经济条件中并没有供其实现的客观基础。那些动人的口号、天真的幻想也就不能不在现实面前化作浮云而消逝。

这样说，并不是否认这些口号这些思想的历史作用。尽管这些思想还并没有发展为像列宁所说的十九世纪俄国革命时代那样的“平均”、“平等”思想，这所谓“均”只是模糊的均，只是反映着农民群众对土地和财产的一些朴素的要求，而还远没有形成为改造整个社会结构的完整的图案。但是，它仍然是一种具有历史意义的思想。它是小生产者小所有者的产物，同时又是在当时条件下对地主阶级的经济剥削和土地兼并猛烈反抗的产物。它是一种不能实现的空想，但又是在起义过程中起过极大动员作用的空想。

然而，这并不表明，农民阶级已经具备了推翻旧制度建立新的社会制度的自觉的认识；恰恰相反，这正是对封建主义的社会制度还缺乏认识的反映，是找不到摆脱贫困的实际道路的反映。

值得注意的是：即使在反封建的社会革命，即资产阶级民主革命中，农民群众在资产阶级领导下，虽然可以有组织有目的地行动，却依然不能具备真正的阶级的自觉，不能认识到自己的真正的阶级利益和怎样摆脱贫困。他们往往被资产阶级的那些所谓“代表全社会利益”的虚伪口号所蒙蔽，即使在革命后得到了土地，如像法国革命所做的那样，也只不过是摆脱了旧的剥削形式陷入了新的剥削形式，挣脱旧的枷锁又套上了新的枷锁。而在中国，半殖民地半封建社会里的软弱的资产阶级，就连这一点也并不能够领导农民来取得。历史确凿地表明：中国农民只有在中国无产阶级和中国共产党的领导和教育下，才能在革命斗争的实践中逐步产生阶级的觉悟，也才能推翻几千年来的封建土地所有制，走上光明幸福的前途。这是人所共知不可移易的客观真理。夸大了封建社会里农民阶级的觉悟性和革命性，就会在事实上导致忽视这个客观真理。在这里，列宁的教导是值得深思的。他说：“在农民运动中，还有大量的愚昧无知和缺乏自觉性的现象，对这一点发生任何错觉都是极其危险的。”①

四 关于“皇权主义”、“农民专政”

中国起义农民是不是像斯大林所说的“皇权主义者”，也引起了较多的讨论。撇开“皇权主义”概念的纠缠，争论的实质是古代农民能否建立起和“封建皇权”不同的农民阶级政权。白寿彝同志和宁可同志的看法都是肯定的。白寿彝同志说农民“要推翻当时的封建政权，建立自己的政权”；宁可同志认为“农民能够建立代表自己阶级利益的农民政权，即农民专政”，并且说这“和无产阶级政权相似，即是群众性的革命专政”②。可是，这个论点一经提了出来，马上就碰到许多困难，难以求得通解。于是或者补充说“并不是所有农民在整个封建时代里都是这样，并不是每一次农民战争都是这样”，或者说“不能建立起来巩固的自己的政权”，“暂时地成立了自己的政权”，“出现过短期的农民政权”，或者说“皇权主义不过是形式”，“农民没有丢掉旧有的政权形式”，或者说，起义农民领袖是“名义上称王称帝”，不能“和封建主义的皇权等同”，是农民“推戴出自己的农民皇帝”，或者说“农民政权不能充分完整地执行专政的职能，阶级界限不清，阶级色彩不鲜明”，如此等等，他们力图使自己的论点站得住脚，多方解说，但依然是这里好像可通，那里又不可通。原因就在于这个论点本身是缺乏坚实的根据的。

从马克思主义观点看来，和人类社会发展阶段相适应，自从有了国家政权以来，历史上经历过奴隶主专政、封建主专政、资产阶级

---

① 《关于我们的土地纲领》。《列宁全集》第八卷，人民出版社1959年版，第220页。

② 白寿彝同志和宁可同志对这个问题的看法虽略有出入，但基本上是相同的。本段引文均出自白寿彝：《中国历史上农民战争的特点》，见《新建设》1960年第8—9期；宁可：《中国农民战争史上的农民政权问题》，见《新建设》1960年第10—11期，文中不再一一注明，以免烦费。

专政，最后走向无产阶级专政。此外，并无所谓“农民专政”、“农民阶级政权”。什么是政权？人们正确地指出了它作为暴力机关的特点却忘记了马克思主义的基本原理：上层建筑决定于经济基础并且反转来服务于这个基础。恩格斯说：“国家既是由于控制诸阶级底对抗之需要而发生的；同时，它既是在这些阶级冲突中发生的，所以，通例，它就是那最强大的在经济上居于统治地位的阶级底国家，这个阶级依靠国家又成为政治上占统治地位的阶级，因而获得了压迫并剥削被压迫阶级的新手段。”[①]在封建社会里，农民阶级自然不是经济上居于统治地位的阶级而是被剥削阶级。如果它竟然成为政治上的统治阶级，那就是说，或者农民阶级利用国家政权这个手段强迫地主阶级剥削自己，或者是利用政权手段使自己整个地变成地主阶级，地主阶级整个地变成农民阶级。无论是前者还是后者，显然都是难于想象的奇迹，而并不是历史上实有的事实。

那么，可不可以说，历史上出现过“短期的”、“暂时的”农民阶级政权呢？这也是不可以的。

白寿彝同志说：“他们（指农民阶级——引者）一次又一次地推翻了地主政权，一次又一次地暂时地成立了自己的政权。”[②]

宁可同志说：“农民推翻了封建政权之后，可以建立起代表自己阶级利益的农民政权，也就是农民的专政。”论据是：

> 大量的历史事实证明了在革命过程中也确实建立过农民政权。……陈胜吴广起义建立了国号为楚的政权。这个政权……既有军队、政府又控制着一定地区。……楚政权毫无疑问是农民政权。不仅陈胜吴广如此，在中国历史上的农民战争中建立起来的许多政权，如新末农民起义中的更始政权，隋末农民起义中翟让、李密的魏政权，窦建德的夏政权，唐末黄巢起

---

① 《家庭、私有制和国家的起源》，人民出版社 1954 年版，第 165 页。

② 《中国历史上农民战争的特点》，《新建设》1960 年第 8—9 期。

义的大齐政仅，宋初王小波李顺的大蜀政权，元末农民起义中韩林儿刘福通的宋政权。明末农民起义中李自成的大顺政权，张献忠的大西政权等等都莫不是如此。[①]

但是，这所谓“大量的历史事实”并不能证明而恰恰是反驳了作者的论点。

作者列举的所谓“农民政权”都并不是在推翻了封建王朝之后，而是在它的先头[②]。封建王朝这时仍然保持着它的统治，起义者所控制着的仅仅是“一定地区”。但即使这个小范围的地区里，也从来并没有实现过农民阶级对地主阶级的专政。地主阶级依然是剥削阶级，农民阶级依然是被剥削阶级。这也就是说，这里的社会经济关系依然是封建的经济关系。起义领袖们“称帝称王”，“设官分职”，封建的政治制度也重建了起来。宁可同志着重论述的建立“楚政权”的陈胜，就以“张楚王”自号，表示着他是楚国地主政权的继承人。显然可见，在这个短暂的时期一定的地区里，经济基础也还是封建的，政治制度也还是封建的。这样的政权又怎么能说不是封建政权，而是“农民阶级政权”呢？

事实很明白，这些政权不是农民阶级建立的本阶级的政权，而是起义领袖起义英雄们建立的封建性政权。在所谓“短期”，即还没有取得全国统治的时期里，它还需要继续领导农民军向封建王朝作斗争。但是这个斗争的目标仍然是建立一个新王朝，而不是建立什么“农民专政”的政府。当农民军向封建王朝作斗争的时候，同时就是向它的对立面转化的开始。农民军为推翻旧王朝建立新王朝而胜利进军的过程，也就是这个新的封建政权由小到大由局部到全国

---

① 《中国农民战争史上的农民政权问题》，《新建设》1960 年第 10—11 期。

② 需要说明一下，宁可同志所举政权中，窦建德之称长乐王在隋亡之前，建号夏则在炀帝已死唐王称帝的六个月之后。这是几支农民军的领袖相互火并，争着做皇帝的时期。但当时还有一个隋朝亡国之君“皇泰主”在。窦建德“遣使奉表于皇泰主，皇泰主封为夏王”。把这样的政权说成是和皇权对立的“农民政权”，显然更是缺少根据的。

的扩展过程。宁可同志列举的农民起义，包括两种情形。一种是没有能够推翻旧王朝建立新王朝就遭到了失败，而只是建立了一定地区里的封建政权。另一种如新末、隋末、元末的起义则终于推翻了旧王朝建立起汉朝、唐朝和明朝。无需证明，这些依然是地主阶级的王朝。

归根说来，起义农民领袖建立的那些所谓短期的政权，是不能看作“农民阶级政权”、“农民专政”的。从它统治地区的社会状况说来，从它的经济关系政治制度说来，从它的斗争目标和发展前途说来，都只能是封建性政权。但由于它还处在向新王朝转化的过程中，还在继续领导起义农民向着旧王朝的黑暗统治势力作斗争，所以在一定时期里还继续起着革命作用。正是在这一点上，它和地主贵族的割据政权迥然不同，不能等视。忽视了它的革命性是不对的。看到了它的革命性忽视了它的封建性，说成是和封建政权根本不同的“农民专政”也是不对的。

又有革命性又有封建性，又向封建王朝作斗争又向王朝转化，这正是不同于社会革命的农民战争不能超越封建制度的反映，这也正是战争中建立的这些过渡状态里的政权的“暂时的”特点。它如果不是在战争中被消灭，就只能发展为地主阶级的封建王朝。

起义农民争求建立新王朝，起义领袖则争求成为新皇帝，“打天下，坐江山”。可是，有些同志说：中国农民“没有皇权主义思想”，因为他们具有建立自己的阶级政权的“愿望”，有“改变政权性质”的“愿望”。宁可同志甚至说农民“和无产阶级一样，有摧毁旧国家机器的要求”，“建立新国家机器的愿望”①。这些说法也是值得商量的。

既然农民并不具备阶级的自觉，也就不会产生出“建立阶级政权”的“愿望”，而只能产生在封建政权统治下封建制度范围内所可

① 《中国农民战争史上的农民政权问题》，《新建设》1960年第10—11期。

能的愿望。马克思、恩格斯说:“统治阶级的思想在每一时代都是占统治地位的思想。这就是说,一个阶级是社会上占统治地位的物质力量,同时也是社会上占统治地位的精神力量。支配着物质生产资料的阶级,同时也支配着精神上生产的资料。因此,那些没有精神生产资料的人的思想,一般地是受统治阶级支配。”[①]正是在这个意义上,恩格斯说十八世纪以前的英国农民“没有教育,没有思想活动”[②]。毛泽东同志说:“中国历来只是地主有文化,农民没有文化。”[③]封建社会的农民处在愚昧落后的状态里,他们可以拿起锄头作为反抗地主统治的物质的武器,却没有反抗封建制度的思想武器,无法摆脱地主阶级的思想支配。在平时,农民群众的现实愿望,就是地主阶级减轻些剥削和压迫,让他们还可以活下去,活得稍好些。而他们所追求和向往的则是发家致富,使自己也成为地主,或者通过各种途径成为大小官员,取得功名利禄,“耀祖光宗”。和欧洲一些国家不同,战国以来,中国不是领主农奴制而主要是地主的实物地租制的这个经济基础,提供了这样一种现实的可能:个别地主可以破产做农民,个别农民也可以上升做地主。和欧洲一些国家不同,中国封建时期的官员将领的选用,一般说来,并不是严格地限制在贵族世袭的“阀阅之家”。“出身微贱”的大小官员和大小将领,许多朝代都有这样的典型。为人佣耕的陈胜说出了“王侯将相,宁有种乎”[④]的话,并不是偶然的,而是多次出现的生活中的事实在思想意识中的投影。当然,整个封建时代,农民阶级和地主阶级的阶级矛盾自始至终是这个社会的主要矛盾。矛盾是对抗性的,斗争是不可调和的。汉代以来的“乡举里选”制,唐宋以后的科举制,在农

① 《德意志意识形态》,《马克思恩格斯全集》第三卷,人民出版社1960年版,第52页。

② 《英国状况(十八世纪)》,《马克思恩格斯全集》第一卷,人民出版社1956年版,第666页。

③ 《湖南农民运动考察报告》,《毛泽东选集》第一卷,人民出版社1952年第2版,第41页。

④ 《史记》卷四八《陈涉世家》。

民群众面前设置了一条可能侥幸上升的路径。那只是统治阶级用来“吸收被统治阶级中优秀分子”以巩固其统治的手段。作为一个阶级说来，农民群众始终是被剥削者被压迫者。可以上升为地主上升为官员的只能是农民中的单独的个人，只能是广大农民中的极少数。但是，缺少阶级觉悟的农民并不懂得把阶级利益摆在前头，而往往易于蒙受统治者的欺骗，力求使自己成为那个侥幸的个人，成为那个极少数。这些情形也就反转来更加障碍了农民群众的阶级的视野，更加帮助了封建统治的延绵。

在农民战争胜利发展的年代里，起义农民领袖所追求和向往的，就是推翻腐朽的旧王朝，推翻地主贵族的黑暗统治势力，而由自己去充当“好皇帝”，建立“好王朝”，实行“好政治”。中国历史上第一次农民起义就推翻了秦王朝，提供了农民军领袖做皇帝的先例。新建的汉王朝，基本上承袭秦制，但又对赋税、徭役、兵役制度相继作了重要的改革，对秦朝的严刑苛法作了重要的改革。汉兴七十年间，“填以无为”、“与民休息”，促成了社会经济的恢复和繁荣。这就又提供了农民战争创建“好王朝”的先例。有了这些先例，往后，每次较大的农民起义的领袖们总是揭示出从三老直到将军、王侯、皇帝的称号，或者径直提出建立新王朝代替旧王朝的战斗目标。而起义群众也完全拥护领袖们的这些称号、这些目标。因为他们所要争取的本来就只是一些较好的官吏、较好的皇帝、较好的王朝。一旦改了朝换了代，起义者即以为达到了目的，不再前进一步，也不能再前进一步。一般说来，农民战争所创建的新王朝，在它的初期，总是显示出和旧王朝的明显的不同，总是表现出一些生气、一些前进精神，障碍着生产发展的某些旧制度多少有所改进，激化了的阶级矛盾多少有些缓和。起义群众“解甲归田”，重返家乡，尽力于耕作，社会生产力也就又多少得到些发展。至于农民战争创建的新王朝，依然是地主阶级统治农民的机器，起义农民的领袖一旦做了皇帝就转化为地主阶级的领袖。这些，在农民群众并不能够分辨清楚。而地主阶级也不必要去分辨清楚，只要新王朝新皇帝并不曾根本改变社会经济关系和政治制度,不去触犯而依然保护地主阶级的阶级利益,他们也就在事实面前拥戴这位曾经是起义农民的领袖作为自己的统治农民的领袖。而这样,起义的果实,便在革命后被地主和贵族利用了去,成为他们改朝换代的工具。至于有些农民战争,在革命过程中,地主贵族即取得了领导,利用农民起义以实现其改朝换代的目的,那更是显而易见,不需多加说明的。历史表明:起义农民取得了推翻旧王朝建立新王朝的巨大成功的时刻,也就是起义不得不陷于失败的时刻。

不这样也是不可能的。不是意识决定存在,而是存在决定意识。封建社会的经济发展条件既然决定了起义农民并不能意识到根本改变封建的社会制度,也不能意识到根本改变封建的国家制度、皇权统治制度。起义领袖只能称帝王,而不能称“总统”,只能建立封建王朝而不能提出“共和国”的口号,因为当时还没有新的生产力新的生产关系,没有产生新制度新思想的客观基础。实际状况是:起义农民的领袖往往是而且不能不是以封建的思想理论作为自己的行动的指南,不能不以封建王朝的体制作为自己建立统治的蓝本,因为当时还只有这样一个蓝本。历史上有些起义领袖本来就是出身于地主、贵族或者大小官吏,如秦朝的项羽和刘邦、汉朝的刘秀、隋朝的李密、宋朝的宋江。他们原有的封建的政治观点和政治经验,便构成了领导起义行动的理论基础。历史上也有些农民领袖锐意延揽地主阶级的儒生,求教于这些儒生,因为他们认识到“欲图大事必先尊礼贤士”①。而这些“贤士”也就以其封建的思想理论影响着并且往往是在事实上指导着、支配着起义农民的军事行动和政治行动。有如陈胜军中的蔡赐、周文,窦建德军中的裴矩、宋正本,朱元璋军中的刘基、宋濂、李善长,李自成军中的李岩、牛金星,张献忠军中的潘独鳌、徐以显。他们对农民军是有贡献的,因为他们的

① 《明季北略》卷二三,李岩说李自成语。

建策常常是帮助了起义的发展，但同时也就按照封建政治制度的模式为起义领袖们设计出了依样画葫芦的封建政权。

中国农民战争的历史进程完全证实了毛泽东同志的科学论断："这样，就在每一次大规模的农民革命斗争停息以后，虽然社会多少有些进步，但是封建的经济关系和封建的政治制度，基本上依然继续下来。"[①]封建社会里的起义农民一方面是推动封建社会发展的伟大动力，但另一方面却始终摆脱不了封建的思想意识的支配和封建的经济关系和政治制度的统治。

五　为什么中国农民战争总是反对王朝和官府？

关联着所谓"皇权主义"的讨论，许多同志注意到了中国和俄国农民起义的异同。

斯大林说俄国农民"反对地主，可是拥护'好皇帝'"[②]。列宁也说过，俄国农奴制下的农民"丝毫不反对沙皇政权，并且信任沙皇"[③]。中国农民不能建立自己的阶级的政权，而只是企望在"好皇帝"脚下过生活，这是和俄国相同的。他们一次又一次地反对皇帝的黑暗统治，反对王朝和官府，这又是和俄国不同的。为什么相同而又不同？简单地说"中国农民没有皇权主义思想"是不能说明问题的。这个原因自然不能仅仅从农民的思想、愿望里去寻找，而要从中国社会经济的特点里去寻找。

战国以来，中国就已经不是像俄国那样的领主统治的农奴制、份地制，而是地主经济的地租制。马克思曾经把封建社会的地租划分为劳役地租、实物地租和货币地租三种形态。这在欧洲，像马克

① 《中国革命和中国共产党》，《毛泽东选集》第二卷，人民出版社 1952 年第 2 版，第 619—620 页。

② 《和德国作家艾米尔·路德维希的谈话》，《斯大林全集》第十三卷，人民出版社 1956 年版，第 100 页。

③ 《宝贵的招供》，《列宁全集》第五卷，人民出版社 1959 年版，第 69 页。

思所分析过的那样，是随着时代的推移而依次更替的。而在中国，三者并不是依时代先后而转换，而是同时并存，又各有其不同的表现。

货币地租形态的雏形，在战国时代就已然可以偶然地看到。但两千多年来，它始终不曾得到发展，不曾代替实物地租而成为主要的剥削形态。陈伯达同志曾经这样分析说："它（指货币地租——引者）只是封建经济地租一种部分的偶然的形式，而且只限于是实物地租的一种不重要的补充。"[①]这个分析是完全符合于中国历史的实际的。

至于实物地租，在中国封建社会里一直是作为主要的剥削形态而存在，但又和劳役剥削这样的结合着；一方面贵族和地主主要是通过实物地租来剥削农民的劳动，农民在地主家里服劳役只是一种次要的补充。另一方面，地主的国家，从王朝到官府又通过各种名目的赋税贡献和无偿的徭役直接地进行敲剥。"不但地主贵族和皇室依靠剥削农民的地租过活，而且地主阶级的国家，又强迫农民缴纳贡税，并强迫农民从事无偿的劳役，去养活一大批的国家官吏和主要地是为了镇压农民之用的军队。"[②]毛泽东同志认为，这是中国封建时代经济制度的一个主要特点。

中国农民，从他们所遭受的封建剥削和压迫的残酷性来说，"实际上还是农奴"。但又和农奴不同，是他们有了自由人的身份，而不是像农奴那样完全依附从属于领主。所谓"诸侯无土，大夫不世，天子与庶人密迩"[③]，农民群众，作为天子的臣民，直接地遭受着王朝官府的剥夺，并且是比地租剥削更为残酷的剥夺。

地主的地租剥削，一般地说，是通过表面看来较为"缓和"的经

---

① 《近代中国地租概说》，人民出版社 1953 年版，第 24 页。

② 《中国革命和中国共产党》，《毛泽东选集》第二卷，人民出版社 1952 年第 2 版，第 618 页。

③ 《读通鉴论》卷七。

济形式，以高利贷等作补充，逐步扩大土地占有。官府的赋税、徭役和兵役则是运用政权的暴力、高压的手段强制实行、不容延缓。“任是深山更深处，也应无计避征徭”[①]，“一日三遍打，不反待如何”[②]。

地主的地租剥削是生产力发展的严重障碍，但要保证地租的收入就要使农民具有一定的生产条件，而并不是直接地破坏生产。官府的繁重徭役和兵役则迫使农民中断了耕作，无以求活。远地的征发又往往是漂泊异域，客死他乡。像杜甫《兵车行》这首杰出的史诗所描绘的，并非仅仅是唐代而是整个封建时代都可以看到的凄凉情景。

地租的剥削表面上是比较有限额的。官府的贡税，可以任意添增名目，贪官污吏，层层中饱，诛求不已，几乎是无限的。“朝求升，暮求合，近来贫汉难存活”[③]就是农民群众的艰难处境。

总之，地主、贵族占有土地、兼并土地对农民进行残酷的地租剥削。一般说来，农民劳动收获的六成、七成甚至八成以上就是这样被剥夺了去的。但是，在表现上，和政治压迫相结合的官府的贡税劳役（徭役和兵役）剥夺，则带有更为残暴的性质。

王朝官府的黑暗统治势力运用政权的暴力直接地压榨农民，农民群众被迫近死亡的边缘，就不得不用暴力直接地反抗这个暴力。

为什么中国历史上的农民战争总是“官逼民反”，并且总是一开始就和王朝官府作斗争？我以为这应当是一个重要的原因。

历史事实也正是这样向我们说明的。秦末、隋末、元末三次农民革命战争的高潮，就都是由于大规模的繁重的徭役或兵役所引起，由于无穷尽的贡赋剥削极苛刻的政治压迫所引起。宋代“造作局多所科须”，“兼为花石纲之扰”[④]引起了方腊的起义。“不当差、不

---

① 杜荀鹤：《山中寡妇》（一名《时世行》），引自《全唐诗》卷六九二。

② 黄溥：《闲中今古录》。

③ 《明季北略》卷二三。

④ 《宣和遗事·前集》。

纳粮”[①]反映了明末起义农民反抗官府徭役和赋税的要求。这样的事例是举不完的。达并不能认为是偶然的巧合，而正是决定于历朝历代所共有的这个封建经济制度的主要特点。

参照一下俄国农奴制废除后的农民状况，也可以帮助我们说明问题。和列宁、斯大林一样，恩格斯也曾指出过农奴制时代的俄国农民“从来没有反对过沙皇”。可是，自从农奴被赎免为农民以来，“陷入了异常艰难的全然不可忍耐的境遇”，“日益被迫去与政府和沙皇作斗争”。什么境遇呢？这就是“要他们一肩担负的不仅有几乎全部土地税负担”，“必须缴付其他一切款项”，“自从成立地方行政机关以来，又加上了省县级的租税重担。这次‘改革’（指农奴赎免为农民）的最重大后果便是给农民加上了许多新的租税负担”[②]。对于中国农民说来，像这样的境遇，并不是陌生的。早自战国以来，在苛刻地租剥削下的农民大众就已肩荷着各级官府的名目繁多的贡税负担，并且同时肩荷着沉重的徭役兵役负担。这种更加艰难的境遇也就迫使他们不得不向着政府和皇帝展开了更加剧烈更加严重的斗争。

当然，这并不是说中国历史上的农民战争，只是反对王朝，不反对地主。不是的。农民阶级的自发的认识和斗争的表现形式都掩盖不了农民起义的阶级斗争的实质。这不仅是说起义过程中必然要打击以至消灭一些大地主。而且从根本上说来，农民战争所打击的封建王朝，本来就是作为保护地主阶级剥削压迫的机关和地主阶级的统治工具而存在的。正像地主阶级总是利用这个工具来镇压农民的反抗一样，农民战争通过对这个工具和统治势力的打击也就在事实上猛烈地打击了地主阶级的封建统治，打击了地主阶级的经济剥削和政治压迫。这是统一的，而不是可以分割的。

---

① 《绥寇纪略》卷九。

② 《论俄国社会关系》，《马克思恩格斯文选》（两卷集）第二卷，莫斯科外国文书籍出版局1955年版，第50、58页。

战国以来，漫长的中国封建社会，经济制度有着极其复杂的表现，各个时期也各有其不同的特点。这是需要仔细加以研究的。这里，没有也不可能进行详尽的讨论，而只想指出在考案中国农民战争的历史时，不可忽视中国封建时代经济制度的这个主要特点。有的同志依据马克思对欧洲地租形态发展过程的分析，把中国农民战争分为上下两段。认为上一段反徭役，下一段反土地剥削。这种截然的划分，征之于中国的史实是难于使人赞同的。

六　关于中国农民战争的一个特点

中国历史上的农民起义和农民战争的规模之大，是世界历史上所仅见的。起义农民一次又一次地推翻了旧王朝并建立了新王朝，也是世界历史上所仅见的。

恩格斯说封建制时代的德国："农民们在这样可怕的压迫之下受着折磨。可是要求他们起来暴动却不容易。他们散居各地，要取得任何共同协议都困难无比。""因此我们在中世纪里找得到很多局部性的农民暴动，但是——至少在德国——在农民战争以前，全国性的农民暴动却一次也找不到。"[①]散居各地互不联络，这不仅是德国农民，也是中国农民的先天性的弱点。而且，中国的地区广大，人口众多，交通梗塞，只会使这种分散性更为增强。那么，为什么中国历史上会多次出现世无伦匹的全国规模的农民战争？

无论是德国农民战争，还是俄国拉辛、普加乔夫的农民起义都是发生在封建社会走向瓦解的时期，并且都被镇压了下去。为什么中国从两千多年前开始，就多次出现大规模的农民战争并且多次推翻旧王朝的统治，显示了那么巨大的威力？

把古代农民说成"和无产阶级一样有摧毁旧国家机器的要求"，

---

① 《德国农民战争》，《马克思恩格斯全集》第七卷，人民出版社 1959 年版，第 398 页。

是难于解答这些问题的。

要探讨这些问题，需要注意到中国封建社会经济制度的特点，还需要注意到秦朝以来，中国就已经建立了专制主义的中央集权的统一国家这个重要的政治制度的特点。

如前面说过的，中国封建经济的特点决定了起义农民总是直接地反抗地主阶级的统治工具——王朝和官府。但秦以来的常态，不是诸侯割据的分裂的王朝，而是中央集权的统一的王朝。分散在广大地区的广大农民相互隔绝互不来往，不可能团结为一个共同行动的阶级。他们不能觉悟到自己的共同的阶级利益，也难于彼此联合起来，向着不同地区剥削程度大小不同的贵族、地主和割据诸侯作斗争。但是，中央集权的统一王朝走向腐朽和衰落的时刻，不同地区的农民遭受着同一个黑暗势力的统治，不同地区的起义烽火也就指向着同一个目标。各个地区此呼彼应，此仆彼起的起义农民不是向着不同的割据者作战，而是不谋而合地向着统一的王朝从四面八方展开猛烈的冲击，这也就不能不逐步地发展成为规模巨大的汹涌洪流。中国历史上，只是黄巾起义那一次曾经企图用宗教作工具在一定地区里进行联络，但随即迅速地遭到了失败。此外，几次大规模的农民战争，一般说来，起初都是四处发动，这里一支，那里一支，在作战过程中逐渐汇合为几支较大的队伍，发展到全国的规模。当然，即使发展为全国规模的农民战争，农民军的这一支和那一支，同一支的这一系和那一系之间也还是不容易达到真正的团结，不免于分裂。从陈胜吴广到李自成张献忠都表现了分散的个体农民的这个阶级的弱点。但是，既然这些农民军都冲向着一个共同的目标，那个腐朽了的失去强大力量的王朝就不得不同时面对着这些强大的敌人，顾此失彼，顾彼失此地难于应付，纵然在战争初期还可以得逞于一时，终于不能不被席卷全国的起义风暴所摧毁。

分析一下中国封建社会的历史，就可以看到这样两种现象：

第一，规模较大的农民起义和农民战争一般都是发生在全国统一时期而不是分裂割裂时期。无论是秦以前的诸侯割据时期，或者秦以后的三国南北朝时期[①]以至五代十国时期，我们都很少看到较大的农民起义农民战争。如毛泽东同志所举出的，秦朝的陈胜吴广、项羽刘邦，汉朝的新市平林、赤眉铜马和黄巾，隋朝的李密窦建德，唐朝的王仙芝黄巢，宋朝的宋江方腊，元朝的朱元璋，明朝的李自成等等大规模的农民战争，无例外地发生在专制主义的中央集权的王朝统治时代，全国统一的时代。

第二，中央集权的统一王朝的更替，除了蒙古贵族灭亡了南宋那一次外，也是不再有任何例外地由于农民暴动的力量而完成。像欧洲某些国家那样，通过统治集团的政变而改换朝代的事例，在中国，只能发生在分裂割据时代而不能发生在统一的时代。无论是秦朝的统一六国、晋朝的统一三国、隋朝的统一南北、宋朝的结束五代十国的纷争，或者是南朝宋齐梁陈的递嬗、北朝北魏和齐周的递嬗、五代十国的递嬗，都是完成在分裂割据的年代。在统一的中央集权的王朝统治下，即使据有强大军事力量的藩镇，如像唐朝的安禄山史思明那样，也只能扰攘于一时，而始终无法达到改朝换代的目的。整个中国的封建社会史论证着这样一个道理：地主阶级中的任何一个集团，哪怕是最有势力的集团，也不具有足够的力量来打倒那些在全国范围内建立了专制主义的中央集权统治的统一的王朝，即使是已经衰弱了的王朝，而只能是被这些王朝所打倒。历史上只是农民战争，农民群众自下而上的扫荡全国的革命斗争才一次又一次地打倒了统一的王朝，历史上也只有这样一种力量才能够打倒统一的王朝。

以上两种现象的出现不能认为是偶然的。它们是一个事物的两个方面。专制主义的中央集权的统治和全国统一的局面，为大规模的农民战争的爆发准备了客观的条件，大规模的农民战争使得平

---

① 南北朝时期虽然比较地说，在南方和北方有过相对的局部的统一，但仍然没有出现大规模的农民起义。至于近来人们所艳称的孙恩和葛荣，那其实是带有较复杂性质的暴动，是否可以简单地看作农民起义，是值得怀疑的。姑记于此，容当另论。

素蕴藏着的群众力量集中地迸发了出来，就又反转来推翻了统一王朝的黑暗统治，推动了历史的前进。

要深刻地说明这些问题，就还必须对各个封建王朝的具体的统治制度，不同时期的具体的农民战争进行具体的研究。我这里只是把问题提出，作一些试探，旨在求得批评，引起讨论。封建社会这个统一体原来是由地主阶级和农民阶级共同组成的。两个阶级相互矛盾着又相互联系着相互影响着，相互斗争着又相互依存着。不研究中国农民的斗争史就无法说明封建王朝的更替和兴衰。反之，不对每个封建王朝（统一的和割据的）进行具体的深入的研究，要想说明中国农民战争发展的特点和规律，也是困难的。

中国农民战争史的研究，是有着极其丰富的实际内容的大课题。如像怎样全面地理解农民起义、农民战争的历史作用，怎样认识农民战争不同发展阶段的具体特点，怎样分析宗教的作用等等，都还有待于研究和讨论的深入展开。本文不及对这些问题专门提出讨论，而只是试就目前讨论中有关农民战争的性质和所谓“农民阶级政权”、“皇权主义”这两个方面的一般性问题，提出一些极其粗浅的意见，期待着专家们的指正和批评。

原载《历史研究》1961 年第 4 期

再谈中国农民战争史的几个问题

最近一年来，我们历史学界对于中国农民战争史研究中的若干问题，继续开展了颇为热烈的讨论。这个讨论推动了这一方面的研究，加深了我们对于历史实际的了解。虽然目前仍然不可避免地存在一些不同意见，但是，通过近来的讨论，这些意见的歧异所在，比以前要明确得多了。

目前争论的关键，看来还是在于封建社会自发的农民起义同资产阶级民主革命、无产阶级社会主义革命的区别上。

封建社会的农民战争是农民阶级反抗地主阶级封建统治的革命的阶级斗争，是没有先进阶级领导的自发的反抗，自发的革命。在当时，还没有能以代替封建生产关系的新的生产关系，没有能以代替地主阶级统治的新的社会阶级。在这样的历史条件下，在这样的社会里“只有这种农民的阶级斗争，农民的起义和农民的战争才是历史发展的真正的动力”。它所以是历史发展的动力，是因为它打击了地主贵族的封建统治，从而多少推动了社会生产力的发展。大规模农民战争的结果推翻一个旧王朝代之以一个新王朝，推翻旧的统治集团代之以新的统治集团，但还不可能推翻整个的封建制度、整个的地主阶级。正如毛泽东同志所说：“每一次大规模的农民革命斗争停息以后，虽然社会多少有些进步，但封建的经济关系和封建的政治制度,基本上依然继续下来。”[1]这就是说,它还是在封建制度的范围内推动了历史的发展。

和封建社会的农民战争不同,资产阶级民主革命,作为一种社会革命,它的历史任务是推翻封建的社会制度,建立新的即资本主义的社会制度,推翻地主阶级的统治建立资产阶级的统治。它解除了封建生产关系的束缚,从而推动着社会生产力的发展。

但是,一般说来,资产阶级民主革命也只是推翻了一个旧剥削制度代之以一个新剥削制度,推翻一个剥削阶级的统治代之以另一个剥削阶级的统治。它推翻了封建制度但没有也不可能根本推翻阶级剥削制度。它比农民战争前进了一大步,但也只是在阶级剥削制度的范围内推动了历史的发展。

历史上只有无产阶级社会主义革命才是根本推翻一切剥削制度、一切阶级压迫,建立社会主义、共产主义,为社会生产力的发展提供无限的可能。在十月革命以前,世界历史上任何性质的革命都没有也不可能做到这一点。

农民战争打击了地主贵族的封建统治,推翻某一个封建王朝,资产阶级民主革命则是推翻整个的封建制度。民主革命推翻某一个剥削制度,无产阶级社会主义革命则是推翻一切剥削制度。可见,不同时代不同阶级的革命具有不同的内容,不同的特点,显示着革命的不断加深和发展,是不容相混淆的。

当然,作为革命说来,它们又有其相同处。那就是,它们同是被压迫阶级暴力反抗压迫阶级的阶级斗争。这些斗争在不同程度上打击或推翻了某种黑暗统治势力,为生产力的发展扫除了某些障碍,推动着历史的前进。所以,封建社会的农民战争虽然不同于社会革命,但不可否认,它依然是一种革命战争,是一种革命。如果和民主革命相比较,它的特点,简要说来,即在于对封建统治的打击,

---

① 《毛泽东选集》第二卷,第619—620页。

而不是整个封建制度的推翻；在于对某些旧事物的破坏而不是新制度的建立。没有先进阶级的领导，它不可能找到新的出路，结果总是被地主贵族利用了去。所以，它又是总是陷于失败的革命。

封建社会自发的农民起义、农民战争能否独立地推翻封建制度建立新的社会制度，新的经济关系；能否独立地推翻封建的政治制度建立新的政治制度，推翻地主阶级专政建立"农民阶级专政"，以及起义农民是否具有这样的思想认识，能否建立相应的"超出任何封建理论范围"的革命理论，这些就是目前讨论中意见歧异的焦点。

在继续进行我们的讨论之前，重提一下革命性质的异向，是必要的。因为如果像宁可同志那样，把问题的出发点放在"革命的历史任务是推翻旧的社会制度，建立新的社会制度。单纯的农民战争……历史任务是推翻封建制度，因此农民战争就是革命"[①]，那就会导致：或者因为它不曾推翻封建制度而否认它是农民革命战争；或者因为要肯定其为革命，而勉强说成"推翻封建制度、建立新的社会制度"，从而混淆了农民战争和民主革命的区别，走上古代史近代化的歧路。

去年 8 月间，我曾写过一篇《对中国农民战争史讨论中几个问题的商榷》，对宁可等同志混淆革命区别，实质上是古代史近代化、古代农民无产阶级化的论点，提出了一些粗略的商榷意见[②]。宁可同志最近在《红旗》杂志上发表了同我论辩的文章。这是值得欢迎的。不无遗憾的是，这篇文章并不曾对那些商榷意见给以正面的回答。可是也不难看出，作者基本上还是依据原来的论点而提出驳

① 宁可：《中国农民战争史上的农民政权问题》，见《中国封建社会农民战争问题讨论集》，三联书店 1962 年版，第 303 页。

② 见《历史研究》1961 年第 4 期。

议。戎笙、向阳同志最近所写的文章，也在某些问题上表述了相似的意见①。这样，在现在这篇文章里，我们将再对宁可等同志的论点作一些商讨，同时进一步申述一下前此提出的几个问题。和前文一样，本文不是，也不可能是中国农民战争史的全面论述，而只是对讨论中的几个问题提一些商榷意见，以就教于历史界的同志。

由于讨论的范围牵涉较广，为求篇章的省简，凡前文已经论述过的一些意见，不再作不必要的重述。

一 自发起义的农民有怎样的“觉悟性”?

宁可同志在《红旗》杂志上写的文章，题目叫作《中国农民战争的自发性和觉悟性问题》。这是使人费解的。说农民战争的自发性或自觉性，当然可解。说“战争”的“觉悟性”就不甚可通了。这里所要说的，恐怕不是农民战争的“觉悟性”，而是起义农民的“觉悟性”。这是一个值得讨论的问题：封建时代自发起义的农民是否具有所谓“觉悟性”，它有什么样的内容。

在近来的讨论中，许多同志已经放弃了农民战争是“自觉的革命”的说法，而同意是自发的起义。人们现在的疑问是：自发起义的群众有没有“某种程度”的“觉悟性”呢？他们对于地主阶级的封建剥削和压迫是不是“毫无认识”呢？他们有没有一点“革命思想”呢？这些疑问的存在，也往往会引导人们重又回到“自觉革命”的老观点，或者陷溺于难以自解的矛盾的困境。

什么是自发的起义？这就是说起义群众还是不自觉的、不觉悟的。在严格的意义上，用列宁的话说，自发的农民起义乃是“不觉悟

---

① 宁可：《中国农民战争的自发性和觉悟性问题》，见《红旗》1962 年第 7 期。向阳：《中国农民革命战争的两个问题》，见 1962 年 4 月 11 日《光明日报》。戎笙：《关于中国农民战争史上几个问题的商榷》，见《历史研究》1961 年第 5 期。本文引录宁可、向阳等同志语，凡不注出处者，均见于此。

的群众的起义"①。

我们说起义农民还是不觉悟的，当然并不是说他们没有自发的革命要求、反抗意识。假使是这样，农民战争也就根本不存在了。这如果可以简括称为"革命思想"，那就是说：一、他们从自己的实际处境中自发地感到地主、官府和他们之间的利益冲突，对黑暗王朝、贪官污吏、地主豪强的残酷剥削和压迫，满怀着强烈的憎恨。这就是列宁说的"原始的农民民主的情绪"。二、他们认识到依靠自己的斗争力量去反抗和打击地主贵族的黑暗封建统治，以至推翻腐朽的王朝。就是说，他们从自己身受的重压中认识到去反抗封建统治的这个或那个个别的方面，这个或那个地主、官吏或王朝。三、他们渴望争求美好的生活、改善自己的处境。认识到依靠自己的斗争来创建"好王朝"拥立"好皇帝"。封建的小农经济也可以使他们产生平均财富的自发的要求。平均主义当然不是一种"社会制度"，也不能说农民具有"平均主义觉悟"。但是，作为反抗封建统治的自发的民主要求，在当时的历史条件下却有其一定的革命意义、历史意义。

然而，封建社会自发起义的分散的个体农民却还不可能具有"阶级觉悟"。就是说还不曾觉悟到是作为农民阶级的一员，为着整个的阶级利益而斗争，也不曾觉悟到他们所反抗的是整个的地主阶级。没有先进阶级领导的起义农民也还不曾具有进行社会革命的思想觉悟。他们还不可能像在民主革命中那样产生民主主义觉悟，当然更不可能具有社会主义觉悟。他们看到社会上的贫富不均而愤激不平，却不了解他们的贫穷是来源于封建主义的社会制度。自发地夺取富人的土地和财产，反抗地主贵族的黑暗统治，却还不懂得推翻整个的封建社会制度和国家制度，建立新的社会制度和国家制度。如果说，封建时代的起义农民竟然具有了这样的思想觉悟，那么，农民战争也就不再是自发的起义，而是属于自觉革命的范围了。

---

① 《列宁全集》第三卷，第 385 页。

人们所说的自发起义农民的“觉悟性”如果是指着上面所说的那些革命要求、反抗意识，那么，在实际内容的理解上并没有什么根本性的歧异，而是属于概念的运用问题。不过，宁可同志的立意并不是如此。他一面在原则上同意农民起义是自发的，一面又认为不能“否认农民具有任何革命思想和阶级觉悟”。文中反复强调的农民的“觉悟性”显然就是指的“阶级觉悟”和“革命思想”实即社会革命的思想觉悟。这样，他就在事实上否定了自发起义的原则而把它说成是自觉的革命了。

宁可同志说：

> 封建社会的农民战争是自发的革命而不是自觉的革命。这是多数讨论者都同意的。革命的自觉性指的是：革命阶级认识到自己的阶级利益与历史任务，认识到自己斗争的前途，建立革命的理论和自己阶级的政治组织，积极地为自己阶级的利益及前途而斗争，这种自觉性当然是封建社会的农民所达不到的。把这种自觉性加到农民战争身上（恐怕是说加到起义农民身上——引者）是一种把农民战争现代化的倾向。

这个关于自觉性的了解并不是完善确切的。但是，宁可同志却正是依据这个了解，努力去证明农民战争已然具有这样的自觉性质。

依据他的论断，封建社会的农民已经具有“阶级觉悟”，不仅“认识到自己的阶级利益”，并且进而“用自己阶级的名义来表达本阶级的利益”。封建社会的农民也已经具有社会革命的思想觉悟，认识了封建主义的社会制度，“认识到他们所反对的不仅是个别的王朝、官吏、地主，而是一种不合理的制度”，并且“对封建制度的认识”逐步“提高”，“认识到他们的斗争是反对封建制度与地主阶级的”。农民已经提出了“超出任何封建纲纪与封建理论范围”的革命思想理论来指导他们的行动，也已经建立了“自己阶级的政治组织”，自己阶级的政权。如此等等。这不正是宁可同志所描绘的一幅自觉革命的画图么？怎么还能说它是自发的呢？把这种"自觉性"或"觉悟性"加到起义农民身上，也就会流于宁可同志所说的那种"现代化的倾向"了。

显然，自觉的革命和自发的革命是两种不同的革命，而不是同一个革命同时存在的两个方面。自发和自觉，绝不是什么"片面"和全面的问题，也不是什么"两点论"、一点论的问题。不能一面说它是自发的，一面又说它是自觉的，说起义者是有阶级觉悟的。不觉悟的群众的革命，依然是一种革命。革命性和觉悟性并不完全等同。宁可同志混淆并且等同了这两个不同的概念，所以他认为，如果说起义农民还不具有"阶级觉悟"，便是所谓"贬低了革命性"。这样，如果不是把不觉悟群众的起义的革命性一概抹煞，便只能是把自觉性、"觉悟性"加到了自发起义的尚未觉悟的农民身上，从而陷入了自相矛盾的境地。

二　所谓"用自己阶级的名义表达本阶级利益与向往"

中国农民战争的大量史实显示出这样的现象，即"起义农民缺乏阶级的自觉"，"起义者也往往是借助于地主阶级的王朝的名义、皇帝的名义，而不是以自己的阶级的名义来表达自己的向往和自己的利益"①。这些历史现象再一次证实了马克思对个体农民的分析：他们"不能以自己的名义来保护自己的阶级利益。他们不能代表自己，一定要有别人来代表他们。他们的代表一定要同时是他们的主宰，是高高站在他们上面的权威，其表现就是不受限制的政府权力"②。

宁可同志为着论证封建时代个体农民的"阶级觉悟"和农民战争的"某种程度"的自觉性，否认上举的事实而提出了一个相反的主

---

① 《对中国农民战争史讨论中几个问题的商榷》，见《历史研究》1961年第4期。

② 《马克思恩格斯文选》(两卷集)第一卷，第311页。

张，即封建时代的个体农民已懂得“用自己阶级的名义来表达本阶级利益和向往”。如果真是这样，他们当时就已具有相当高的“阶级觉悟”了。

为着避免陷于概念的争议，我们想在这里考察一下宁可同志引以为据的一些事实。宁可同志说：

> 四世纪初到五世纪初约百年之间，东起山东，西到四川、陕西，南到安徽，不断发生以宗教领袖兼农民起义领袖李弘的名义相号召的起义。方腊起义，自号“圣公”。明中叶刘六刘七起义套用元末刘福通起义的口号，称“虎贲三千”直抵幽燕之地；龙飞九五，重开混沌之天。（刘福通起义口号末句为“重开大宋之天”。）明末农民起义领袖常用水浒人物作为自己的名字或绰号。太平天国革命更是借助一个与封建制度对立的理想的“天国”来表达自己的向往，借助一个与“阎罗妖”对立的“皇上帝”来表达自己的利益，借助一个从不见于圣经贤传的政教合一的“天王”来与封建皇帝对抗。这些都很难说成是借助地主王朝与封建皇帝的名义，而只能视之为农民用自己阶级的名义来表达本阶级利益与向往的一种探索了。

严格说来，“探索”还并不是事情本身，不过宁可同志的用意显然不是这样，因为这本来就是为了反驳“不是以自己的阶级名义”而提出的。尽管如此，这里所举的论据依然难以使宁可同志的论点得到证实。

第一个论据是“李弘”。农民起义领袖冒称“李弘”，不仅是“四世纪到五世纪初约百年之间”。在此以前和以后，也有过这样的记载。刘勰《灭惑论》有“张角、李弘，毒流汉季”之说。《老君音诵诫经》云：“世间诈伪攻错经道，惑乱愚民。但言老君当治，李弘应出，天下纵横返道者众，称名李弘者岁岁有之”。汤用彤先生近曾对此有所论列，并从《晋书》中检出称李弘起义事四条[①]。现依原书将这四条的全文照录如次：

> 《晋书》卷五十八周札传："时有道士李脱者妖术惑众，自言八百岁，故号李八百。自中州至建邺，以鬼道疗病，又署人官位，时人多信事之。弟子李弘养徒灊山，云应谶当王。"
>
> 《晋书》卷一零六石季龙载记："贝丘人李弘因众心之怨，自言姓名应谶，遂连结奸党，署置百僚，事发，诛之。连坐者数千家。"
>
> 《晋书》卷八海西公本纪，太和五年九月："广汉妖贼李弘与益州妖贼李金根(周楚传作银)聚众反。弘自称圣王，众万余人。梓潼太守周虓讨平之。"
>
> 《晋书》卷一一八姚兴载记："(姚)兴寝疾。妖贼李弘反于贰原。贰原氐仇常起兵应弘。兴舆疾讨之，斩常执弘而还。"

除《晋书》所记李弘事外，隋季仍有冒称李弘起义者，事见《隋书》卷四炀帝纪下：大业十年二月丁酉，"扶风人唐弼举兵反，众十万，推李弘为天子，自称唐王"[②]。

史料本身非常清楚地说明：所谓"以李弘的名义相号召"，无非是假托符谶称皇帝。晋隋的起义者不能像陈胜那样冒称公子扶苏，因为当时并没有这样的条件。起义者也不能像元末农民军那样，以恢复前朝作号召，冒称宋徽宗的后裔。因为晋朝以前是不得人心的军阀混战，隋朝以前是拓跋氏建立的北朝，和元朝的环境正好相反。往古的封建时代，并不是每个公民都有选举权和被选举权的时代。

---

① 汤用彤：《康复札纪》，见《新建设》1961年6月号。

② 李弘，《唐书·薛举传》作李弘芝，《通鉴》从之。疑误。当以《隋书》为准。此显与晋时事相类，李弘只是一个假托应谶的傀儡，故为唐弼所立，又旋为唐弼所杀。又案辽末天庆三年亦有"李弘以左道聚众为乱事"，见《辽史·天祚纪》。记载阙略，故不举。

起义农民并不认为人人都有做皇帝的民主权利，也不懂得推翻地主阶级的专政，建立农民阶级的专政。他们的起义往往是假称前朝，或依托宗教谶语。起义领袖冒称李弘，无非是想在虚幻的符谶中寻找出做皇帝的根据。起义农民迷信这个号召，无非是指望出现一个"应谶当王"的好皇帝。"应谶"是假托，"当王"是目的，自不容有相反的解释。抽出了"应谶当王"的内容，所谓"李弘的名义"也就不再有任何实际的意义。史书明白记载李弘"应谶当王"、"自言应谶"、"署置百僚"、"自称圣王"、"推为天子"。怎么能够反而用来证明这不是"皇帝的名义"？更怎么能够用来证明这是"农民自己阶级的名义"呢？

第二个论据是"方腊起义自称圣公"。案此条源出方勺《青溪寇轨》，《宋史》童贯传附方腊传从之。传云："宣和二年十月起为乱，自号圣公，建元永乐，置官吏将帅，以巾饰为别，自红巾而上凡六等。"[1]方腊起义是利用摩尼教而发动的。"自号圣公"当是受到磨尼教的影响，正和李弘称圣王一样，它的实际含义依然是皇帝。"建元永乐"正是称皇帝的标志。方腊并"置官吏将帅"，据《宣和遗事》有所谓"伪相王侯"，据《青溪寇轨》有"伪相方肥"、"亳二太子"。起义的目标，方腊自己也说得很明白："我但画江而守，轻徭薄赋，以宽民力，四方孰不敛衽来朝。十年之间，终当混一矣。不然，徒死于贪吏耳。诸君其筹之。昔曰善。"[2]起义之初，方腊即率直以建王朝做皇帝为己任，而并不讳言这一点，起义者也完全拥护这一点。怎么能够离开史实的考察，说"圣公"的称号不是皇帝的名义？又怎么能够说"圣公"是农民"自己阶级的名义"？显然可见，这里所证明的正是它的反面：方腊所争取的和起义农民所向往的，乃是一个"轻徭薄赋，以宽民力"的好皇帝和好王朝。

第三个论据是："明中叶刘六刘七起义套用元末刘福通起义的

① 《宋史》卷四六八《宦者·童贯传》。

② 方勺：《青溪寇轨》。

口号，称‘虎贲三千，直抵幽燕之地；龙飞九五，重开混沌之天。’”案明中叶刘惠赵燧（不是刘六、刘七领导的那一支）农民军的旗联（不是口号）曾沿用刘福通的旗联而把“大宋之天”改为“混沌之天”，这本来是不难理解的。当时的前朝已不是宋朝，而是蒙古统治的元朝，起义者自然不再可能以恢复宋朝作号召，当然更不可能以恢复元朝作号召。“大宋之天”改成了“混沌之天”自然丝毫也不意味着王朝的名义改成了“农民阶级的名义”。更为重要的是，“重开混沌之天”是“龙飞九五”。《易经》乾卦爻辞：“九五，飞龙在天，利见大人。”所谓“龙飞九五”、“九五之尊”[①]，是后世习用的皇帝御极的代名词，这在古籍中是随处可见的。记载刘福通旗联的《辍耕录》，在前一卷即载有崔彧进传国玺笺，其中便说道：“斯盖皇天授命皇太孙诞膺龙飞，以正九五之位。”[②]怎么能够以“龙飞九五”作论据，反而用来证明这不是皇帝的名义呢？

第四个论据是：“明末农民起义领袖常用水浒人物作为自己的名字或绰号。”实际的情况恐怕应当是说“用水浒人物的名字或绰号作为自己的绰号即混名”。前者如王孝中混名宋江、许得住混名雷横、张汝金混名燕青等是。后者如一丈青、混江龙、黑旋风等是。这种情形寥寥可数，也并非是“常用”。即使撇开这些不谈，宁可同志也依然不能证明自己的论点。第一，这些绰号本身只是表示着对古代英雄人物的倾慕，而并不能证明是农民“以自己的阶级的名义来表达本阶级的利益”，正像起义者以曹操、张飞、薛仁贵、焦赞作绰号并不表明是表达地主阶级的利益。第二，要知道，按照《水浒传》的文艺描写，即使像宋江这样的英雄人物，也还是幻想出现个招安他的好王朝、好皇帝。宋江道：“众兄弟听说，今皇上至圣至明，只被奸臣闭塞，暂时昏昧。有日云开见日，知我等替天行道，不扰良民，赦罪招安，同心报国，竭力施功，有何不美。因此只愿早日招安，别无

① 参看《易经》履卦彖辞，孔颖达正义。

② 陶宗仪：《辍耕录》卷二六，传国玺条。

他意。众皆称谢不已。"[①]李逵比宋江更多地表现出起义农民的本色。他反对招安,但也是指望由梁山好汉来建立新王朝,晁盖宋江做皇帝。他的主张是"晁盖哥哥便做了大皇帝,宋江哥哥便做了小皇帝。吴先生做个丞相,孙道士便做个国师。我们都做个将军。杀去东京,夺了鸟位,在那里快活,却不好!不强似这个鸟水泊里"[②]。可见,宁可同志以水浒人物的绰号作论据,仍然并不能证明自己的论点。

如果不是仅凭稀见的"绰号"作出推想,全面考察一下基本的事实,那么,李自成起初是称闯王,以后是大顺国王,张献忠是大西国王。至于李自成对明朝黑暗统治的指责,大家常引用的檄文是:"君非甚暗,孤立而炀蔽恒多,臣尽行私,比党而公忠绝少。"[③]

最后一个论据是太平天国"借助一个从不见圣贤经传的政教合一的'天王'来与封建皇帝对抗"。宁可同志由此论证"天王"不是皇帝的名义而是农民自己的阶级的名义。

这里,附带说一下太平天国问题。太平天国战争,就其基本性质来说,依然是农民的自发的革命斗争,但无可否认,鸦片战争以来,随着外国资本主义的入侵,中国社会的性质在逐渐发生着重要的变化。太平天国革命所发生的社会历史条件、革命战争的历史任务和历史作用,和鸦片战争以前的封建时代有了不同,它的反抗对象,也不同于过去的封建王朝,而是成了"帝国主义走狗"的清朝。太平天国在作为自发的单纯的农民战争的同时,又自有其多方面的复杂特点。这是值得专门研究和讨论的。为着便于把问题放在一定的历史范围,我在前文中所提的那些粗略的意见只是依据封建制时期,而没有包括半殖民地半封建制时期在内。现在这篇文章,将仍然局限于这样的范围。不过,这里不得不破例指出:宁可同志用

---

① 《水浒全传》第七十一回,人民文学出版社 1954 年版。

② 《水浒全传》第四十一回,人民文学出版社 1954 年版。

③ 《明季北略》卷二三《补遗》。

"天王"一词来证明起义农民已经具有"阶级觉悟",实际上把这次战争说成为自觉的革命斗争,那是难以成立的。杰出的农民革命领袖、向西方寻求真理的洪秀全,曾经借用西方基督教的教义作为革命的思想武器,但并不曾和封建的思想理论相决裂,而是把两者结合到一起借以反抗黑暗的封建统治。正像太平天国的政治制度中显示出基督教义和周礼相糅合的迹象一样,"天王"的称号也正是这样的产品。这个天不是"苍天当立"的天,不是"大圣天王"的天,而是取之基督教圣经,傅会以儒家经典的"皇上帝"的天,《天条书》即曾举出诗经、书经作论据,反驳"不见圣贤经传"说者,"不知中国有史鉴可考"[①]。这个王则是比"九千岁"多一千岁的"万岁陛下"皇帝。《原道觉世训》称"皇上帝乃是帝也,虽世间之主,称王足矣"[②]。王的实际含义,用洪秀全自己的话说,"朕是真命天子","我是太平天子",是依托天命的"真圣主"、"大道君王"[③]。揭橥王的名义是和清朝皇帝相对抗,但还不是和皇权统治制度相对抗。当然,这个称号的建立,显示着推翻清朝统治的战斗意志,在当时有着重要的革命意义,是应当给以足够的估计的。但怎么能够说天王、君王、天子的名义不是皇帝的名义?更怎么能够说这是农民阶级的名义呢?

综上所述,宁可同志所谓"很难说"是皇帝的名义而"只能视之为"农民用自己阶级的名义的五个证据。恰恰都是明显地应用皇帝的名义,而不能视之为农民阶级的名义。这样,据此提出的基本论点也就难得成立了。

这里所提出的,实际上是大家讨论较多的封建社会农民的"皇权主义思想"问题,中国封建时代起义农民的"皇权主义",一方面表现在他们往往是借助于皇帝的名义或者王朝的名义以反抗黑暗的封建统治。另一方面表现在起义者拥立好皇帝、起义领袖称皇帝。

---

① 罗尔纲编注:《太平天国文选》,第 37—38 页。

② 罗尔纲编注:《太平天国文选》,第 15 页。

③ 参看《太平天国》《洪仁玕自传》《戒浮文巧言谕》等太平天国文书。

宁可同志企图否认前一个方面，但所举论据是后一方面，即起义领袖是否称帝王的史实。但这些史实却从这个方面再一次证明了起义农民的皇权主义思想。

起义农民的“皇权主义”思想是不容否认的。这就是斯大林所说的“反对地主，可是拥护好皇帝”的思想。我们说封建社会自发起义的农民难以摆脱占统治地位的封建思想理论的影响和统治，当然不是说农民阶级和地主阶级的思想要求一模一样。这是根本不可能的。他们是处于敌对地位的两个对立的阶级。地主阶级是要巩固和加强对农民的剥削和压迫。起义农民是要反抗这个剥削和压迫。他们的思想要求怎么会是完全一样的呢？但是，没有先进阶级领导的起义农民具有反对黑暗封建统治的反抗意识，却不曾觉悟到去推翻整个的封建社会制度和国家制度，没有也不可能具备“超出任何封建理论范围”的建立新的社会制度和政治制度的思想理论，以对抗封建的社会政治理论。他们不得不在封建理论的影响和支配下走向封建秩序的重建，把自己的利益和向往寄托于建立好王朝、出现好皇帝。当起义农民举出他们所拥护的好皇帝好王朝，以反抗坏皇帝、坏王朝、坏官吏的时候，它一方面在当时的历史条件下有着不可否认的革命作用，另一方面也就注定着它终归不能避免陷于失败的命运，总是要被地主贵族利用了去，成为他们改朝换代的工具。这是一个矛盾。这个矛盾正是自发起义的农民反抗封建统治但又不能建立新制度的反映，是农民战争不能超越封建制度范围的反映。

这里还有一个所谓“觉悟水平越来越高”问题。中国长期封建社会里的农民战争有其自己的发展过程。农民的反抗逐渐深入，革命要求也逐渐有所增长。起义的矛头指向这个或那个方面，组织方法和斗争方法也各自不同。这一方面是基于封建社会在不断发展，经济关系和政治制度在不断地变动，农民所承受的最不堪的重压有所不同，另一方面前代农民战争也为后来的起义者留下了教训和经验。各次农民战争的具体特点及其体现的发展过程，是值得认真研究的。但是，在没有新的生产力、新的生产关系的社会里，农民战争尽管向前发展，却始终不曾超越自发斗争的范围。自发的斗争不会自己“发展”成自觉的斗争。没有先进阶级领导的自发起义农民也不会自己“发展”出社会革命的思想觉悟和“阶级觉悟”。宁可同志引以为据的从晋到宋明以至太平天国的五次农民起义，多方面表现出明显的不同，显示了一个漫长时期的发展。但他们都还不曾具有“以自己阶级的名义表达本阶级利益”的“阶级觉悟”，而并不是早已具有“某种程度”的“阶级觉悟”，随着历史的发展“觉悟水平越来越高”。这是不难理解的。一切事物都是处在不断发展变动的过程中，但事物的发展又各有其自己的界限。如果超越了时代的阶级的界限看问题，混淆了这个时代和那个时代，这个阶级和那个阶级，那就反而无从说明历史过程的实际发展了。

三　所谓“实行过”新制度

宁可同志为着论证起义农民具有社会革命的思想觉悟，认为“均贫富”等口号是表明已经认识封建制度，“已经超出任何封建的纲纪与封建的理论的范围”。向阳同志也认为这是“表明他们强烈反抗这种封建制度”，“就当时历史条件说来”，是“对于农民和封建制度的矛盾”“相当深刻的认识”，并且作为一种新制度“的确曾经在某些地区、在一定程度上实行过”。虽然“不能说实行了新制度”，但是“实行过”(着重点是原有的)。这些说法实际上是要辩解和重申我在前文中所商榷的一个论点，即没有先进阶级领导的封建时代的个体农民，也已认识到并且实际上能做到“推翻封建制度，建立新的社会制度”。也就是说，曾经在一定时期里，实现过社会改革。如果真是这样，那就不仅等同于资产阶级民主革命，而且比孙中山领导的辛亥革命还要超越得多了。

历史上果真有过这样的事实么?

这些主张所根据的事实，主要是宋代王小波和钟相起义中的“均贫富”和明末李自成起义的“均田”记载。

关于李自成起义的史实，最近王守义同志发表的文章作了相当周详的论证[①]，提出农民军的口号在于均平赋税负担，“不当差、不纳粮”，而远不是什么社会改革的蓝图。虽然有的同志对此仍有不同解说，但也认为起义农民“不理解压迫他们的是封建制度，也不可能把地主当作阶级去反对”了[②]。在起义过程中，农民自己起来杀逐地主占夺土地的情况是存在的。这是一种值得重视的革命行动，但依然是自发的革命行动。如果由此认为起义农民已经认识到去推翻整个封建制度，制定了有如“平均地权”那样的“革命纲领”，并且自觉地付诸实行，那就缺少根据了。明末农民战争是当前研究较多的一个课题。看来，随着问题的深入探讨，目前由此而来的一些意见纷歧，是不难归于消灭的。

这里，我们想再对宋代提出“均贫富”的王小波和钟相起义的史实，作一粗略的探考。

1.关于王小波李顺的起义

茶贩王小波领导的农民起义是北宋初年在四川青城县一带爆发的。王小波在发动起义时说道：“吾疾贫富不均，今为汝均之。”[③]用意何如，史书并无明白的记载。这里所能根据的只能是他们怎样行动的历史事实。

《通鉴长编纪事本末》载有王小波起义后，打到彭山县，杀掉县令贪官齐元振的一段故事。“元振实贪暴，民甚苦之，既受诏益恣横，与民为仇，受贿得金，多寄民家。小波知民怨怒，因袭杀之，散其金帛。剖元振腹实以钱刀，盖恶其诛求之无厌也。”[④]这里生动地记述了起义者对贪官污吏的刻骨仇恨，和大快人心的正义行为。所谓“散其金帛”当即是夺取贪官的金银财帛分散给农民。除此之外，农

---

① 王守义：《明末农民军“均田”口号质疑》，《历史研究》1962年第2期。

② 刘重日：《明末均田口号质疑的质疑》，见《历史研究》1962年第5期。引语见第126页。

③ 王辟之：《渑水燕谈录》卷八。《通鉴长编纪事本末》卷一三。

④ 《通鉴长编纪事本末》卷一三。

民军在攻占的县邑中并没有其他“均贫富”的行动。这种行动并不只是对齐元振一人，张咏悼蜀诗说：“害物黩货辈，皆为白刃烁。瓦砾称台榭，荆棘迷城郭，里第锁苔芜，庭轩喧燕雀。”[①]想见相当多的贪官污吏、地主豪绅遭到了和齐元振相同的下场。苏辙说起义者是“穷为剽劫”[②]，当也反映了一些实况。不无理由认为，和钟相“谓劫财为均平”一样，起义者自己起来杀掉一些贪官污吏、地主豪绅，把他们剥削得来的那些财物据为己有，分给贫民，这恐怕就是王小波所说“均贫富”的实际内容。

这无疑是一种朴素的革命行动，是革命农民的义举。封建社会的农民，看到贫富的不均，痛恨这种不均，但并不曾认识贫困的来源是一种不合理的社会制度和怎样改变这种制度。他们起义后，便是自发地凭借革命的暴力，杀除贪官土豪，夺取财物。这在起义初期是完全正义的行为，也是完全可以理解的合乎规律的现象。在此以前的西汉末年、隋朝和唐朝末年的起义中，在此以后的元末、明末农民起义中，我们也同样可以看到相似的情景。如果以此为根据，说是起义农民认识到进行社会革命，实行新制度，那恐怕和历史事实之间，有着不算小的距离。

事实说明，这种朴素的革命行动，并不可能使农民真正地摆脱贫困，而且在起义过程中也难以维持长久。起义的胜利发展势必要求农民军建立纪律和社会秩序，以提高自己的战斗力量和确立稳定的统治。实现了这个任务的是李顺。大家经常引用的沈括《梦溪笔谈》的材料指责“始王小波反于蜀中，不能抚其徒众”，可能就是指着起义初期那些“杀人劫财”的“均贫富”情景。可是，沈括却对起义后期建立了蜀政权的李顺，致意颂扬：

> 顺初起，悉召乡里富人大姓，令具其家所有财粟，据其生齿

---

① 张咏：《乖崖集》卷二，《悼蜀四十韵并序》。

② 苏辙：《栾城集》卷三六，《论蜀茶五害状》。

足用之外，一切调发，大赈贫乏。录用材能，存抚良善。号令严明，所至一无所犯。[①]

这个材料显然并不是说明李顺实行着王小波所说的“均贫富”，如一些同志所主张的。相反，李顺改变了王小波的做法，采取了新的做法。他不再是听任起义农民去杀掠，而是对富人大姓的财粟去“调发”。贫困的农民由此得到“赈济”，两蜀饥民相率来归。地主分子中的所谓材能，予以“录用”，所谓“良善”则加以“存抚”，由此建立了蜀政权的统治。李顺也为农民军建立了纪律，“号令严明，所至一无所犯”，从而随着农民军的胜利进军赢得了“所向州县，开门延纳”的效果。李顺这些不同于王小波的新措施，显然是基于起义形势发展的要求。这些措施，一方面有成效地推动了农民革命战争的胜利前进，另一方面也相对地削弱了农民群众初起时的那些淳朴的本色。

无论是王小波还是李顺，他们所领导的起义活动对于地主官员和宋王朝的统治都给予了沉重的打击，但是，他们都还不曾懂得去根本改变封建的社会制度和国家制度，他们所追求的依然是建立一个新王朝。陆游《老学庵笔记》有这样的记载：

蜀父老言，王小皤之乱，自言“我土锅村民也，岂能霸一方？有李顺者，孟大王之遗孤。初，蜀亡。晨兴过摩诃池上者，见锦箱锦衾复一襁褓婴儿。有片纸在其中，书曰：‘国中文士，为我养之。’人知其出于宫中，因收养焉。顺是也”。故蜀人惑而从之。未几，小皤战死，众推顺为主，下令复姓孟。[②]

这个材料说明，王小波、李顺这两位领导起义的革命者，同时也还是“皇权主义者”。和多次农民战争中所表明的一样，他们的起义是借

① 沈括：《梦溪笔谈》卷二五。

② 陆游：《老学庵笔记》卷九。

助于前朝的名义，冒称皇帝的后裔。李顺下令复姓孟，建立政权号大蜀。作为斗争目标的象征，是被宋朝灭亡不久的孟氏的蜀朝。

李顺提出孟蜀作象征，在当时，是有着革命的意义的。这次起义“皆旁户鸠集”。不消说，和历次农民起义一样，地主的土地兼并和苛刻的剥削，把农民逼上了迫近死亡的道路。如果探讨旨在推翻宋王朝统治的农民战争的直接的具体的起因，那就需要看到，北宋灭蜀后，“成都常赋外，更置博买务”，加重了对农民的剥夺。如像许多学者曾经指出过的，茶贩王小波李顺的家乡“自来采茶货卖，以充衣食”[①]。“民卖茶资衣食，与农夫业田无异”[②]。博买务设置后，“或敢私相交易，便成贩禁”[③]。王小波李顺和当地的广大茶农被迫断绝了生路，“贩茶失业，穷为剽劫”[④]。博买务的设置，也使“兼并者粜贱贩贵，小民贫，失家田业”[⑤]，转而加速了土地的兼并和小农的破产。李顺揭出蜀朝作象征，并不是对腐朽的孟蜀有什么留恋，它的实际意义，显然是在于反抗宋朝灭蜀后新加的这些剥夺，反映着广大农民的迫切愿望。这从发动起义打击宋王朝的封建统治说来，无疑是具有重要的革命作用。但从他们向往建立的方面说来，却依然是以蜀王朝作为自己的蓝本，而不曾超越封建制度的范围。

2. 关于钟相的起义

关于南宋初年爆发在鼎州（湖南常德）的钟相起义，我们也需要分别开起义前和起义发动后两个不同的阶段来考察。

史称：“鼎州武陵县有土豪钟相者，以左道惑众。”[⑥]这是早在起义发动的二十多年前便已开始了的。《三朝北盟会编》载：

---

① 吕陶：《净德集》卷一《奏具置场买茶施行出卖远方不便事伏》。

② 《宋史》卷一八四《食货志》。

③ 吕陶：《净德集》卷一《奏具置场买茶施行出卖远方不便事状》。

④ 苏辙：《栾城集》卷三六《论蜀茶五害状》。

⑤ 曾巩：《隆平集》卷二〇。

⑥ 态克：《中兴小纪》卷八。

(钟相)言有神灵(光绪本作"通",今据《系年要录》校改)与天通,能救人疾患,阴语其徒则曰:法分贵贱贫富,非善法也。我行法,当等贵贱均贫富。持此说以动小民,故环数百里间小民无知者翕然从之。备糈谒相(光绪本作"相谒",据《要录》校改)。旁午于道,谓之拜爷。如是凡二十余年。[①]

细读此文,便可看到,此时钟相提出"均贫富""以动小民",但还并不曾发动起义。环数百里间的"小民"也只是在原来的社会地位上"备糈谒相",拜爷"入法",成为钟相的信徒,而还并不曾起来冲击宋朝政府的统治,当然更不曾改变封建的社会关系,"消灭地主阶级"。

在这个时期里,史称"士大夫避乱者多依之"[②]。核以史事,至少在钟相起义前的五六年间,是很有可能的。那正是北宋王朝日益衰朽,女真贵族长驱南下的时刻。鼎澧一带暴露在金人的面前,是宋金官兵和伪军叛将的出没之所。所谓"官兵盗贼,劫掠一同,城市乡村,搜索殆遍",在当时已是如此。在这样一个动乱的交战区中,穷困的农民难以自存,一般的地主"士大夫"亦不易自保。钟相在乡里"置立寨栅"、"筑罍浚濠",又聚集徒众"以捍贼为名""结集为忠义民兵"[③],遂形成为一个强固的势力。史载钟相"聚集妖徒,赍送金帛钱物"[④],不能设想,金帛财物是来自穷困无告的农民,而至少大部分是出自那些"避乱"的士大夫。他们是前来求保护,而不是来求"消灭"。钟相以他们所献纳的财物,散发给穷困的徒众,使他们承担充当"忠义民兵"保卫乡里寨栅的义务。那些士大夫们则以其不得自保的财物换来得保护的权利。凡是"入法"的人,不分贵贱贫富,都可以在战乱中得幸存。这在当时当地的条件下,是具有积极的意义

① 徐梦莘:《三朝北盟会编》卷一三七。李心传:《建炎以来系年要录》卷三一略同。
② 《建炎以来系年要录》卷三十一。《中兴小纪》卷八作"士大夫之避地者多依之"。
③ 《中兴小纪》卷八。
④ 鼎澧逸民:《杨么事迹》卷上(朱希祖考证本)。

的。这种特殊的“结寨自保”景象之得以实现，决定于当时的特殊环境，同时也借助于“左道”即宗教的作用，和借助于宗教，而旨在建立好王朝的“中产之家”方腊的起义，“始投其党，有甚贫者，众率出财以助”[①]一样，乃是由于起义者联合的需要，而不是实行了什么“经济上平均，政治上平等”的社会改革。正如恩格斯在论述基督教时所说：“在新宗教的最初阶段，还可以遇到财产共有的痕迹，这主要还是由于被迫害者的团结，而非由于真正的平等观念。”[②]

在这个时期里，钟相并不曾具有反对整个封建制度的思想觉悟，也还不曾提出推翻宋王朝。相反，靖康二年“蒙本府以土豪劝谕，招募勤王民兵三百人”由钟相子钟昂[③]率领，“入卫王堂”，拥戴高宗“登宝位”。钟昂并且接受宋朝的官职，“依格借补承信郎”[④]。当徽钦被虏，宋王朝面临着女真灭亡威胁的严重斗争时刻，钟相的民兵起而“勤王”，无疑是完全正义的行为。但同时也表明，他们此时依然期待着新即位的皇帝是个好皇帝，期待着宋王朝成为代表人民意愿反抗女真的好王朝。

钟相的起义是在对宋王朝的幻想破灭后而发动的。宋高宗并没有信用而是遣还钟昂的“忠义民兵”，“归元来去处，各著生业”。钟昂沿途所见“世事扰攘”，也更加深了对宋朝朽烂情景的认识。钟昂回乡后“依旧将元募人团集在家，结成队伍，多置旗帜器甲，意要作乱”[⑤]。此后的年代，战乱之频仍又加速了起义的爆发。“薛广、祝靖、李孝忠相继犯荆南，帅臣监司望风悉遁”[⑥]。宋朝知荆南唐悫弃城而走。李孝忠贼马占据荆南后，“尽烧毁府城官私舍宇”，“横尸满

① 庄季裕：《鸡肋编》。案此语亦见方勺：《青溪寇轨》。通行本作“众率财以助”，显遗“出”字。近来讨论文章多据此转引，遂难通读。

② 恩格斯：《反杜林论》，第106页。

③ 《杨么事迹》卷上。案钟相子钟昂，《系年要录》作“子昂”，似涉上文而衍误。《宋会要稿》兵款十三之六作“伪太子钟昂、钟全、钟绪”，与《杨么事迹》合，今从之。

④ 《杨么事迹》卷上。

⑤ 《杨么事迹》卷上。

⑥ 《建炎以来系年要录》卷一六。

街”。侵犯这一带的还有叛将辛泰瞿城的人马。建炎四年初,金兵攻陷了潭州,屠城而去,“群盗乃大起”。宋朝的叛将孔彦舟又乘机收集溃兵,侵据荆南鼎澧诸郡,并且利用钟相的威信,“诈称钟相民兵”,四处窜扰。在这样的日子里,宋朝政府已完全丧失了控驭的能力,而钟相的“结寨自保”也难以持续。摆在他们面前的,便只剩下了拼死起义这一条道路可走。鼎澧一带,处在残酷的剥削和压迫下,朝不保夕的广大农民群众也同样只有这样一条道路可走。

起义是在建炎四年二月“以拒彦舟为名”而发动的。钟相以其徒众民兵为基干,号召鼎澧各地的农民展开求生存的搏斗。起义者以急风暴雨之势焚烧官府寺观及豪右之家,杀官吏僧道巫医。“谓杀人为行法,谓劫财为均平”①。这里包含着排斥僧道巫医的宗教色彩,但主要的,仍是对着官府和豪右的革命的冲击。和王小波初起时一样,这所谓“均贫富”,表现的是革命农民的淳朴的“杀劫”。我们也甚至可以推想,起义发动后一些被除掉的大地主的土地,也有可能被起义农民所夺取。然而,这些依然并不表明,起义者是基于对封建社会制度的相当深刻的认识,而实行着预订的社会革命方案。和多次农民起义所表明的一样,这些也还是起义群众出于对官吏地主深刻憎恨的自发的反抗斗争。

钟相和王小波是有其不同处的。这不仅表现在钟相在起义前即利用了宗教,而且表现在起义发动之始,即建立了政权,不是沿用宗教领袖“天大圣”的称号,而是建立起“楚王”的称号,“徒党册立,僭号,改年天战。文移皆称圣旨,差补官属皆用黄牒”②。又立皇后伊氏,太子钟昂、钟全、钟绪和将相官属。这在当时具有重要的意义。这就表明,他的起义并不是在于领导“入法”的徒众,实现其宗教的教义,而是领导教内外广大起义群众,去推翻宋王朝的黑暗统

---

① 《三朝北盟会编》卷一三七。

② 《宋会要辑稿》第178册,兵款十三之六。案“改年天战”,《系年要录》同。惟《中兴小纪》作“天载”。

治。起义的斗争目标不是虚幻的“天堂”，而是有其实际可能的代替宋王朝的楚王朝。楚王旗帜一经树起，起而响应的，也就不是限于入法的徒众，而是不曾“入法”的远近“鼎澧荆南之民”。农民军迅速壮大了自己的队伍，攻陷十九个县城的广大区域。

地主出身的钟相，是作为农民起义的领袖而牺牲的。他的继承者杨幺自称“大圣天王”，同时奉钟相子仪为太子，“俱僭称王”[①]。杨幺退保洞庭湖，结为水寨，“秋冬攻掠”、“出而为暴”[②]，不断掠夺豪官富户的财物，给他们以打击。杨幺在水寨坚持外拒女真内抗赵宋的斗争，长达四年之久，至死而终不屈，是值得赞颂的。然而，并没有任何材料足以证明，他们曾经进行过社会革命，实行过新制度。向阳同志曾引用“春夏耕耘”一语作证明。显然这句话只是表明农业生产的自然状况，而并不能证明是社会制度的根本变革。

王小波李顺和钟相杨幺领导的两次起义，在中国农民战争史上并不是规模很大的起义，但是，这两次起义都沉重地打击了黑暗的封建统治，表现了中国农民英勇不屈的革命精神。他们的具体的特点和体现的革命性，是需要认真研究的。然而，我们却不需要狭隘地把农民战争的革命性仅仅理解为实行过新的社会制度。平均主义并不是社会主义，也不是共产主义，是不能作为一种社会制度来理解的。向阳同志说：“正是这一点表明了农民阶级的反封建的革命性。”事实说明：不仅王小波钟相的均贫富并不是如向阳同志所说的实行过新制度，而且，历史上多次大规模的农民战争，有如毛泽东同志所举出过的，陈胜吴广以来那些封建社会里人所共知的巨大的农民革命战争，都还并不曾明确提出“均贫富”这一点。那么，岂不是说这些农民战争中的起义农民和他们的革命行动，都没有什么“革命性”么？

显然，研究封建社会中农民阶级和他们的起义的革命性，并不

---

① 岳珂：《金佗粹编》卷六。

② 《建炎以来系年要录》卷七三。《中兴小纪》卷一八。

需胶执于实行过新制度这一点。和社会革命不同,这个革命性不是表现在是否建立了新的社会制度和经济关系,而是表现在他们的反抗行动在不同方面不同程度上,给予了地主贵族的封建统治以严重的打击,从而多少推动了社会生产力的发展。

当然,我们这样说,并不是否认“均贫富”思想口号的历史意义、革命意义。如像前文所曾指出的,这些口号尽管还不曾发展为改造整个社会结构的完整的图案,但它毕竟是反映了农民群众的朴素的革命要求,即平均财富的自发的要求。说它是自发的,是由于他们还不曾认识到贫困的来源是封建的社会制度、国家制度,不懂得应当用什么手段和怎样去实现这些要求,他们渴望美好生活的朴素的理想就终归成为不能实现的空想。但是,从它反抗封建统治追求美好生活方面说来,在当时历史条件下的革命意义是不容否认的。从它在起义过程中所发挥的实际动员作用说来,它的革命意义也是不容否认的。

中国历史表明,中国农民有着光荣的革命传统,他们冲破封建制度的枷锁,却是经历了一个漫长而艰苦的斗争过程。封建社会中的农民战争一次又一次地推翻了某一个封建王朝,却不可能根本推翻封建专制制度,皇权统治制度。资产阶级领导的民主革命即辛亥革命,推翻了君主政体、皇权统治制度,却还没有力量根本推翻封建的社会制度。农民群众得以从封建制度的压迫下完全解放出来,只是在有了无产阶级和共产党领导的时候。

历史也表明,农民阶级也只是在无产阶级和共产党领导的社会主义革命中,才实行了消灭阶级剥削的新制度,即社会主义制度。社会主义革命使农民摆脱了一切压迫和剥削制度以及产生这个制度的根源的个体所有制,同时也改造着他们自己。随着农业个体经济改造为社会主义集体经济,农民群众也从小所有者改造为集体劳动者。只是在这个时候,农民这个革命者阶级,才得以消除小私有者的局限,逐步提高社会主义觉悟,使其革命力量得到充分的发挥。也只是在这个时候,农民群众才得以根本地消除贫困并且杜绝产生贫困的根源，随着生产的发展，过着日益幸福美好的新生活，走上真正符合他们利益的道路。这在资产阶级领导的民主革命中不可能取得，封建社会个体农民的自发的斗争也不可能取得。决定性的关键，在于无产阶级和共产党的马克思主义的领导。这个领导是绝对必需的，而不是可无可有的。

四　政权问题

关于农民战争中建立的政权问题，也还在继续引起争论。

这个争论，最初是由探讨封建时代的个体农民是否能够建立农民阶级的政权而展开的。

既然自发的农民起义并不能"推翻封建制度，建立新的社会制度"，既然个体农民并不可能具备"阶级觉悟"，又怎么能够设想他们会自觉地建立起和封建政权根本不同的农民自己阶级的政权呢？历史事实正如毛泽东同志所指示的那样，每次农民战争过后，封建的政治制度，和封建的经济关系一样，"基本上依然继续下来"。这本来是无可怀疑的。

可是，我们有些同志，如宁可同志，却一再努力证明，没有无产阶级和共产党领导的封建时代的个体农民也"能够建立农民政权"、"农民专政"。这个论点自然不可能在历史上找到什么有力的证据。于是补充说：农民"不可能巩固与长久地保持自己的政权"，于是举出某些中途失败了的或者在完全转化为封建王朝以前的那个短暂时期的，即所谓"短期的"、"暂时的"政权作论据，由此证明："农民能够建立代表自己利益的农民政权，即建立农民的专政，尽管它是不巩固、不完全的短期专政。"[①]这样的论证显然是十分无力的。既然几千年的历史上，不是个别的而是无例外地不能巩固与持久，那么，

① 宁可：《中国农民战争史上的农民政权问题》，见《中国封建社会农民战争问题讨论集》，三联书店 1962 年 2 月版。

由此得出的结论自然只能是没有先进阶级领导的农民"不能够建立自己阶级的政权"这个命题,而不能是相反的命题,这是显然可见的。

不过,这个论证的提出却在一些同志中间引起了疑问:在那个短暂时期,哪怕是一瞬间也好,起义者建立的政权又是什么性质呢?应当怎样看待呢?有的同志根本否认其为政权,说这只是些"组织形式",这自然是不能使人同意的。宁可同志则断言农民"和无产阶级一样",有"建立新国家机器的愿望"。这些政权是"和无产阶级政权相似"的"对地主阶级实行专政"的"农民专政",只不过"还不是民主集中制","有个人专断专杀、不民主、领袖在一定程度上脱离群众等缺点"。"它面临着打击与消灭地主经济、保护农民经济,镇压被推翻的地主阶级的反抗"等"历史任务",如此等等①。显而易见,这是混淆了无产阶级和农民阶级的界限,而做了不恰当的类比了。

针对着个这论点,我在前文中提出了一个粗略的商榷意见,即这些所谓"短期的"、"暂时的"政权既不能等同于地主阶级的封建割据政权,又不能和无产阶级专政相混淆看作一种东西。它的政治制度经济关系,依然是封建的。但从它领导农民军向着黑暗统治势力作斗争说来,又起着革命的作用。"又有革命性又有封建性"是这些过渡状态里的政权的"暂时的"特点。它如果不是被消灭,就只能转化为封建王朝。

在最近的讨论中,有些同志对于这种过渡状态里"暂时的"政权的两个方面的矛盾性质,感到难以理解。他们或者认为如果指出它具有封建性的一面就不能再有革命性的一面,就只能是地主阶级的封建割据政权;或者认为如果具有革命性就不能再有封建性,就只能是"和无产阶级政权相似"的"农民专政"。这样的理解恐怕是把矛盾复杂的历史现象过分地绝对化、简单化了。

---

① 宁可:《中国农民战争史上的农民政权问题》,见《中国封建社会农民战争问题讨论集》,三联书店 1962 年 2 月版。

还有一种说法：农民的主观愿望或“初衷”，“不是封建政治观点”而是要建立“农民专政”，不过由于客观条件的限制，“沿用了封建组织的形式”。这样的说法也是难以使人赞同的。照我看来，事情恰好相反，起义农民的“初衷”，他们的主观愿望正是依据“皇权主义观点”，争求建立一个取代旧王朝的好王朝。但是这个政权在客观上有着重要的革命作用，因为它领导着起义农民向着黑暗的统治势力作斗争并且加强和推进了这个斗争。

全部问题在于，它还是处在所谓“暂时的”、不稳定的时期，处在变化发展的过程里。和一般建立起稳定统治的政权不同，它的作用不是单一的，而是同时表现在几个方面。

这些政权的一个重要作用是为起义农民树立了明确的战斗目标，从而推动了农民战争的发展。不曾建立政权时的分散的小股起义。只是农民群众走投无路时的拼死反抗，他们难以看到斗争的前途也难以预料斗争的后果。他们所向往的，便是等到庄稼熟了时平安返回自己的家乡，如像王莽末年农民起义初起时所表明的。农民军政权的建立，正是告诉了人们：这个斗争的目标和前途，将是推翻旧王朝的黑暗统治，建立起“轻徭薄赋，以宽民力”的好王朝。而这也就鼓舞着人们的斗争信心和勇气。为着实现这个实际可行的愿望而战斗到最后的胜利。王莽末年农民起义初期“讫无文书号令旌旗部曲”，“及汉兵起，皆称将军，攻城略地，移书称说。莽闻之。始惧”[①]。政权的建立所以使统治者感到惊恐，也正是因为它表明起义者不再是停留在夺取仓廪财粟，而将取代他的统治。有的同志说，判断这个政权的性质，要看它反映哪个阶级的利益和要求。在当时，农民群众的实际利益和实际要求便是这个政权领导他们推翻残酷地统治着他们的坏王朝，成为代替它的好王朝。

这些政权的建立也加强了农民军的领导和组织，成为指挥各地

① 引见《资治通鉴》卷三九，参阅《汉书》卷九九下《王莽传》。

起义农民革命行动的核心。封建时代的起义农民还不能像民主革命时期的资产阶级那样,组成为自己的政党。当然也还没有如同现在所有的无产阶级和共产党的领导。以建立新王朝为目标的政权的创建,就可以把自己统属的农民军领导和组织起来,并且有可能把其他地区缺少领导或者力量薄弱的起义军逐渐结集到自己的周围,从而壮大起义的队伍,推动革命战争的发展。我们无需再列举这样的事例,因为人所熟知的多次农民战争的史实都同样说明了这一点。不曾建立政权的起义农民,一般也是自发地向着贪官污吏、豪绅地主作斗争。可是建立了政权就可以有领导并且多少有组织地行动。有如一些同志所指出的,这是它的革命作用的一个重要方面。

再一个重要方面是,这些政权在领导农民军向着地主贵族的统治势力作斗争的同时,也还必须建立起政治制度,并且在它的统治区内建立起一定的社会秩序。这是必要的,也是有利的。如我们讨论王小波起义时所提到的,起义初期劫夺财物的正义行动,如果长期继续下去,便会不利于革命的发展。西汉末年的分散的起义军长期满足于杀掠的行动,无所统属,结果是当形势成熟时,使贵族刘秀乘机夺去了起义的果实。黄巢李闯的起义,在较长的时间里,保持着起义农民的淳朴的本色,在十年或十五年后才过晚地建立政权,形成"流寇主义"。历史上提供的这些明显的实例,从反面说明了起义者及时建立政权的重要。因为政权建立起来,同时也就可以建立起社会秩序、政治制度和军事纪律,就可以加强它的领导和组织,在占领区内稳定自己的统治,以有利于孤立和分化敌人,有利于农民军的胜利前进。但是,在还没有新的阶级力量,没有新的生产关系的社会里,他们所可能建立起的社会经济关系和政治制度,却无法超越封建制度的范围。他们打击和镇压了某一些贪官污吏、豪绅地主,打乱和破坏了原来的社会秩序,可以实行一些"比原额只征一半"之类有利于生产发展的新措施,却不可能实现根本的社会变革。从"杀人劫财"到"秋毫无犯",逐渐不自觉地走向重建封建经济关系。称帝称王、设官分职，任用旧官员、采用旧体制，又逐渐走向承袭封建的政治制度。这样，这些政权及其制度的建立，一方面推动着农民革命战争的胜利发展，另一方面也就预示着它如果不是被消灭，便只能逐步转化为封建王朝。从一个领导农民打击黑暗的封建统治的工具转变为地主贵族利用来改朝换代的工具。

可见，这些政权的革命作用并不在于什么“消灭地主经济”，而在于从多方面推动着农民战争的前进。它的革命性和封建性并不是截然分离，而是结合在一起，需要我们仔细地区分开来。

这些政权既不能看作和无产阶级专政是一个东西，也不能看作和封建割据政权是一个东西。封建割据政权的作用是为着维护某一个地主贵族集团对农民的统治，而在农民战争中建立的这些政权的作用是领导农民群众去反抗地主贵族黑暗统治势力的残酷剥削和压迫。这又怎么能以等同视之呢？

如果按照我们前面的提法，那就是说，它的革命性是表现在领导起义农民打击了地主贵族的黑暗统治，破坏了阻碍生产发展的某些旧秩序。它的封建性则表现在它的目标即是成为一个好王朝，它所建立的经济关系和政治制度并不曾超越封建制度的范围。或者可以这样说，从它的破的方面说是革命的，从它立的方面说，又依然是封建的。

历史上某些小股起义，如果只是领袖标出称号，而还不曾统治一定的地区建立政治组织，当然还不能说是建立了政权。而一旦建立起政权来，也就无法超出封建社会的范围，不能不走向封建的政治制度的重建。随着农民革命战争的胜利发展，统治地区越扩大，政权组织越完备，封建性也越显著。当这个政权领导农民军消灭了旧王朝并且取而代之的时候，它的革命性便渐归消泯，完全转化成为新王朝。秦末、隋末、元末三次规模最大的农民战争中建立的政权就是在这样的道路上变化发展的。其他一些中途失败了的农民战争中的政权，各有其不同的特点，需要具体地作分析，但总的说来，它们却都逃脱不了这样一条历史注定了的基本道路。

这是当时的社会历史条件、经济基础所决定的，而又常常是通过政权的建立者或设计者而体现出来。封建王朝是地主阶级压迫农民的机关,但在一定的条件下,贵族、地主的个别集团和个别分子也往往会和这个或那个王朝官府发生这样或那样的矛盾。他们之中的个别人可以投入农民起义的队伍,而缺少自己的理论武器的农民往往是通过他们接受了封建的政治理论,以及由此而制定的政治制度。一种情形是有些政权本来就是由某些地主、贵族建立起来,旨在重建王朝的统治。有如楚贵族后裔的项梁项籍志在灭秦复楚。汉宗室刘缜一开始便明确地看到当时"百姓分崩","此亦天亡之时,复高祖之业,定万世之秋"[①]。另一种情形是历史上确也有些同情农民疾苦、志在救国救民的个别地主、官员或儒生,他们参加到农民起义的队伍,未必都是有意地代表贵族、地主来篡夺农民起义的成果。但他们手中除了封建的政治理论武器,再也没有,也不可能有别的理论武器。他们据此设计和建立起政权,一方面为农民军作出了贡献,推动农民革命战争的发展,另一方面也就注定着这个政权只能又变成为封建王朝的一个前途。此外,不可能有别的前途。无论是前一种还是后一种情形,农民革命战争就总是这样在革命中或革命后被地主贵族利用了去,当作他们改朝换代的工具。

有些同志同意起义农民是"皇权主义者",但又对这样的历史现象感到困惑。他们说,如果起义农民建立政权是要成为取代旧王朝的好王朝,那岂不是说他们要求建立一个奴役自己的地主阶级政权么?问题在于,封建王朝是地主阶级压迫农民阶级的政权,这乃是我们马克思主义者的观点,而并不是往古农民早已具有的观点。他们在当时还没有这样的认识,没有这样的思想。那个"表面上似乎驾于社会之上而用以缓和冲突"的封建国家,通常是以似乎公正的中间者姿态,装扮成好像保护地主也保护农民的角色。封建时代的农民还没有可能通过这个表面的假象认清皇帝的阶级本质,当然更

① 《后汉书》卷四四《齐武王缜传》。

不可能认清皇权统治制度、国家制度的阶级本质。表面的假象使他们误认为迫近死亡的边缘是由于吏治不清君昏臣暗，而一旦出现体念民间疾苦的圣主清官便会减除些对他们的直接剥削和压迫，限制些土豪劣绅的非法剥夺。他们把希望寄托于自己拥立的好皇帝，这就使得地主贵族的利用成为可能。用列宁的话来说："农民起义被镇压下去，是因为这是无知的不觉悟的群众的起义。起义没有确定的鲜明的政治要求，就是说没有改变国家制度的要求。"①

"一切革命的根本问题是政权问题。"农民革命战争不能解决这个根本问题。革命也就总是不免于失败。

中国历史表明，封建时代个体小生产者的农民，像他们不能独立地建立新的社会制度一样，也不能独立地建立起新的政治制度，建立起真正代表自己利益的政权。在农民战争中，他们终归要为地主贵族所利用，在资产阶级领导的民主革命中，则为资产阶级所利用，结果仍然不能在经济上摆脱贫困，在政治上获得权利。他们跟着地主或资产阶级走，没有什么出路。他们自己走，也不可能有什么出路。农民阶级在经济上、政治上得到真正的解放，取得政治权利，只能是在有了无产阶级和共产党的马克思主义领导的时候。这个领导是绝对必需的，而不是可无可有的。

五　关于农民战争的革命作用

人们问道：如果说封建社会中的农民战争既没有推翻封建制度，又没有建立过新的社会制度和政治制度，岂不是什么作用都没有了么！那还怎么能够说明它的革命意义，怎么能够说它推动社会生产力的发展呢？

对这个问题的回答，依然是：农民战争的历史作用并不是表现

---

① 《列宁全集》第六卷，第385页。

为推翻或消灭整个的封建制度、整个的地主阶级，而是表现为对于地主贵族的黑暗封建统治势力给予了有力的打击；不是表现为是否在封建社会之中创建了封建制度之外的新事物，而是表现为在封建制度的历史范围内破坏了某些障碍生产力发展的旧事物。这是和近代民主革命不同的。如果和旨在推翻封建制度建立新的社会制度的近代民主革命相比较，这个作用诚然显得“低”些，但是在没有新的生产力和新的生产关系的历史条件下，却不容否认这种革命作用的重大意义。

中国封建社会中，有过大小几百次农民起义和农民战争。它们爆发在不同时代、不同环境，所表现的作用的方面和程度亦各自不同，这是需要具体地仔细地作分析的。但是，一般说来，一些规模较大的农民战争所表现的革命作用，主要是通过这样一些基本的方面。

首先一个最重要的方面，是若干大规模的农民战争推翻或瓦解了黑暗王朝的封建统治。有如秦朝的陈胜吴广、项羽、刘邦，汉朝的新市、平林、赤眉、铜马和黄巾，隋朝的李密、窦建德，唐朝的王仙芝、黄巢，元朝的朱元璋，明朝的李自成，这是中国历史上规模最大、作用也最大的几次农民战争。这些战争过后，由于多种的因素，历史上出现的局面各不相同（这是需要具体分析的），但它们都曾覆灭了那些黑暗王朝的统治。这些黑暗的封建王朝是当时生产力发展的最严重的障碍。它们在全国范围内建立了专制主义中央集权的统治，没有任何地方割据集团有足够的力量把它打倒，而只有农民群众自下而上席卷全国的革命风暴才有力量打倒这些腐朽的统一王朝，才能打破这个障碍，为生产力的发展提供可能。如毛泽东同志所说：“而多数朝代的更换，都是由于农民起义的力量才能得到成功的。”[①]这是世界历史上所仅见的辉煌业绩。这个革命作用显然不可

① 《毛泽东选集》第二卷，第617页。

等闲视之，而是应该给予足够的估计。

其次一个方面，是一些农民战争不曾推翻但是在一定程度上改造了封建王朝的统治。这就是说，通过对统治者的打击，迫使他们在某些方面多少松弛些对农民群众的经济剥削和政治压迫，或者对某个方面的统治政策有一些改易。例如汉武帝时代徐勃的起义是规模不大的一次。但是这次起义也打击了汉朝扩大对外用兵的措施，迫使汉武帝"下诏罪己"，停止了对匈奴的继续讨伐。由"造作局多所科须"而引起的方腊起义曾一度迫使宋徽宗下诏罢去造作局的供奉和花石纲的征敛①。同样，前此的王小波、李顺起义也曾迫使宋太宗在四川停止了引起这次起义的"博买务"的剥夺，"改为更张，永鉴前弊"②。诸如此类的事例说明，这些起义打击了当时的封建统治，在某些方面或某些地区反掉了某种剥削和压迫，解除了妨碍生产力发展的一些障碍。处在封建专制统治下的农民群众，通过自己的斗争而赢得了这样的成果，并不是轻而易举的。这个作用也是不容轻视的。

再一个方面，显而易见的事情是，农民战争几乎是无例外地在起义波及的地区打击以至消灭了一些贪官污吏、地主豪强。这就使得起义地区的经济剥削和政治压迫有一些减弱，土地占有关系可能有某些缓和。

由于上述这些方面的重要作用，连绵不断的农民起义、农民战争便形成为封建统治者的一个经常的威胁。农民战争一次又一次推翻黑暗统治的事实，不断地给予统治者以实际的教训。那就是迫使他们把剥削和压迫维持在一定的限度，即不能过多地侵占农民的必要劳动，或者使农民多少还有一些剩余劳动产物，才能使生产得以发展，也才能使他们的统治得以持续。反之，如果他们的剥削超过了这个限度，即不仅全部剥夺了农民的剩余劳动，并且大量占有

---

① 《宣和遗事·前集》。

② 李焘:《续资治通鉴长编》卷三六。

了必要劳动，迫使农民难以存活，他们的统治也就难以避免覆亡的命运，终究要被起义农民的钽耰棘矜所葬埋。封建时代有见地的政治家们对此是有所体认的。英明的皇帝常以前朝兴亡作为自己的借鉴，正直的官员或儒士也每每援引农民起义的事例来诤谏他们的君主。秦末农民战争给予汉朝统治者以难忘的记忆。桓帝时，有人向他上书说，这样下去，我很担心陈胜吴广那样的事件，又会来到。隋末农民战争更使唐朝皇帝得到直接的深刻的教训，如像《贞观政要》所记录的，唐太宗和魏徵等人交谈的那些人所共知的名言，可以看作是总结着前朝农民战争中得来的经验，并且由此制定出他的统治方术。正由于此，它在此后的封建统治者中间有着深远的影响。《贞观政要》并且被译成为蒙文，曾经被元朝的皇帝规定为皇室和大臣们诵读的政治课本。宋初淳化时王小波李顺的起义虽然局限于川蜀一隅，但也沉重地打击了宋朝的封建统治。元祐时，苏辙上书论蜀茶之害，仍举王小波李顺事向哲宗提出警告："假令万一蜀中有饥馑之灾，民不堪命，起为盗贼，或如淳化之比。臣不知朝廷用兵几何，费钱几何，杀人几何可得平定？今但得七八十万贯钱，置此不虑，臣窃惑也。"①诸如此类的政治见解，在历代帝王将相的言论中，是可以看到许多的。这固然是由于承袭了传统的儒家政治观点，但更是直接来源于农民战争的那些动人心魄的实际。出自统治者口中的这些反面的言论，正是一面镜子，辉映着起义农民的战斗的威力。这样，彼仆此起的农民起义就显示为一个严重的力量，经常震慑着地主贵族的封建统治，迫使他们多少知所戒惧，而不得为所欲为地剥削压迫农民，破坏生产力的发展。在封建社会中，地主贵族统治着农民。而在某种意义上说来，又是农民群众的斗争力量在控制着这个统治。

中国农民战争的历史有着丰富的具体内容。这里不可能包罗

① 苏辙：《栾城集》卷三六《论蜀茶五害状》。

尽致。可是，从这些最基本的方面中，也并不难看到，封建社会的农民战争虽然并不曾“推翻封建制度，建立新的社会制度”，但是从这一方面或那一方面有力地打击了当时的封建统治。体现着对农民群众的剥削和压迫的封建的经济关系和政治制度基本上依然继续下来，但在这一方面或那一方面多少有一些变动，封建社会也就多少有一些进步和发展。战争本身是并不能推动生产力的发展的。但农民战争打击或破坏了一些生产力发展的最严重的束缚，就为它的发展开辟了一些路径。当然，这是和社会革命不同的。这并不是生产力从旧的社会制度的覆灭中得到大解放，而只是在封建社会的范围内，在“社会多少有一些进步”的条件下，多少推动了它的发展。

我们有些同志并不是这样看问题的。他们不是从农民战争打击了当时的封建统治着眼，而是着眼于推翻封建制度、建立新的经济关系和新的政治制度。把农民战争的革命性和革命作用胶执在莫须有的这一点上，连带着，使得农民战争实际存在的革命性和革命作用也就遭到忽视了。

革命是历史的火车头，农民战争不能推翻封建制度，但不可否认，它是在封建制度的轨道上推动历史前进的火车头。

农民战争是封建社会历史发展的推动力，但它是和近代民主革命有所不同的。封建社会中的农民群众是被压迫者、革命者，但又是个体小所有者、小生产者。这是和现代无产阶级不同的。混淆了这个界限，把现代无产阶级的思想觉悟加到古代个体农民的身上，把古代农民战争近代化、社会革命化，那就难以对历史的实际得到如实的理解了。讨论中的某些意见纷歧，看来就是这样引起的。但是，我们同时也要注意到，马克思主义的历史主义绝不是客观主义。我们不能把古代农民无产阶级化，但我们自己却必须站在无产阶级立场，运用马克思主义观点历史地看待古代农民和他们的起义。这不是什么“高标准”问题。我们不能降低这个“标准”。否则，就更是错误了。

中国农民有着不屈不挠的革命斗争传统。连绵不断的大规模的农民战争，是世界历史上所仅见的。站在无产阶级立场上，运用马克思主义的普遍原理说明中国历史的这个具体的实际，是有待于我们艰苦努力的大课题。在这里，我们深深感到学习毛泽东同志著作的重要。深入领会毛泽东同志的思想理论，对农民战争的历史实际进行具体的钻研，通过反复的商讨，相信是会逐渐解决意见纷歧而取得有益的进展的。和前文一样，这篇文稿只是对讨论中的一些不同意见提出几点商榷，研究远不够深入、不够具体，希望得到同志们的指正和批评。

原载《新建设》1962 年 11 月号

中华民族的振兴与海峡两岸的文化交流

中华民族在世界的历史上曾经有过辉煌的时期。十八世纪欧洲工业革命以来，中国经济的发展，特别是工业的发展落在了先进国家的后面。这种局面的后果是在近代一百多年间，为中华民族带来了被侵略、受欺凌的灾祸。历史的发展到了这样的时刻：东亚诸国工业经济的发展正在日益改变着世界的格局。中国工业经济的发展，也已不只是人们的良好意愿，而是正在实现着的现实。近年来，一些西方学者提出了这样一个论点：二十一世纪将是“东亚人的世纪”、“中国人的世纪”。未来世界如何发展，将有待于历史的证明。中华民族在未来的世纪里将取得更大的进步，则已经无可置疑。如果说，十九世纪是中华民族救亡图存的世纪，二十世纪是中华民族奋起图强的世纪，二十一世纪将是中华振兴的世纪。不论中华民族在前进的道路上还会经历多少曲折，遇到多少障碍，振兴中华已是中华儿女面临的无可推卸的历史责任。

振兴中华不仅仰赖于经济的发达，更需要中华文化的振兴。什么是中华文化？学者们可以做出多种不同的解释。照我的理解，中华文化即中华民族的文化，包有三个层次的含义：（一）它是中华民族所创造的具有民族特色的文化。民族特色是区别中华文化与非中华文化的依据。（二）它是中华民族全民族世代传承并为全民族所共有的文化，而不是仅仅属于某个阶级、集团或派别。（三）它是中华民族各个文化部门的总称，而不是仅指某个文化领域。哲学、历史、文学、艺术、传统工艺、社会风习以及道德规范等等彼此具有深刻的内在联系的各个部门共同构成为中华文化的总体。

中华民族的总体文化是全民族精神联系的纽带，也是区别于其他民族的主要特征。伴随着世界经济的高度发展和现代化交通的发达，民族的含义和特征正在默默地演变。一个民族可以生活在几个不同的区域，过着不同的经济生活，使用多种语言。民族间的通婚也突破了单纯的血缘关系。共同的民族文化和文化认同的心理，越来越成为现代民族共同体的主要特征。民族文化的兴衰因而也成为民族兴衰的主要标志。一般说来，人类对于物质消费的需求，终归有一定的限度，精神文化的提高则是无限的。当经济的发展到达一定的水平时，一个民族的先进或落后，即将取决于民族的文化素质与文化水准。一个民族对人类的贡献，也将更多地表现为精神文明。中华民族是具有悠久的历史与文化传统的伟大民族。在过去的历史上，曾以其丰富多彩的文化创造为人类文明做出过许多贡献。在未来的世纪里，中华文化也理所当然地应该为人类文明的进步，做出更多的新贡献。从这个意义上说，中华文化的振兴不仅是民族发展的需要，也是时代赋予中华民族的历史使命。

中华文化是全民族所创造，为全民族所共有，中华文化的振兴当然也需要全民族的共同努力。海峡两岸依然持续着的隔绝状态，障碍着两岸的学术文化交流，也为两岸各自的文化建设带来不利的影响。消除这些障碍，是中华文化振兴的要求，也是海峡两岸学术文化界人士的共同愿望。“合则双美，分则两伤”，政治经济是如此，学术文化更是如此。请允许我从几个方面对此作一些申述，与大家共同研讨。

一、中华文化的显著的民族特色，是具有一种世代相传的独特的民族精神，即追求和平与和睦的大同精神。它表现在人际关系上，蔚为尊老爱幼，互谅互让，义重于利以至舍己为人等等传统美德。在人与自然的关系上，则表现为爱护自然，追求人生与自然环境的和谐与统一。这种精神渗透在中华文化的各个领域。不同领域的文化创造，在较深的层次上包孕着共同的内涵。海峡两岸以至散居在世界各地的中华儿女，事实上都在自觉或不自觉地承受着这种优秀的民族精神，从而产生极大的民族凝聚力。海峡两岸人为的隔绝，不应导致精神凝聚的分解。两岸学人协同努力使传统的大同精神在学术研究和文化创作中得到弘扬，必将使中华文化的民族特色得到更显著的发展，进而对人类文明做出贡献。

二、中华民族几千年来积存的文化遗产，其数量之多，内容之广，是世界上所罕见的。如果说，优秀的民族精神是中华文化振兴的能源，丰富的文化遗产则提供了雄厚的资源。数以百万计的历代人文著述以及自商代甲骨、战国秦汉竹简至明清近代的档案、文书，构成为巨大的图书文献宝库。这些宝贵的资源，分藏在海峡两岸，有待于人们利用和开发。台北的一位历史学家最近撰文说，他如不能利用北京收藏的历史档案，便难以写出令人信服的历史。同样，大陆学人不能利用台北特藏的某些善本图书和民国时期的档案资料，许多有意义的专门研究也只能搁置而无法进行。中国大陆各地收藏的近年考古发掘和历代传世的珍贵文物，难以计数，是取之不尽的文化宝藏。地下未发掘的文物甚至还要多于地上。台湾学者不能亲自前来各地鉴赏和研考这些文物珍奇，对于中华历史和文化的研讨，不能不受到很大的局限。台湾岛内收藏的历年南运的古代器物和名贵书画，多是稀世珍品。大陆学人自然渴望前往观赏，以扩展见闻。两岸学者的往来受到遏阻，不仅影响到中华历史、文化的弘扬，也使中华先民世代创造和积存的文化遗产，不能充分发挥其应有的作用，实现其潜在的价值。这不能不是中华文化史上的一大缺憾，一大损失。

三、学术文化的发展，不仅需有文化遗产的利用，还需要实地的体验和考察。台湾学者不能到大陆参加田野发掘，便很难建立和发展中国考古学的研究。不到各地进行方言调查，语言学的研究便受到限制。不能进行中华社会和民族的调查，社会学、民族学、人类学等等学科，势必难以在中华民族的范围内求得发展。作为中华民族的历史学家、文学家和艺术家，倘使不曾见过长江、黄河、长城、泰山，不曾寻访长安、洛阳的古迹，不曾观览敦煌、云冈的宝藏，不能不是生平憾事。不踏访名山大川，通都大邑，难以进行地理和自然的深入研究。不领略北国风光，江南春色，对于“与天地万物为一体”的古典文学艺术的意境，也难以有深层的领会。如果说，自大陆迁往台湾的老年专家，早已胸怀祖国的锦绣河山，那么，不曾到过大陆的台湾中年和青年学者，就更需要往来大陆，实地体察，才能以对中华文化的振兴作出自己的更大的贡献。从大陆方面说来，从事台湾历史文化的研究以及明清以来东南沿海地区的研究，当然需要进行实地察访。从事社会学、民族学和人类学的研究，也需要到台湾进行实地调查。台湾岛自 1895 年被割让以来，处于日本军国主义者占领之下长达半个世纪之久，是中华民族的奇耻大辱。中华儿女经过长达八年的抗日战争，几千万人献出了自己的生命，才争得抗战的胜利，使台湾复归祖国。中华儿女不能不对台湾宝岛怀有深厚的民族感情。中华学人赴台湾进行实地考察的愿望，也是殷切的。

四、学术研究成果的交流和不同的学术见解的商讨，是学术文化发展所必需，也是学术交流的主要内容。学术研究需要及时了解别人的成果，沟通信息，以确定自己工作的起点，避免不必要的重复。目前，海峡两岸的学术著作和大量的学术刊物，由于未能全面实现“三通”而不能及时地送达对岸，严重地影响了学术研究工作的开展，同一研究课题或研究范畴，由于学者们的研究角度和研究方法不同，往往会产生不同的学术见解。及时交流不同的见解，是促进研究深入的关键。海峡两岸的学者各自在学术刊物著文商讨，是一种方法。相见论辩，反复切磋是另一种方法，而且往往是更好的方法。中华学人有着“百家争鸣”的优良传统。齐国的稷下学宫，聚集不同学派的学者，自由论议，一时成为风气。南宋信州的“鹅湖之会”，理学大师朱熹与始创心学的陆九渊，招集学人，共同辩论，是中国哲学史上的盛举。国际学术界现在也把举办各种学术会议，作为开展学术讨论的习用的方式。海峡两岸隔绝，两岸学者不得自由来往，为学术思想的交流设置了人为的障碍。消除这些障碍，已是亟待解决的课题。

五、民族文艺的继承,也需要海峡两岸的交流与合作。中华文化中具有民族特色的传统文艺,往往是经过师徒承授,口耳相传,才得以长久流布,可以说是活的文化遗产。例如传统的音乐、歌舞、戏曲、书法、绘画以及多种多样的工艺美术等等,都不能仅凭国书文献的纪录,而需要前辈的指点和传授,才得以领会其中的精蕴。这些活的文化遗产,流存在两岸的艺术大师和民间艺人之中,只有通过他们的相互往来和合作,才得以发扬光大,流传后世。传统的文艺是显示中华文化民族特色的重要部门。加强两岸的文化交流,使其得到更大的发展,将会有效地推进中华文化的振兴。

以上只是举例说明海峡两岸加强文化交流的需要,远不是需要的全部。此外,如中华文化如何恰当地吸收外国的优秀文化,如何创造革新等等重大课题,也都需要两岸之间不断交流经验,取长补短,相互促进。大家都已看到,近来海峡两岸的学术文化交流,已经有了一些开端,但仍然存在多方面的限制,远不能适应振兴中华文化的需要。

海峡两岸学术文化交流的全面发展,还有待于祖国的统一。如前所说,中华文化的显著的民族特色,即是渗透着追求和平与和睦的大同精神。自孔夫子到孙中山,都把天下为公、世界大同作为最高的理想。世界大同的实现,自然还有待于将来。祖国统一,中华大同,则是本世纪就可以努力完成的事业。本世纪的最后十年里,香港与澳门将要相继复归祖国。海峡两岸如能实现统一,祖国统一的大业即可全部完成,为下一世纪的中华振兴,奠立基础。孟子说:"民为贵,社稷次之,君为轻。"用现在的话说,中华民族的人民利益是最重要的,政权政体次之,当政者当居于从属的地位。中国大陆已提出了"一国两制"统一祖国的设想。作为一名学术工作者,我热切期望台湾当局能以中华民族的振兴大业为重,发扬传统的大同精神,捐弃既往,放眼未来,为祖国统一的实现,作出历史的贡献。

祖国统一,中华大同,是中华民族全民族的共同意志与共同愿望，是海峡两岸政治、经济、文化发展的迫切要求，也是历史发展的必然趋势。展望二十一世纪，古老的中华民族将作为统一、富强、文化昌盛的先进民族屹立于世界的东方。中华民族的历史也将由此揭开新的一页。每一个有爱国心的中华儿女都不能不翘望这个新时代的到来，为中华大同、中华复兴贡献自己的力量。

在香港“海峡两岸关系学术研讨会”上的发言

原载《统一论坛》1990 年第 6 期

卷二

专题探索

汉代“亭”的性质及其行政系统

《历史研究》第二期刊载了王毓铨先生的汉代亭与乡里不同性质不同行政系统说。这篇文章，对汉代亭的性质及其与乡里的关系提出了新的看法，“‘亭’和‘乡’‘里’是不同性质的地方行政组织，因而也不属于一个行政系统。‘亭’只‘司奸盗’，不主民事。……凡是以为汉代是以‘乡’统‘亭’、以‘亭’统‘里’，或‘积里为亭，积亭为乡’的说法，都是不正确的”；《汉书》“十亭一乡”的“亭”字是错的，原文是“十里一乡”。

作者提出了问题，也提供了不少材料，是值得注意的。但作者在结论中所作的一些解释，还值得商量。

一　亭和里的关系问题

王毓铨先生认为：汉代的亭只是由亭长“司奸盗”，和里之间并无同属关系，里直属乡。这样，就把亭的一级组织从乡里的行政系统中摈弃出去了。

下面对这一问题，提出三点意见。

第一，作者提出论证：《春秋繁露·止雨篇》记社事有乡啬夫、里正父老，没有亭长。然而，这至多只能说明亭长未参预社事，而不能说明整个行政系统中亭不存在。作者还提出论证：汉简及墓碑中有记某乡某里人者，未记某亭。但是，某人籍贯的字面记载，也并不能作为考察整个行政系统的依据。顾炎武《日知录》中即曾举出《史记》《汉书》中不少“书县里而不言乡”、“书乡而不言里”的事例。而且，如果只从字面上着眼，也还有相反的材料。如《汉书·尹赏传》记：“乃部户曹掾史与乡吏、亭长、里正、父老、伍人，杂举长安中轻薄少年恶子……”这里乡吏、亭长、里正的次序便是很清楚的。

第二，关于汉代十里一亭或十亭一乡的这一制度，《汉书·百官表》、《续汉书·百官志》、应劭《风俗通》、《汉官仪》，以至《汉书·高帝纪注》、《后汉书·刘玄传注》、《臧宫传注》等等都有同样的记载。只《续汉书·百官志注》一处引有应劭“十里一乡”一语。王毓铨先生认为，应劭“十里一乡”的话是所有记载中惟一正确的记载。按照这个意见，后汉既是“一里百家”“十里一乡”，一个乡就只有千家。各地情况不同，可能或多或少，但大致总在千户上下，不能相差太多。

然而，历史事实却完全是另外一种情形。

《续汉书·百官志》记：“乡置有秩、三老。本注曰：有秩，郡所署，秩百石，掌一乡人。其乡小者，县置啬夫一人。”同书注引《汉官》曰：“乡户五千，则置有秩。”可见所谓小乡不足五千户，较大的乡则都在五千户以上。千户上下一乡的说法，显然远不符合当时乡的实况。

其次，汉代的县，一般是：小的有三乡，大的有五乡。据两《汉书》所记，前后汉的县都有万户以上和万户以下的大小两种。人口稠密的地方，如前汉时的颍川郡二十县有四十万二千四百余户，平均每县两万余户。济阴郡九县有二十九万余户，平均每县三万余户。假使汉代一乡千户上下，那么，人口最多的地方一县也只能有四五千户。这显然远不符合当时县的实况。

第三，和亭里间关系问题有密切关联的，是汉代的封侯制度。王毓铨先生文章中没有提到这一事实，但这却是一件必须提出的重要的事实。

秦有封爵二十等，汉承秦制，改彻侯为列侯。侯是一种封爵，封侯者得食其封内的租税，但不直接管理封内的居民。《续汉书·百官志》记:“列侯所食县为侯国。本注曰:承秦爵二十等为彻侯,金印紫绶,以赏有功。功大者食县,小者食乡、亭。得臣其所食吏民。”《续汉书·百官志》的这一说明是切合实际的。翻开后汉以来的史料,便会发现当时的历史事实正是如此。

按照臣下功绩的大小,分别封为县侯、乡侯、亭侯,乃是汉代极常见的事。汉代宗室诸王子弟,亦分封为县侯、乡侯、亭侯。《后汉书·宗室四王三侯传》、《光武十王传》、《孝明帝八王传》、《章帝八王传》等等都记有很多的封侯事件。其中封亭侯的,前后数十人,封县侯、乡侯的也不少。汉代的后妃公主,也有封爵,比于列侯。《后汉书·后妃纪》说:“汉制:皇女皆封县公主,仪服同列侯……诸王女皆封乡、亭公主,仪服同乡、亭侯。”亭侯之封,始于东汉。汉亡后,这一制度仍被继承下来。三国时代臣属封亭侯者仍甚多。《三国志·魏志·后妃传》记,“自夫人以下爵凡十二等……昭仪比县侯,昭华比乡侯,修容比亭侯”,也是“魏因汉法”的一例。又《宋书·百官志》也记:“县侯,三品;乡侯,四品;亭侯,五品。”

上面列举了这些事实可以说明,两汉书关于亭之下辖有里的记载是正确的。如前所说,汉代的亭侯食其封内吏民的租税。依照一里百家十里一亭的记载,后汉的一个亭侯约食千户,“所食吏民”即亭长以下至里魁、民户。这是很可以理解的。假使如王毓铨先生所说,亭只由亭长“司奸盗”,亭和里并无统属关系,那么,亭侯“所食吏民”就无法解释了。

其次,还可说明,亭是上属于县、乡的一级组织。因为县辖乡、乡辖亭,所以汉代封侯时按照功的大小,县侯大于乡侯,乡侯大于亭侯。

可见,汉代大量史料中关于以县统亭、以亭统里的说法是正确的,仅仅一见的“十里一乡”的记载是不正确的。

二　关于亭的性质与任务

汉代的亭既是统辖里的一级政权，它的第一个任务当然也就是管理所辖各里的事务。亭侯只食租税，不管政事。亭内事务，便由亭长负责。

王毓铨先生主张：亭长的职务是“单纯的半军事性质的维持治安”，即“只司奸盗，不主民事”。并说后汉仇览为亭长，“一老母诣告其子不孝”，乃是件偶然的事。

但是，《后汉书·仇览传》并不只记载这件“偶然的事”，而还记有：“（览）选为蒲亭长。劝人生业，为制科令，至于果菜为限，鸡豕有数。农事既毕，乃令子弟群居，还就黉学。其剽轻游恣者，皆役以田桑，严设科罚。躬助丧事.赈恤穷寡。期年称大化。”如果说母诣亭讼其子不孝是“偶然”，不能说仇览“期年称大化”的一系列措施都是“偶然”。汉代的乡官里正为“掌教化、听诉讼”，亭长也是这样。因为掌教化，所以才“劝人生业，为制科令……”以至“期年称大化”。因为听词讼，所以才处理陈元母子的讼事。这不仅仇览的具体事实如此，汉人关于亭制的记载也是如此。《太平御览》卷一九四引应劭《风俗通》说：“汉家因秦，大率十里一亭。亭，留也。今语有亭留亭待，盖行旅宿食之所馆也。亭亦平也，讼诤吏留辨处勿失其正也。”这里所说的亭的第二个意义，就正好和仇览的事迹相印证。

此外，如：虞延“少为户牖亭长，时王莽贵人魏氏宾客放纵，延率吏卒突入其家捕之”；李固弟子汝南郭亮“守丧不去，夏门亭长呵之”：卓茂为密令，“人常有言部亭长受其米肉者”等等，也都是亭长不只司奸盗的事例。

可是，如果我们因此便认为亭长和乡官里正的职责完全一样，那也是不正确的。亭作为一级行政组织还有其特殊的性质和任务。

前引应劭《风俗通》又云：“谨案春秋国语，畺有寓望，谓今亭也。亭有楼，从高省，丁声也。……亭，留也。今语有亭留、亭待，盖行旅宿食之所馆也。”又郑玄《周礼·牧人篇》注:“宿,可止宿,若今亭有室矣。”可知汉代的亭有楼有寓室,以供行旅的宿食。在交通不发达的古代,道上没有住宿的地方,要走远路是不可能的。亭有寓室,人们便可以在这里休息和住宿。例如:刘邦“到丰西泽中亭止饮”;司马相如过临邛令,“往舍都亭”;严延年母从东海来,“便止都亭”;息夫躬“寄居丘亭”等等,都是这种情形。亭有专人“掌开闭扫除”(《汉书·高帝纪注》),也就是这个缘故。

因为亭还有这样一个任务,所以便尽量设在交通道上,以便行旅。通路上和重要的街道上有亭,有些城门上也有亭,就是由于这个缘故。

因为亭还有这样一个任务,所以亭长“司奸盗”的职责,也就显得特别重要。首先,他要负责平时里中居民的治安,巩固统治秩序,这和乡官负责防盗的情形是相同的。其次,他还要负责纠察亭中止宿的人有无盗贼和奸细。桓谭“从长安归沛……宿于下邑东亭中,亭长疑是贼,夜发卒来攻”,便是其例。第三,他还要负责保护止宿于亭的吏民的安全,防止奸盗。息夫躬寄居丘亭,“奸人以为侯家富,常夜守之(师古曰:谓欲盗之,伺其便)”;张业“送太守妻子还乡里,至河内亭,盗夜劫之”,便是其例。亭长“司奸盗”的任务比乡官里正都更广泛、更重要。有些史书强调亭长防盗的职责,就是由于这个缘故。

这样说来,汉代的亭,作为一级行政组织管里中居民,但又有寓室,作为行旅的馆舍,并因而有所谓“司奸盗”的职责。

说亭有“司奸盗”的任务是对的,但不能说它“只司奸盗”,也不能因此便说亭与乡、里不同性质,不同行政系统。应劭所说“亭,留也”、“亭亦平也”的两个意义,倒确是合乎事实的全面的记述。

三　亭和乡的比例数字问题

王毓铨先生提出:《汉书·百官表》记“乡六千六百二十二,亭二万九千六百三十五”，不合十与一之比。王毓铨先生因怀疑这一问题，才最后得出亭与乡里不同性质不同行政系统的结论。

既然亭和乡里仍是同一行政系统，并具有基本上相同的性质，那么，这个问题又该怎样解释呢？王毓铨先生认为“乡既有六千二百二十二个，亭就应该有六万多个”。这个提法是不够全面的。要回答这一问题，不应该只看亭为什么会少，还应该看看乡为什么会多。如果从这样两方面来看问题，便可从下面的三种情形中，得到一些解释的线索。

第一，汉代的乡有大小之分。大乡和小乡的标准，在后汉时代，是以五千户为界。五千户以上者“置有秩”，算作大乡，不足者算作小乡。所谓“十亭一乡”，是指大乡而言。后汉一里百家，十里一亭，不足五千户的小乡当然没有十亭。依据《续汉书·郡国志》的记载，除了一些人口稠密的县外，平均一县多是万户上下（边郡除外）。如一县有两三乡，当然多是小乡。所以就全国范围说，小乡占绝大多数，大乡是相对的少数。小乡多的原因，是乡的设置不只要看户口的密度，还要看地理条件和政治经济条件。不估计到这一情况，一律拿大乡的标准来看小乡，就会以为乡数太多，亭数太少。

第二，亭不只管辖里民，还要兼顾行旅的馆舍。因而在交通要冲之处，亭就会多些；反之，就会少些。每亭所辖里数也会因而多少不同。所谓“十里一亭，十亭一乡”只是个大概的规定。班固、应劭等人所说的“大率”，我想便包涵着这个意思。因此人口稀薄、交通阻塞的地区，乡、亭、里的编制，未必都是机械地按照十与一的比例。特别是亭的设置，可能较少。

第三，“十里一亭，十亭一乡”只是就内地情况而言。边郡情况特殊，不能完全适用。首先，边地人口稀少，如后汉时上谷郡八城只有一万零三百余户，合浦郡五城只二万余户，当然不能同于内地的编制。其次，边地交通不便，过往行旅较内地为少，亭的设置，不须按照内地的制度。其三，边郡有边防的任务，另有“亭障”、“亭燧”之设，以备外敌，与内地的亭制有所不同。由于这些情形，内地式的亭在边地必然很少，乡的设置和统辖范围也不能与内地一致。我们不能拿边疆的特殊情形来推论内地，也不能拿内地的一般情形来看边疆。但边疆自东北、西北以至中南，有很广大的地区，在行政系统中占很大的比重。乡和亭的数字不能完全符合十与一之比，这也是原因之一。

上面所举的三种情形，归结起来，有一个共同的道理，即：一种制度的条文，只是概括主要的和大致的状况，不可过于拘泥。事实上实施起来，由于各地情况不同，必定会有许多变动。乡、亭的范围都可大可小，比例亦可增可减。这些变动的结果，便使乡多了些，亭少了些。

《汉书·百官表》说："县大率方百里，其民稠则减，稀则旷，乡、亭亦如之。"这里很清楚地指出：县、乡、亭的编制都可根据不同情况，因地制宜，随时变改。这对我们是个很重要的启示。

关于汉代亭的问题，是历史科学研究中的一个小问题。但是问题既已提了出来，并且关涉到汉代整个的行政系统，也就还有必要加以讨论，以求得正确的理解。

原载1955年12月《光明日报》史学副刊

扶风法门寺供养佛骨年代诸问题

1987年，陕西扶风法门寺塔基发现唐懿宗咸通时迎供的佛骨舍利及金银制法器、用具及玻璃器、秘色瓷器等大批珍贵文物，受到考古学家及佛教史家的重视，是近年学术界的一大收获。关于寺塔始供佛骨之年代，学者之间或有异说。扶风县昝耀华同志致函王平凡同志，有所讨论。平凡同志持来函下问，因就所见，略事考索，以供关心此事的同志参考。

塔基地宫出土有僧彻撰《大唐咸通启送岐阳真身志文》刻石一方。周绍良先生近撰《扶风法门寺佛骨舍利的来龙去脉》一文，曾将志文全文刊布。承绍良先生好意，将所得志文拓片惠寄借阅，因而得见原貌。据志文，唐咸通十二年八月十九日在塔下发现佛骨。十四年三月奉迎入京。十二月护送来寺。十五年正月四日，归安于塔下之石室。周绍良先生文中曾引录释道宣《法苑珠林》与《资治通鉴》，详考其事。此佛骨舍利即唐太宗贞观五年曾于塔基下发现并奉迎至京之舍利。此后，高宗、武后、肃宗先后奉迎。唐武宗灭佛，寺僧碎略影骨，此佛骨真身又被隐藏于塔基之下。至于唐太宗贞观以前，佛骨舍利始于何时在此供养，诸书均无明文。志文拓本，有以下一段重要的文字：

> 释迦大师示灭一百一十九年，天竺有国君号无忧王，分遗形舍利。使鬼工造八万四千塔。阎浮之聚落，有逾一亿舍，即置于众(?)覩波，岐阳重真寺，乃其一也。元魏二年，岐守拓拔

> 育初启塔基,肇申供养。

这段文字中的"众覩波"三字,第一字下半残缺,仅存上部,亦略磨泐,我怀疑是"众"(衆)字的残存,但不敢确定。第三字左半残缺,仅余右半"皮"字。疑为"波"字之残佚。"覩波"即窣堵波。此字源于梵语 Stupa,汉文文献中有素覩波、塔婆等多种不同的译名。本义原为收埋舍利之所,亦即佛舍利塔。依志文上下文义,"即置于众覩波,岐阳重真寺乃其一也",似可通读。释迦死于公元前 487 年,示灭一百一十九年,即公元前 368 年,所记当出傅会,无可稽考。但"元魏二年……初启塔基,肇申供养"当可信为有据。《全唐文》卷五一六收有张彧撰《圣朝无忧王寺大圣真身宝塔牌铭并序》。张彧,唐德宗时人,官至刑部侍郎。序文内称:

> 大魏二年,岐州牧小冢宰拓拔育以为〔阙三字〕古名同于今〔阙一字〕,削旧规,创新室,广以台殿,高其闬闳,度僧以资之,刻石以纪之。

文中阙字之句,疑为"无忧王古名同于今寺",或系后世僧徒有意磨泐。碑序中不记建塔供养佛骨事,但所记修建寺院之岐守拓拔育,与出土志文相同,可为佐证。惟"元魏二年"作"大魏二年",亦无年号。

志文及碑文均载拓拔育其人,《魏书》《北史》俱无传。《周书·元纬传》附录元氏职官名氏,有元育其人,署"大将军淮安王元育"。但《周书·元纬传》末谓:"(周)太祖天纵宽仁,性罕猜忌,元氏戚属,并保全之。内外任使……布列于职。考闵践祚,无替前绪。明、武钻业,亦遵先志。……今录其名位可知者,附于此云。"后附任职者名氏十三人,元育为其中之一,是可知此元育乃仕于北周的拓拔后裔,其时已在以灭佛著称的北周武帝之世,与元魏二年在岐州修建佛寺之拓拔育必非一人。

拓拔育事迹无可考，但志文称他为“岐守”，张彧碑文称之为“岐州牧小冢宰”，知为岐州地方长官。两文俱沿古称，依魏制当为岐州刺史。岐州因山而得名，始见于北魏。唐升岐州为凤翔府，置岐阳县。今扶风县北魏时适为岐州境。《魏书·地形志》载：北地郡，领县七；“岐州，太和十一年置，治雍城镇。”雍城，唐改凤翔。太和为魏孝文帝年号，十一年即公元487年。是年，始置岐州。可知拓拔育之任岐守，只能在此年之后，而不能在此以前。

拓拔育供养佛骨事，出土志文作“元魏二年”。《全唐文》所载张彧碑文作“大魏二年”，嘉庆刻本及粤雅丛书本俱如此。“大魏”可用为魏国之泛称，也可为国号之专称。《魏书·前废帝纪》记尔朱荣党废长广王晔，立广陵王恭为帝，“大赦天下，以魏为大魏，改建明二年为普泰元年（公元531年）”。但此“大魏”与碑文所载之“大魏二年”，应无干涉，不可混误。尔朱荣行废立之年，岐州曾陷于万俟丑奴之乱，泾州刺史贺拔岳领兵讨平，因而于普泰元年受任为岐州刺史，并见《魏书·前废帝纪》及《资治通鉴·魏纪》。二年，又加都督三雍三秦二岐二华诸军事，见《魏书·贺拔岳传》。此时的岐州处于连年战乱之中，刺史为贺拔岳，与碑文所记岐州刺史拓拔育供养佛骨事，显然全不相合。“大魏”用为魏国号之泛称或颂称，史多其例。赵万里《汉魏南北朝墓志集释》所收北魏墓志，亦屡见大魏称号，不烦备举。以大魏国号纪年而不署年号之例，曾见于陆增祥编《八琼室金石补正》卷十六著录苏州蒋清翊藏山西安邑《张始孙造四面像记》，纪年为“大魏元年岁次丁丑二月庚午朔十二日造”。蒋清翊跋文称：“是造像于丁丑，为北周明帝元年，即魏恭帝之四年，是年正月，已行禅让，而像勒魏元年者，盖文帝大统之后，废帝、恭帝俱无年号，新君即位，只改元示更始耳。宇文之篡，事出仓卒，远方不知禅代，以为行废立之事，详纪岁干月朔，俟后推而得之。”陆增祥云：“《通鉴目录》，周明帝元年二月庚午朔，敬臣（蒋氏字）以为魏恭帝四年是也。”此北魏造像石记，署大魏元年，又书年月干支“岁次丁丑二月庚午朔”，“蒋、陆二氏订为周明帝元年丁丑，即公元557年，自无可疑。但魏恭帝并无四年，周明帝元年也无二月。西魏恭帝于三年（公元 556 年）十二月禅位于周公宇文觉，即北周孝闵帝。次年元月，宇文觉即天王位，八月被弑。九月，周明帝宇文毓嗣位。第二年始称皇帝，建年号武成。造像记当是以禅代后，尚未称帝建元，故仍沿用大魏国号称元年，这应是魏国递嬗时期的一个特例。这一特例，与碑文中之大魏二年也并无关涉。因为造像记中的"大魏元年"即周孝闵帝元年，并无二年。次年由周明帝称帝建年号武成。故不能再有"大魏二年"的纪年。岐州是西魏时的要郡。西魏恭帝禅位前，以岐阳之地封宇文觉为周公。宇文觉即位后，宇文毓继为岐州刺史，是年九月赴京师即位。这一时期，北周二帝先后守岐州，其间自不容有另一岐守拓拔育在，是很明显的。

据上论证，魏国虽有大魏专称及以大魏纪年之例，但与张彧碑文之"大魏二年"俱无干涉。碑石今不存，《全唐文》所收多有磨泐。今出土志文"元魏二年"等字完好无损，自可信为依据。《全唐文》所载碑文之"大魏二年"，当是抄刻之误。魏孝文帝于皇兴五年（公元 471 年）即帝位，改元延兴。太和十八年（公元 494 年）迁都洛阳，二十年（公元 496 年）正月，下诏改姓元氏。如前所论，即可确知拓拔育任岐守在太和十一年之后，志文所记"元魏二年"不可能是孝文帝即位之次年，也不可能是迁都之次年，因为迁都后尚未改姓，以迁都之年为始称元魏之年，于史无据。所以，岐守拓拔育"初启塔基，肇申供养"之"元魏二年"只可能是孝文帝改姓元氏之次年，即太和二十一年（公元 497 年）。孝文帝都洛阳，广兴佛法，首倡义学，修建寺院，拓拔育在岐州修寺礼佛，供养舍利，于当时的形势，是完全符合的。

唐人石刻文字中，习称北魏为后魏。出土志文及张彧碑文纪年称元魏而不署年号，实为罕见之例，应当别有缘由。释道宣《法苑珠林》卷三八记"周魏以前，寺名阿育王，僧徒五百，及周灭佛法，庙宇破坏"，唐太宗贞观五年开放塔基，深一丈许，"获二古碑，并周、魏之所树也，既出舍利，遍示道俗"。可知北魏、北周时曾各有碑纪事，经北周武帝灭佛而被深藏于地下，唐初始又掘出，复见于世。先周后魏，当是追溯之谓。岐守拓拔育修建寺院、供养佛骨，当时为一盛事，自当铭纪刻石。唐德宗至懿宗时，此复出之刻石当仍存于世。所以，可以认为，张彧及僧彻所述有关拓拔育事应当都是本于北魏的碑石。“元魏二年”的纪年也应当是沿袭了北魏碑石的原文。当时改姓元氏未久，以元魏纪年自是新猷，也为人们所易理解而不致产生歧义。隋王通撰《文中子》曾见“元魏之有王，其孝文之所为乎”。可见，自孝文帝至隋，元魏之称，迄为人所习用。志文和碑文正是沿用了北魏或北周碑石中的这一称谓。

佛骨舍利只是佛教徒崇佛的一种象征，没有必要去考订它是否“真身”。但舍利供养的存废，正是对映着佛教的兴衰，为佛教史的研究提供了有力的实证。扶风法门寺的佛骨，自北魏孝文帝时供养于塔基。北周武帝灭佛后，唐太宗时重现于世。唐武宗再次灭佛后，懿宗时再次迎供。1987 年，应是第三次再现于世。不过，这次已不再是仅供佛徒瞻礼，而是和同时出土的大批珍贵文物一起，为考古学和佛学史的研究，提供了珍贵的实物，因而也具有更大的价值和更广泛的意义。

原载《考古与文物》(西安)1990 年第 6 期

唐代长安与文化交流

唐朝国威强盛、经济繁荣，在中国封建时代是空前的、在当时的世界上也是仅有的。在这个基础上，承袭六朝并突破六朝的唐文化，博大清新、辉煌灿烂，蔚成中国封建文化的高峰，也是当时世界文化中的高峰。

大抵一个朝代，每当国内混乱、统治动摇的时候，对内越是惴惴不得自保，对于外来文化越是顽固地排斥拒绝，不敢有所触发。天宝之乱以前的唐朝，处在强固稳定的时期，在政治上有自信心奉行“中国既安、四夷自服”的方针，在文化上也有足够的自信心，并蓄兼收，群花同放。因为唐代的中国文化已经发展到昌盛成熟的阶段，任何外域文化传入中国，都没有可能消溶唐文化，而只能作为一种新养料注入唐文化的整体内。唐代外域文化在中国流行，并不是因为中国的封建文化已然衰老没落，相反，是因为它正在高度繁荣，具有充分的吸收力和消化力。唐文化依据本身发展的需要，对于外来的新成分，有抉择地损益取舍，经过汲取发扬，愈益显得丰富多彩。唐文化远播到东西方各国，各国也依据自己的文化传统，斟酌吸收，使本国文化得以获取助益，加速发展。唐代确实是中外文化交流极盛的时代。

唐朝境内的文化交流活动，遍及于广州、扬州、洛阳等主要都会，而以长安最为集中、最为繁盛。这是因为长安具备如下的一些特具条件：（一）长安是唐朝的国都，全国的政治中心。各国使者宾客都需要到长安来进行政治活动。出国使者或外来使人，从这里输出唐朝的文化典籍和器物，同时也传外国文化到长安。（二）长安不仅是全国的政治中心，也是全国的文化中心。武德三年（620 年），太宗在秦王府开文学馆，广引文学之士，即位后又置弘文学馆，精选天下文儒。《旧唐书》说："是时四方儒士，多抱负典籍，云会京师。"弘文殿聚集群书，多至二十余万卷，是全国藏书最富的中心图书馆。太宗以后，历代在唐朝廷供职或不供职的文儒多在长安来往或居住，一直保持着"四方儒士，云会京师"的盛况。由于朝廷的提倡，每逢节日，朝士词人，游宴吟咏，佳句美篇，不久即传入宫禁，流布远近。长安有左右两教坊，右多善歌，左多工舞。外域传来新声曲，一经教坊摹演，全城艺人，遂相仿效。音乐歌舞在唐代极为发达，而长安又是乐舞的胜地。唐代重要仕途之一是以经学为手段的明经科。唐太宗诏颜师古定五经，孔颖达撰正义，长安成为经学的中心。史学也是一门卓有成就的学问，自长安设史馆后，开官修前代史的新风。每有外国使者来到，鸿胪询问土地风俗，道里远近，报送史馆。长安又是全国的教育中心，国子监总设七学馆（国学、太学、广文、四门、律、书、算），各置博士。经唐太宗倡导，国子监添筑学舍一千二百间，增收中外生员多至八千余人。外国贵族子弟来中国，多入国学留学。"国学之盛，近古未有。"此外佛教的传布，对文化交流影响不小。自玄奘回国，在慈恩寺译经。长安成为全国佛教的重地。（三）长安是东西方交通的枢纽。西汉以来，东西方的交通主要是经由陆海两条路。一条是海路，南海联接东南亚诸国以至天竺，东海可通日本与新罗。南海路以广州为出入的要冲。广州北与洛阳、长安相联，交通稳便。另一条是通西域的陆路。隋时西域诸国在张掖互市。出玉门关有三条大道。北道自伊吾经突厥汗庭远达拂菻。中道起高昌、龟兹、疏勒，逾葱岭，经康、曹、安等昭武九姓国，至波斯。南道起鄯善、于阗，经吐火罗，至北天竺。三道入玉门关，经兰州，归于长安。所以，柳宗元说"凡万国之会，四夷之来，天下之道涂，毕出于邦畿之内"。西域诸国来唐必须经由长安，东亚和南亚诸国经唐朝陆路与西域交通，也必须经由长安，并且往往在长安停留。

长安是文化繁荣的都市，也是交通频繁、宾客辐凑的都市。由于这三个独具的优越条件，使唐代长安不能不超越其他都会，成为东西方各国文化交流的集中点。

长安城是一座规模宏伟的大城。据近年考古工作者对遗址的实测，城南北长八千四百七十米，东西长九千五百五十米，周长约三十五公里有余，大于现在的北京旧城，相当现在明建西安旧城的五倍。隋朝定都于此，开皇间开始兴建，唐朝又屡加修筑，城内景物，更臻完美。全城布局严整可观，显然是事先经过周密的设计。皇族居住的宫城位于全城最北部的中央，东西五里余，南北二里余，城高三丈五尺。城南正门名承天门。凡元正冬至，陈乐设宴或接见外国宾客，都在这里举行。宫城之南联接皇城（又名子城），东西同于宫城，南北长五里许。城内布列宗庙社稷，百官廨署，不使杂人居住。皇城正南门名朱雀门，北与承天门相对，南望外廓城的正南门明德门。两门之间一条长九里宽百步的朱雀门大街纵贯南北，把全城分为东西两半。东部设万年县，西部设长安县，分辖两地的居民。东西两部各有周遭六百步的大商市，称东市和西市。全城的居住区共建一百零六坊，各坊间形成东西大街十四条，南北大街十一条。街道宽阔，道旁植树成荫。坊呈长方形，结构划一，布列匀整。宋敏求《长安志》说："棋布栉比，街衢绳直，自古帝京未之有也。"是符合实情的描述。

像长安这样精心规划、气象宏伟的大都城，在隋唐以前的中国不曾有，在当时的世界上也不曾有。日本模拟长安的建制，先后兴建平城京和平安京。中亚伊斯兰诸教国以至拂菻、天竺，也都流传着长安的盛名。随着唐朝国威的远播，长安扬名于世界，强烈地吸引着各国人来观光。

下面叙述侨居长安和往来长安的各类外国人士。

大明宫
含元殿
光化门
景曜门
芳林门
玄武门
至德门
夹城
修真 安定 修德 大仓 东 长乐 十六王宅
普宁 休祥 辅兴 掖庭宫 大极宫 宫 永昌 大宁 兴宁
开远门
义宁 金城 颁政 皇城 永兴 安兴 永嘉 兴庆宫
通化门
居德 醴泉 布政 崇仁 胜业
金光门
春明门
群贤 西市 延寿 太平 兴道 务本 平康 东市 道政
怀德 光德 通义 开化 崇义 宣阳 常乐
崇化 怀远 延康 兴化 丰乐 安仁 长兴 亲仁 安邑 靖恭
丰邑 长寿 崇贤 崇德 安业 光福 永乐 永宁 宣平 新昌
延平门
延兴门
待贤 嘉会 延福 怀贞 崇业 靖善 靖安 永崇 昇平 昇道
永和 永平 永安 宣义 永达 兰陵 安善 昭国 修行 立政
常安 通轨 敦义 安丰 道德 开明 大业 晋昌 修政 敦化
和平 归义 大通 昌明 光行 保宁 昌乐 通善 青龙
永阳 昭行 大安 安乐 延祚 安义 安德 通济 曲池
曲江池
芙蓉园
安化门
明德门
启夏门
图例
坊
坊门
城门
遗址
今西安城城门
比例尺

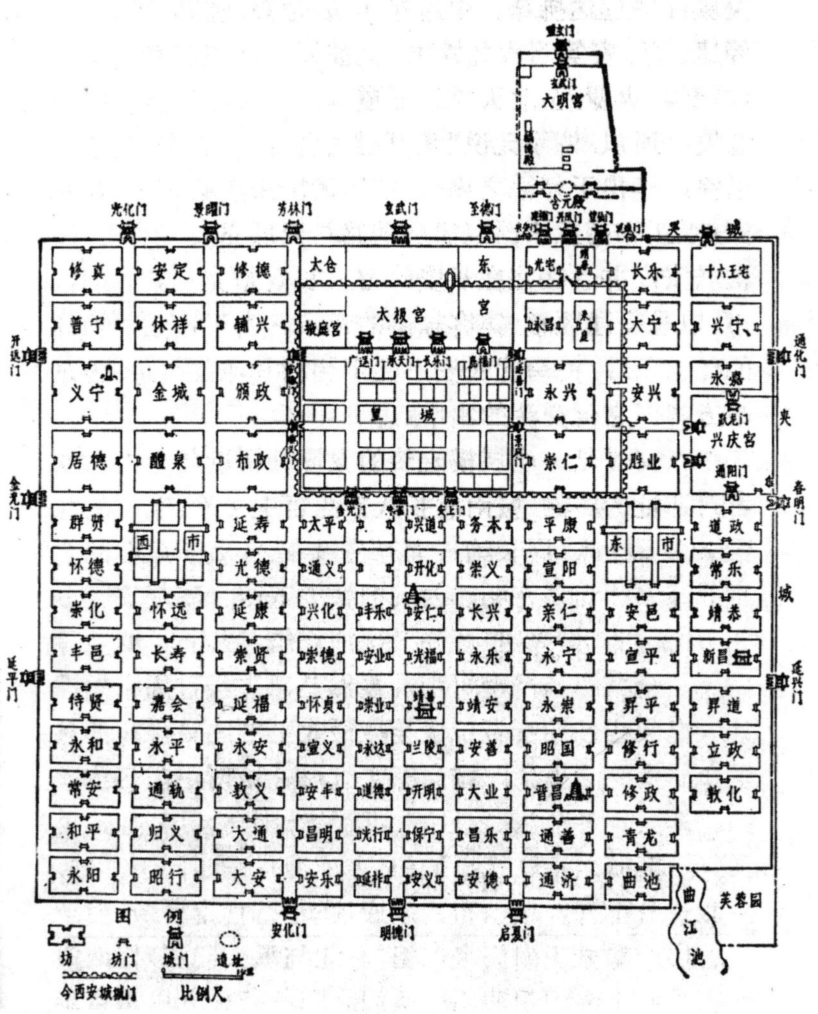

唐长安城坊图

一、来往使臣 我国境内的某些少数族，在唐代曾一度自立邦国，但和唐朝廷保有密切的联系。如西南的吐蕃、南诏，西北的回鹘、高昌，东北的契丹，历代前来长安的使者，络绎不绝，加强着各民族间的文化流通。至于亚洲、非洲诸国，远至欧洲的拂菻，也都不断有使臣来往，长安城内外国使者之多，为前代所未有。

西方诸国——建国中亚的昭武九姓国：康国、史国、曹国、支国、石国等自唐初至开元间，屡有使者来长安。唐太宗时康国献金桃银桃、植于苑囿。开元时，康国、史国又遣使献纳胡旋舞女。大食遣使来唐，进马匹方物。使者谒见，立而不拜。唐太宗以“大食殊俗”，特予准许。波斯国也在贞观间与唐通使，“献活褥虵（同蛇）”，能入穴取鼠。开元天宝间，前后遣使者来唐十余次，带来波斯的方物。当时沟通东西方商业来往的东罗马（拜占庭），唐代史书上称为拂菻。据《旧唐书》记，自贞观至开元，拂菻国前后五次遣使来唐。此外，《册府元龟》还有景云二年拂菻国“献方物”的记事。

东亚诸国——唐朝初年，天竺戒日王建立大帝国、贞观十五年（641 年），遣使来唐，建立友好关系，唐太宗答书慰问，此后不断有使者来到长安。开元间，南天竺、北天竺和中天竺也各遣使来唐“朝献”。泥婆罗国贞观二十一年遣使来唐，带来菠绫菜、浑提葱。立国于东南亚的骠国、真腊、扶南、林邑、瞻博（占婆）、室利佛逝、师子、盘盘、单单（今吉兰丹）诸国，也屡有使者来到唐的国都，并且带来本国的物产和文化。高丽、新罗、百济三国，唐初即有使臣来长安。新罗统一半岛后，派遣来唐的使者，络绎不绝。北海之北有流鬼国，距长安万五千里。贞观十四年遣使者佘志来长安，唐太宗以佘志为骑都尉。流鬼国当是与唐通使的亚洲国家中最北方的一国。

日本的“遣唐使”——大业三年（607 年），日本遣大礼小野妹子使隋。隋朝统治期间，日本前后遣使三次。日本的使臣来隋，偕有留学生同来，使臣回国后，留学生仍留中国。唐代，日本继续派使臣来中国。据日本史书所载，前后任命“遣唐使”共有十九次之多。其中六次为迎接日本遣唐使回国或送还唐朝去日本的使臣，称“迎入唐使”或“送客唐使”。送客唐使不必送还长安，例如天智天皇六年(672 年)，伊吉博德等送还司马法聪，只达百济而返。除此而外，日本正式的遣唐使，自贞观四年(630 年)至乾宁元年(894 年)前后凡十三次。唐中宗至唐玄宗时代，日本四次遣使，规模浩大，号为最盛。

日本的遣唐使不同于一般单纯基于政治目的的遣使，而是有意识地前来观摩摄取唐朝的中国文化。遣唐使官一般是选择文艺优秀通达经史的文臣，使团人员中包括医师、阴阳师、画师、音乐长，并有众多的学问僧和留学生同行。一次来长安的遣唐使，多到几百人。唐中宗到唐玄宗时代的几次，都达到五百人左右。天宝乱后，唐朝对入京人数加以限制。每次得入长安者，限八十五人(一说六十五人)。日本遣唐使归国后，多位列公卿，参与国政，唐代的文化制度随之介绍到日本。

天宝之乱以前，各国使臣来往频仍。东起日本，西至拂菻，北有流鬼，南达室利佛逝，大批的使臣队前后会集在长安。他们在肩负政治使命的同时，对东西文化的交流，起着重要的作用。

二、流寓长安的外国王侯 唐太宗贞观四年(630 年)，擒获突厥颉利可汗送至长安。《通鉴》说:“其余酋长至者，皆拜将军中郎将，布列朝廷，五品已上百余人，殆与朝士相半，因而入居长安者近万家”。长安城中迁来这样多的突厥王侯和居民，不能不加强着突厥文化与汉文化的交融。史称太子承乾“好效突厥语及其服饰”。承乾被斥为失行，但正说明突厥文化在发生着影响。唐高宗时，波斯萨珊王朝破败后，王子卑路斯携残部逃来长安求庇护。卑路斯在长安客死，子泥俚师又在长安谋复国。泥俚师回国图恢复不果，景龙间再来中国，后来也在长安客死。韦述《两京新记》说，卑路斯曾奏请在长安建波斯寺。泥俚师自长安统率回国的残部有数千人，想见随从波斯王族迁来长安的波斯人，是一个很大的数目。

三、在长安供职的外国官员 唐朝廷广泛吸收各族人员充当文武官，为唐朝统治者服务。不仅当时立国的各少数族，如契丹、回鹘、吐蕃等族，每有在长安供职的官员，而且亚洲许多国家的个别人员，例如大食、波斯、突厥、安国、康国、天竺、高丽、新罗、百济、日本各国人，也有不少旅居长安，接受唐朝的职事。其中一些人世代留住长安，与士人相往还，在文化交流中作出了贡献。大食人中，李彦升在唐及第进士，想见对汉文化造诣颇深。波斯首领穆诺沙在开元间两度来唐，授折冲，留宿卫。贞观十一年(737 年)，日本遣唐使中臣名代等归国，仕于唐朝的波斯人李密翳随往日本。天竺人迦叶济，贞元间仕唐为“泾原大将试太常卿”。又有罗(罗当是婆罗门的简称)好心也仕于唐。《贞元新定释教目录》载其官称是“右神策军十将奉天定难功臣开府仪同三司检校太子詹事上柱国新平郡王”。《通鉴·唐纪》说，唐德宗避朱泚乱后，诏“诸军诸道应赴奉天及近收京城将士，皆赐名奉天定难功臣”。罗好心可能是其中的一员。西突厥特勤史大奈，随处罗可汗入隋，曾从唐高祖平长安，赐姓史氏。处罗可汗子阿史那社尔，贞观间内属，尚衡阳长公主，授驸马都尉。酋长阿失思力，授左领军将军，尚九江公主。始毕可汗孙阿史那忠，也娶唐宗室女，封薛国公，擢右骁卫大将军，在长安值宿卫达四十八年。昭武九姓国中，寓居长安的知名人物，唐肃宗时有鸿胪卿康谦。唐玄宗时康植平六胡州，有军功，唐玄宗曾在长安召见。安国人李抱玉李抱真兄弟，以武勇称“有唐之良将”，“群从兄弟，或徙居京华，习文儒，与士人通婚者，稍染士风”。新罗、高丽、百济三国仕唐的武将，如百济的黑齿常之，高丽的泉男生兄弟、王思礼、高仙芝，新罗的张保举，多是著名的武将。依照唐制度，新罗士子可以参加科举考试。有姓名可考的有金可纪、金云卿、崔匡裕、崔彦㧑、崔致远等多人。新罗人朴球在唐为棋待诏，张乔送朴球归新罗诗说：“海东谁敌手，归去道应孤，阙下传新势，船中复旧图。”朴球当是新罗仕于唐的棋艺名家。日本供职唐朝的最著名人物是阿部仲麻吕(汉名朝衡或晁衡)。朝衡于开元间随日本遣唐使来长安留学，学成仕于唐朝，为左补阙，在长安约五十余年，后擢左散骑常侍，镇南都护。天宝十二载(753 年)再入长安，随日本使臣归国。日本船中道漂流至安南，朝衡复返中国，仕于唐，大历五年（770 年）卒于长安。朝衡在长安期间，多与中国士人友善。天宝年间归国时，王维、赵骅、包佶都有诗送行。赵骅说他“来称郯子学，归是越人吟”。王维诗说：“乡树扶桑外，主人孤岛中。别离方异域，音信若为通。”友情是深挚的。朝衡归船中道遇险漂流，当时曾讹传他的死讯。李白作诗哭悼说：“日本晁卿辞帝都，征帆一片远蓬壶。明月不归沈碧海，白云愁色满苍梧。”朝衡溺死是误传，但由此引来李白的悼诗却是洋溢着真实的情谊。朝衡在长安任职，同李白等大诗人有如此深厚的友情，在中日文化关系史上确是一个值得珍视的纪录。

四、长安城内的外国留学生　日本历次遣唐使来唐，都有留学生随同前来，回国时，也每每偕同学成的留学生同返。可以说，遣送和迎还留学生即是遣唐使的一个重要的职责。每次随遣唐使来中国的留学生少则一二十人，多则二三十人，都在长安国学肄业。在长安的日本留学生，至少留住数年，多者到二十余年、三十余年。他们的生活起居渐染唐风，回国后也就传播于日本。留学生本来担负着传植文化的任务，在唐代中日文化交流中，作用十分明显。隋末来中国，唐初归日本的留学生高向玄理、僧旻（一作日文）、南渊清安（一作请安）等人，把唐朝的律令制度，介绍回国，日本历史上著名的大化革新，显然与此有密切的关系。革新的中心人物中大兄皇子、中臣镰足，都曾受教于南渊。高向和僧旻任国博士，直接担负着革新的任务。移植唐文化的留学生，对大化革新的作用，是重大的。唐德宗时（日本桓武天皇延历时），自中国学法律归国的大和长岗与著名的归国留学生吉备真备，依唐制删定日本律令，矫正差误。大和长岗成为当时日本最负盛名的法令家。至于中日两国学术文化方面的相互传流，留学生更是重要的媒介（详后）。在长安的外国留学生，日本而外，最多的是新罗。新罗没有流传像日本那样详细的历史记录，但据《旧唐书》记，开成五年（840 年）一次归国的新罗留学生，即有一百五人之多。《唐会要》记贞观时，高丽、百济、新罗遣子弟入国学。大抵自唐太宗时起，新罗等国即不断有留学生来到长安。开元时，唐遣邢畴去新罗吊祭，唐玄宗对邢畴说："新罗号为君子之国，颇知书记……以卿学术，善与讲论，故使充此。"新罗在当时是文化很高的国家，以至当时的日本也往往派留学生去新罗留学。往来长安的新罗学生，不仅加强着新罗和唐文化的相互吸收，而且也在中日文化交流方面，起着桥梁的作用。渤海国数遣诸生来长安太学学习，唐朝的制度文化也随之传到了渤海。

五、学问僧和求法僧 长安是唐朝的文化中心，也是全国的宗教中心。唐初，即陆续有外国僧侣前来长安。玄奘回国后，在长安广译经典，佛学达到极盛境界，更加吸引着外国僧人，其中主要是天竺和日本的僧人。唐初来长安的僧侣中，较著名的是中天竺的波颇（光智）。波颇曾在那烂陀寺从戒贤学法，后来到突厥传教。唐高祖武德九年（626 年），唐使去突厥，随唐使同来长安，住兴善寺翻译《大庄严论》等佛典。唐高宗永徽元年（652 年），阿地瞿多（无极高）自西天竺携梵经来长安。永徽三年中天竺僧人布如乌伐耶（福生）到长安，令在慈恩寺安置。福生先曾游师子国和南海诸国，搜罗大小乘经律论一千五百余部带来中国。次年，唐朝命往南海诸国采取异药，龙朔三年（663 年）重返长安。福生解无相，与玄奘所宗法相不合。是年，往真腊国采药，不再回长安。南天竺僧跋日罗菩提（金刚智），游师子、佛誓（室利佛逝）等国，泛海至广州。唐朝廷敕迎就长安慈恩寺译经。中天竺僧戍婆揭罗僧河（净师子）经迦湿弥罗至突厥，又经吐蕃来长安。著名的北天竺婆罗门僧阿目佉跋折罗（不空金刚），幼年随叔父来长安，师事金刚智。开元二十年（732 年）经诃陵、师子国，游五天竺，广求密藏，天宝五载还长安，携回经论五百余部并师子国王表。唐玄宗召见，许翻译所赍梵经，密宗经典由此传布开来。此外，久居长安的天竺僧人，如高宗时慧智父子世代居唐。慧智生于长安并在长安出家，善天竺语和唐言，成为译经的能手。那烂陀寺僧牟尼宝利（寂默）唐德宗时住长安慈恩寺译经，死在慈恩寺。

在长安的外国僧人中，日本僧侣为数最多。每次遣唐使，都有求法僧或学问僧同来。留中国时间久者，往往长达二十余年，甚至达四十年。遣唐使人员入京，需经唐朝许可，同来僧人并非全入长安，但据日本现存史籍所载，确实到达长安或留住长安的知名日本僧人，至少已有四十余人。其中影响较大者，如唐高宗时智通、智达随遣唐使来长安，从玄奘学法相，归国后为日本法相宗创始人。道慈于武则天时来长安学三论、法相，后为日本三论宗创始人。荣叡、普照在开元时随遣唐使来中国，先后在洛阳、长安学法。荣叡和普照对日本佛学的影响不大，但他们邀请扬州龙兴寺僧鉴真去日本，对中日文化交流作出了重大贡献。荣叡、普照几次渡海失败，鉴真却在天宝十三载(754 年)到达日本。鉴真带去天台宗经典和密宗佛像，在日本讲授戒律，并与随从僧人一起，依唐寺院法式，建唐招提寺。中国的建筑、雕塑术和汉文学、药物学，都因鉴真之东行，而传播于日本。荣叡、普照的功绩，也就不容忽视了。荣叡而后，影响较大的日本僧人是空海。空海在唐宪宗时来长安，在青龙寺从惠果和尚学密宗。归国时带回大批中国新译经和梵字经疏。日本密宗自空海始大显扬。在日本显扬天台宗的大师最澄，与空海约略同时来唐，在天台山学法后归国，唐朝末年来中国求法的日本僧侣中，最著名的是最澄的弟子圆仁。圆仁随遣唐使来中国后，先住扬州，后游佛教圣地五台山。到长安后，从元政、义真学密宗，又从在长安的南天竺僧宝月习悉昙(梵文)。归国时带回经典八百余部及佛像多种，成为日本天台宗第五代座主。圆仁先后在中国十年，游历诸地，写成《入唐求法巡礼行记》一书，是一部珍贵的历史纪录。

六、乐工与舞士　长安城内会集有大批的外国乐舞人和画师，他们经由不同的途径来到中国，传播着各自的民族艺术。北朝时代，西域乐舞已陆续传入中国，唐代更为广泛传播。但唐代传入长安的域外艺术，已远不限于西域一隅，而且包括了南亚和东亚的许多国家。

拂菻的杂技幻术自汉代已传入中国，唐代更多有弄幻术的艺人来到长安。天竺国的杂技也在东汉安帝时就已传来。《旧唐书・乐志》说:“大抵散乐杂献多幻术,幻术皆出西域,天竺尤甚。”唐高宗时以其惊俗,曾一度禁止。唐睿宗时,婆罗门又献乐舞人(杂技人)。中亚昭武九姓国的音乐歌舞家,在长安城内,为数最多。安国的安辔新,被称为“舞胡”,曾以斥李茂贞而著名。唐高祖拜安叱奴为散骑常侍,李纲上疏说:“今新造天下,……高才犹伏草茅,而先令舞胡,鸣玉曳组。”考证家以为,安叱奴当是安国出生来长安的乐舞人。康国开元间献胡旋女子。唐朝十部乐中有安国乐、康国乐,想见在长安的两国乐舞人,必然不少。曹国人曹保一家,以弹琵琶著名。曹保子善才、孙纲都是蜚声艺林的琵琶名手。白居易《听曹刚(即纲)琵琶兼示重莲》诗说:“拨拨弦弦意不同,胡啼番语两玲珑,谁能截得曹刚手,插向重莲衣袖中。”又李绅悲悼曹善才的诗说:“紫髯供奉前屈膝,尽弹妙曲当春日。”白居易《琵琶行》也称长安倡女曾学琵琶于穆曹二善才。曹氏一家当是长安弹琵琶的泰斗。《太平广记》引卢言《卢氏杂说》称“歌曲之妙,其来久矣。元和中,国乐有米嘉荣。”据宋邓名世《古今姓氏书辩证》,歌者米嘉荣乃西域米国人。米嘉荣曾为唐朝廷供奉,是歌曲名家。刘禹锡曾有诗相赠:“唱得凉州意外声,旧人唯数米嘉荣”。米嘉荣子米和也是歌舞能手,为时所称。太和初,教坊中有善弄婆罗门,即作霓裳羽衣舞的米禾稼、米万槌,可能也是来自米国。开元间,史国遣使献胡旋女子。刘言史有《王武俊宅观石国胡儿舞胡腾》诗,史国石国的乐舞人当也有不少旅居长安。

南亚东亚诸国中,骠国曾在贞元时派遣国王雍羌弟悉利移、城主舒难陀率乐工三十五人,带来十二(一作二十二)种乐曲,到长安演奏。所用舞乐器二十二种,皆与中国不同。白居易《骠国乐》说:“德宗立仗御紫庭,黈纩(音 tǒu kuàng)不塞为尔听,玉螺一吹椎髻耸,铜鼓一击文身踊。”骠国乐舞受到德宗的重视,长安城轰动了。扶南国在隋代即有乐工来长安。《新唐书·音乐志》记“扶南乐,舞者二人,以朝霞为衣,赤皮鞋”。诃陵的乐舞人也在咸通时来到中国。日本遣唐使有乐师画师随行,使臣中也每有音乐名家。如日本仁明朝之使臣准判官良岑长松善弹琴,藤原贞敏是琵琶名手,来长安后并从中国刘二郎学弹琵琶。东西方诸国的大批乐舞人才先后聚集在长安,对交流各国的民族艺术,贡献是巨大的。

七、西域商贾 长安城中留居着大批的西域商人。《通鉴·德宗纪》说:“九姓胡冒回纥之名杂居京师,殖货纵暴。”《新唐书·回鹘传》也说:“昭武九姓国与回鹘同来,往往留京师至千人,居赀殖产甚厚。”除由回纥而来的一路外,在长安的西域商人,也还有经由海道一路而来,其中多半是大食、波斯人。他们先自南海到广州、由广州经洪州(江西南昌)、扬州、洛阳而到达长安。长安城中的西域商人,盛时总数达数千,组成为一个极富有的集团。《太平广记》引温庭筠《乾䐶子》记一个故事说,长安的西域商人米亮曾劝说窦义买宅。米亮告窦义说,我劝你买下这宅子,是因为看到宅中有块奇石,是真正的于阗宝石。窦义找玉工来看,果然是奇货,可作三十副玉镑(音kuǎ),每副值三千贯钱。米亮助窦义致富,居于长安崇贤里。这个米亮当是米国的珠宝商。段成式《酉阳杂俎》也记有西域商人辨识珠宝的故事。长安平康坊菩萨寺僧为人设斋,斋毕,得一物,如朽钉,长数寸。寺僧到长安西市找西域商人。商人大惊说,哪里来得此物!一定买下,不还价。寺僧要卖百千,西域商大笑。僧要价到五百千,西域商竟付与一千万,说这是宝骨。故事是否真实不可知,西域商善识珍宝,并且操纵着珍宝业,却是事实。对不识货的寺僧如实付价,因缘取利的西域商未必如此忠实,但正说明他们完全可以上下其手,获取暴利,致富是很容易的。西域商经营珍宝致富,为数最多,同时也“举质取利”,即兼营高利贷敲剥。长安城内贵族子弟商人百姓贷西域商本钱,岁月稍深,西域商征索不得,每多向官府告讼,纠葛不决。唐穆宗时,朝廷不得不下诏,禁止“与蕃客钱物交关”,并“委御史台及京兆府切加捉搦(音nuò)”。近年西安近郊唐墓出土波斯银币,当是来自波斯商人。长安西市有波斯邸,又多“胡店”。李商隐《杂纂·不相称》条有“穷波斯、病医人”。穷与波斯不相称,可知波斯商人多是富人。西域富商麇聚于长安,是一个庞大的剥削集团,但同时也就把西域的风习带来了长安。富商在东西方往来货殖,同时也往来传播着文化的种子。

唐代长安聚集着如此众多的各行各业的各国人,盛况确实是空前的。对唐人说来,外域传来的文化,都是开发耳目的新事物。对到达长安的各国人说来,唐文化也是启迪心智的新见闻。长安是国内国外各色人聚居的城市,汉族居民而外,当时自立邦国的少数族,如南诏、吐蕃、回纥、龟兹、于阗、疏勒等等,也多有官方人员或才士艺人长期留住,甚至世代安居。以长安为中心,中国各民族之间,中国与当时世界各国之间演出了交流文化的大场面。

大抵世界上的民族,不论人口的多少,民族的小大,只要本民族的文化得以生成和发展,都必然有它自己的特长,也都必然对世界文化可以作出不同程度的贡献。由于社会发展水准和经济条件的不同,在一个时期里,某些民族文化可能显得高一些,另一些民族显得低一些。或者甲民族在这一方面较高另一方面较差,乙民族这一方面较差另一方面较高。各民族一经接触,各取人之所长补己之所短,影响总是相互的,贡献也是相互的。唐文化是当时世界上一个较高的文化,但也有它的不足处。传入长安的域外文化高低不同,但各有其优越处。唐文化摄取外域的新成分,丰富了自己,又以自己的新成就输送给别人,贡献于世界。长安正是这样一个各民族相互影响,各种文化相互流通的中心点。

唐代长安的文化交流表现在许多方面。由于唐文化各个方面有长有短,发展程度各不相同,域外文化的诸方面发展程度也不相同,表现在中外文化交流上,或摄取多于输出,或输出多于摄取,各方面也就显得参差而异样。下面叙述的只是几个最主要的方面。

一　宗　教

宗教的传播必须同一个民族的文化传统和社会条件相结合,因此,宗教的传播又往往同时伴随着文化的流通。

唐代传播最广,影响最大的宗教是佛教。佛教自天竺传入中国，为了适应中国统治阶级的需要，在原来的怪僻面目上，逐渐添增中国的色彩，最后变为带有中国特色或者说是中国化的佛教。中国佛教各宗派又同中国文化一起，向域外流传。唐代中国成为佛教的转运站，长安是其中最大的一个站。

有唐一代，中国佛教对外影响最大的是日本。主要表现在以下三方面。

（一）中国佛教各宗派的传播

三论宗自后秦时鸠摩罗什传入中国，隋末唐初，吉藏在长安延兴寺传法，弟子高丽僧慧瓘于唐武德九年（626年，日本推古三十三年）去日本。三论宗开始在日本传布。日本三论宗的第二代传人智藏虽然不曾到过长安，但先来中国南方学法，归国后著《三藏要义》，成为慧瓘的继承人。智藏而后，第三代传人是著名的道慈。道慈曾随遣唐使来长安，学三论、法相，在长安达十七年之久，归国后为三论宗的名僧。可以说，日本的三论宗完全是来自中国。日本法相宗的第一代传人道昭，曾来长安求法，直接从玄奘学法。第二代传人智通、智达也先来长安，就玄奘门下为弟子，归国后始传法相。第三代传人智凤、智鸾、智雄，第四代传人玄昉，都曾来中国，为濮阳智周的弟子。鉴真去日本，带去新译《华严经》八十卷，日本天平十二年（740年）经新罗僧审详讲授，日本开始有华严宗传人。日本天武天皇时，道光来唐朝学习戒律，依道宣之南山宗，著《四分律抄撰录文》一卷，律宗始传入日本。鉴真东渡后，日本天皇诏“自今以后，授戒传律，一任和尚”。鉴真在唐招提寺传戒，律宗遂得正式建成。中国特色最为浓厚的禅宗，也在唐朝传到日本。唐高宗时，日本僧道昭随遣唐使来长安，从玄奘学法，后至相州（河南安阳）隆化寺从慧满（禅宗二祖慧可弟子）习禅，道昭在日本建禅院传法，为日本传禅宗的始祖。道昭逝后，唐朝僧人道璿去日本，为日本禅宗第二代传人。道璿在唐师事普寂，为神秀的再传弟子。从此，禅宗的北宗在日本作为一个宗派而存在。此外，空海之传密宗，最澄、圆仁之传天台，凡是中国所有的宗派，日本僧人全部接受了，只有禅宗南宗，在唐时未被日僧接受，因之南宗对佛教的破坏力，在日本不曾显现，等到南宗失去破坏力，才传到日本，那是很久以后的事，不在唐与日本文化交流的范围内了。

（二）中国新译经典的流传

佛教是天竺传来的宗教。佛教的流传必须依靠经典的翻译。中国佛经翻译早在东汉时已开始，唐代进入了一个繁盛的新时期。由于唐朝廷的提倡，前代僧侣的私译转变为朝廷敕设译场的公业。宋《高僧传》记唐译场制度，职司多至九职：一译主、二笔受、三度语（译语）、四证梵本、五润文、六证义、七梵呗（开译时宣呗）、八校勘、九监护大使（钦命大臣监阅）。其中如润文、证义又例由多人分担。这样，每译一经，合众人才智，经几度勘修，译事确是更为完善了。西域南海僧人陆续来长安求法，参与译事，共证梵言，也大有助于译文准确性的提高。此外，唐代译经还有一个重要的新特点，即玄奘以来历代僧人西行求法，自天竺、于阗等处，带回大量的梵经原本（玄奘带回的多至六百五十七部），西域南海僧也往往搜罗梵典，携来长安，借以提高自己的声名。隋以前译经多凭来中国的天竺僧口授，辗转相传，每失原旨。唐代有条件取证原本，披析文义，所谓“唐朝后译，不屑古人”（《续高僧传》语），旧译本无法与之比高低了。自玄奘经义净至金刚智、不空，主译名僧前后数十人，或译出中国前此未有的新经典，或舍旧译本，重出新译文，使唐代译经事业达到超越前代的新境地。唐高宗时道宣撰《大唐内典录》，其中《皇朝传译佛经录》说，“自贞观迄于龙朔之年，所出经论记传行法等合一百余部，一千五百余卷”。唐玄宗时，智升撰《大唐开元释教录》，编入藏经，自汉魏以来，凡一千零七十六部，五千零四十八卷。开元以后，历代续有增添。《贞元续开元录》载新译经论及念诵法，凡一百九十三卷。唐宪宗元和七年（812 年）李肇撰《东林寺藏经碑铭》说：“开元庚午之后，洎德宗神武孝文皇帝之季年，相继新译，大凡七目，四千九百余卷（包括注疏）。”东林寺经藏“合开元崇福四录，总一万卷”。此经藏一万卷总括中国译经及注疏在内，白居易称“一切经典，尽在于是”(《东林寺经藏西廊记》)。当去事实不远。唐代寺院藏经,以庐山东林寺与长安西明寺为最富。西明寺经藏,不知其卷数,但不会比东林寺过少。唐代中国有如此丰富的译经又聚集有如此丰富的藏经,通过日本僧人来唐,大量的佛典从中国流入日本。《续日本纪》说日本遣唐僧玄昉于天平六年(734 年)回国,次年进呈经论五千余卷。《正仓院文书》中天平十一年《写经司启》说:“合依开元目录,应写一切经五千四十八卷。”《开元释教录》撰成于开元十八年(730年),在玄昉回国前三年。如果日本史籍所载属实,很可能开元大藏经全部传入了日本。日本平安朝来唐的名僧,在求法的同时,也继续求访经论携归本国。如最澄携回二百三十部四百六十卷,空海携回二百十六部四百六十一卷,圆仁在扬州求得一百二十八部一百九十八卷,在长安求得四百二十三部五百五十九卷。日本僧求访带回的佛典,其中包含有少数梵本(如空海所携经中有梵字真言赞等四十四卷,圆仁在长安求得梵字经典八十余卷),但绝大部分都是汉译的佛典。唐代日本佛教的传布主要是依据这些汉译本,特别是唐人的新译本。

(三)中国佛学著述传入日本

唐代僧侣把中国传统的经学、历史学、目录学等治学方法应用于佛典的整理研究,出现至为丰富的佛学著述。隋以前的著述,据《法苑珠林杂事部》说“寻访长安,减向千卷”。唐代著述总在千卷以上,超过了长安所存的旧著。著述门类繁多,举其要者,可别为三类。

一是佛经目录。佛经翻译由私业变为公业,佛经目录也由私修演为官修。所谓钦定、敕撰的佛经目录,始自梁武帝敕僧绍编撰的《华林殿众经目录》。唐代由朝廷敕修的目录有,唐高宗时静泰撰《大唐大敬爱寺一切经论目》,武周时明佺等撰《大周刊定众经目录》,玄宗时智升撰《开元释教录》,德宗时圆照撰《贞元新定释教目录》等四种。佛经目录由朝廷敕修,目的不仅在于诠次甲乙、提供检寻,而且“别真伪、明是非”,“摭拾遗漏、删夷骈赘”。列入目录的经典，算是经过审定，取得合法的地位。目录删夷，即被视为伪经私本，不得入藏。四种目录中，《开元释教录》编修最为精善，影响也最为深远。目录分大小乘为二部，每部分经律论。经律论又各分为若干细类，使诸经分别部居，是前此所不曾有的新创。《开元录》出，佛经的刻印传写均依此为定准。官修四种目录外，高宗时道宣撰《大唐内典录》十卷，号为精审。所创体制，多为《开元录》所吸收。在佛经目录中，是一部被人重视的著作。

二是佛教史事的编纂。隋费长房撰《历代三宝记》，叙历朝佛教史事。唐神清作《释氏年志》三十卷，采编年体，叙佛教事，成为系统的佛史。各宗派兴起后，又有宗史之作，专叙本派源流。如禅宗有《楞伽师资记》、《历代法宝记》。密宗有《海云师资相承记》。各宗派大僧，也往往单独立传，记叙平生。慧立撰《慈恩寺三藏法师传》，详载玄奘游天竺始末，及长安译经历程，是一部重要的佛教历史书。他如行友撰《智通本传》、彦琮《法琳别传》、如净《道宣传》、吕向《金刚智行纪》、赵迁《不空行状》，均专写一个大僧的行事，这在天竺是无人能做的。又道宣著《续高僧传》三十卷，总叙梁以来至唐初的僧徒三百三十一人事迹，保存有大量的佛教史材料。义净撰《大唐西域求法高僧传》，列叙唐初往西域诸国求法僧徒五十六人事迹，其中并包括自唐朝出发的吐火罗僧和新罗僧多人。义净自述作意是“实可嘉其美诚，冀传芳于来叶”，但同时也起着鼓舞中外僧人往来求法的作用。僧传而外，一行曾奉诏撰《释氏系录》（今佚），记述佛门仪律。怀海撰《百丈清规》，专记禅宗的戒规，都是属于佛教制度的著述。唐代佛史著述中，另一值得重视的名著，是长安西明寺僧道世编纂的《法苑珠林》。书成于唐高宗总章元年（668 年），与《北堂书钞》、《艺文类聚》等大类书约略同时。道世依据浩繁的佛典，并旁采中国有关著述，撷取佛学故事，分类纂集，成为佛教史的一部百卷本大类书。长安西明寺僧道宣撰《广弘明集》三十卷，采中国历代关涉佛事的文篇，分类纂集，与《法苑珠林》同为影响较大的著作。

三是佛经注疏。唐代译经事业进入了一个新时期，经典义理之探求也随之走上了一个新阶段。佛经注疏的盛行,正是这个新阶段的产物。新经典传译,义理有待研求,旧经有新本,也必然相应纠补旧义,建立新解。各宗派树立后,尊一经为主体,注解阐发,自立宗旨。同一宗派的注家,解说之简繁、见解之浅深,也每每各自异趣。一经之注疏,往往多至数十卷。如礼宗撰《涅般经注》八十卷,澄观撰《演义抄》九十卷,明隐撰《华严论》,竟多达六百卷。大凡此类注疏,卷帙浩繁,语意琐碎,支离蔓衍,使人愈学愈迷惑不解。注疏家又好自立门户,凭空穿凿,表面上似乎是对佛学大有发挥,实际是走着两汉儒学"章句小儒,破碎大道"的旧路,儒学因烦琐而衰亡,现在,轮到唐朝的佛学了。

伴随着中日僧侣的往来,唐人的佛学著述,也随同汉译经典一起,大量传入日本。日本奈良朝遣唐僧人回国,多有佛学著述带回。平安朝入唐名僧如空海、圆行等也将论疏带归本国。日本佛教的流传,依据汉译的经典,又参照唐人的撰述,使日本佛教成为带有浓厚的中国特色的佛教。

此外,唐代中国的寺院建筑,也对日本发生了明显的影响。来长安留学的道慈,目睹西明寺之工巧,在长安描绘寺图归国。道慈在平城京受命建大安寺,"所有匠手,莫不叹服"。大安寺之建制即全依西明寺的规模。唐中宗神龙元年(705 年)令天下诸州各置寺观一所,名中兴寺,后改龙兴寺。玄宗开元二十六年(783 年),又敕天下州郡各建一大寺,曰开元寺。日本天平十三年(741 年)诏每国置僧尼两寺,僧寺名金光明四天王护国寺,尼寺名法华灭罪寺。日本学者认为,此种全国设寺,即所谓国分寺的建制,即是模仿唐朝的龙兴寺或开元寺。鉴真去日本建唐招提寺,规模一依唐制,成为日本最为宏伟壮丽的寺院建筑,尤为佛徒所重视。

唐代佛教也输出到渤海与新罗。开元元年,渤海遣使来唐,请礼拜佛寺。日本《经国集》有安言人《忽闻渤海客礼佛感而赋之》七律一首,有句云:"闻君今日化城游,真趣寥寥禅迹幽。""方丈竹庭维摩室,圆明松盖宝积珠。"渤海佛教史料,颇少留存,但受到唐的影响，是可以肯定的。新罗屡有留学生与学问僧入唐，影响尤为明显。义湘在唐学华严宗，一时负有盛名，华严宗因之传入新罗。另一新罗名僧慧超，自长安出发，巡游天竺。回长安后，撰《往五天竺国传》，是有关佛学和天竺史地的重要著述。

佛教而外，唐代长安还自中亚和西亚传来了多种新宗教。情形如下：

伊斯兰教 七世纪初，大食人摩诃末创伊斯兰教，适当唐朝初年。大食正式与唐通使，始于唐高宗永徽二年(651 年)，在此以前，已有大批大食商人陆续来到中国。大食商人居唐奉伊斯兰教，但不在中国居民中传布。因此，唐代中国的伊斯兰教也只存在于大食商人聚居的地区。大食商人多居于广州和扬州，也大批留住在长安。唐宣宗时，大食人苏莱曼来中国经商，著《东游记》，记在广州的见闻说："中国皇帝派一个伊斯兰教人处理在这里经商的伊斯兰教人相互间的诉讼。在每一个节期，由他领导大家礼拜，宣读天启，并为伊斯兰底苏檀(国王)祈福。"唐朝皇帝任命伊斯兰教官员，兼管政事与宗教，当即后来所谓"蕃长"。每逢节日举行礼拜，广州大食商人区(所谓蕃坊)或已有清真寺建立。广州有唐时来中国的大食人旺各师墓。《天方正学》载《旺各师墓志》说，旺各师曾"再三留驻长安，因敕建大清真寺"。墓志所说，是否确实不可知，但唐代长安确有大批大食商人居住，唐朝准在长安建寺是可能的。

祆教(祆，音 xiān) 相传早在公元前六世纪，伊兰西部人琐罗亚斯德创祆教。波斯萨珊王朝(226—641 年)，奉为国教，始大盛行。其教创善恶二元论，以火为善神的代表，俗称拜火教。传入中国后又称火祆教。《魏书·灵太后传》说，灵太后"废诸淫祀，而胡天神不在其列"。说者以为，胡天神即是祆神。如果此说可据，北魏时祆教当已开始传入中国，唐时中亚一带康国、石国、安国、曹国、米国、史国都是祆教的信奉者。祆教也进而传入今新疆境内的于阗、焉耆、疏勒、高昌。西域各族人相继来到长安，祆教随之在长安日益流行。唐朝政府中有萨宝府，即专司祆教的组织。萨宝(回鹘语，原义为队商首领）即是管理祆教的专官。唐高祖武德时，在长安布政坊西南隅建胡祆祠，太宗贞观时在崇化坊立祆寺。据韦述《两京新记》及宋敏求《长安志》，长安醴泉坊、普宁坊、靖恭坊也都有祆教的祠寺。祆教在长安、确曾一度达到极盛的境地。唐武宗反佛，祆教同时被毁，祆僧勒令归俗，从此一蹶不能再起（宋时只有微弱的残余）。

摩尼教 公元三世纪中，波斯人摩尼创摩尼教，立明暗二元论，声称摩尼为明之代表。摩尼教与波斯国教祆教相对立，277 年，摩尼被波斯王巴拉姆一世处死，教徒多逃往中亚及印度。此后即在中亚一带流行。《佛祖统纪》说，武后延载元年（694 年）波斯人拂多诞持《二宗（明与暗）经》来朝。《二宗经》是摩尼教的基本经典，拂多诞当是传摩尼教入长安的第一人。开元七年（719 年），吐火罗国来献一解天文的摩尼教师（慕阇）。大抵此时摩尼教已在长安、洛阳等地传播。开元二十年（732 年），唐朝廷下诏说，摩尼教"诳惑黎元，宜严加禁断"。但"既为西胡师法，其徒自行，不得科罚"。这就是说，禁止汉人奉教，西域诸国人仍得依旧信奉。安史之乱，回鹘兵入洛阳，毗伽可汗在洛阳遇摩尼教师传法，携睿息等四教师回国。《毗伽可汗碑》说，"四僧入国，阐扬二祀，洞彻三际"；"开正教于回鹘"。可汗并自称"摩尼化身"。摩尼教从此自唐朝传入回鹘，又因回鹘助唐平乱有功，得到特殊待遇，摩尼恃势，更加推行于唐地。摩尼僧甚至伴随或充当回鹘的使臣往来于长安。大历三年（768 年），唐朝准许回鹘在长安建摩尼教寺，"赐额大云光明寺"。李肇《国史补》说："回纥常与摩尼议政，故京师为之立寺。"《新唐书 · 回纥传》说："摩尼至京师，岁往来西市，商贾颇与囊橐（勾结）为奸。"想见摩尼教凭借回鹘的政治力量，在长安已有颇大的影响，并且和西域商人结合到一起。长安、洛阳而外，摩尼教也已在南方各商埠流行，故大历六年，又有回鹘请于荆、扬、洪、越等州置大云光明寺的纪事。唐武宗时回鹘破亡，摩尼教失去凭依，会昌三年（843 年），"天下末尼寺并令罢废"，"有司收摩尼书若像烧于道，产赀入之官"。摩尼教依仗回鹘势力，在唐地获得传教权，回鹘既破亡，摩尼教归于衰落，是很自然的。

景教 景教是基督教的一个支派。五世纪时创始于叙利亚人聂思脱里，又称聂思脱里派。此派在东罗马遭到排斥后，即传布于波斯。唐太宗贞观九年(635 年)，波斯景教僧阿罗本来长安。贞观十二年，唐太宗下诏准其传教，在长安义宁坊建寺一所，度僧二十一人。诏书说："波斯僧阿罗本，远将经教，来献上京。"天宝时唐玄宗诏书也称"波斯经教"。大秦"景教"之名，不见于中国史籍，或者即是"波斯经教"的改称。明天启时，盩厔大秦寺(景教寺)出土僧景净撰《大秦景教流行中国碑》(碑石后移至西安)，碑中说，高宗时准于诸州各置景寺。景教寺院原称波斯寺，天宝时改称大秦寺。诏书说："其两京波斯寺，宜改为大秦寺。天下诸府郡置者亦准此。"想见景教的传布，早已不限于长安。据景教碑说，肃宗、代宗时，景教仍然得到唐朝皇帝的支持。武宗灭佛时，随同遭到毁灭性的一击。唐末至两宋，景教不再见于中国。

唐穆宗时舒元舆作《重岩寺碑序》说：摩尼、大秦、火祆"合天下三夷寺，不足当释寺一小邑之数"。三教自西域传来，主要是在居留唐地的西域人中流行，并没有多少唐人信仰它们。这是因为当时佛教盛行，对三教起着抵制的作用。

二 语文与学术

中外交往的加强，促进了对外国语文的研究和介绍。由于僧人往天竺求法和需要翻译佛书，唐代出现了若干梵汉字书。沙门智广留心中天竺与南天竺的方音差异，以为"音虽少殊，文轨斯在"，撰《悉昙字记》，这是唐人撰著的一部梵文字书。义净撰《梵文千字文》(一名《梵唐千字文》)，四字成句，每至第二十一句，必夹五言四句。这是梵汉对照的梵文读本，据义净自序说："若兼悉昙章，读梵本，一两年间即堪翻译。"又有全真撰《梵唐文字》，与义净书大体相同。《隋书·经籍志》著录《婆罗门书》一卷，说"自后汉佛法行于中国，又得西域胡书，能以十四字贯一切音，文省而义广，谓之《婆罗门书》"。

《婆罗门书》今不传，此书是西域人所作，不甚合汉人学梵文之用。义净等人写成学习天竺语文的字书，虽然未必一两年即堪翻译，但译经事业不再是胡僧梵僧所能垄断，多少减去一些译事上的神秘性。

自东汉以来，佛经翻译事业已开始促使学人借鉴梵音以治汉语音。唐代对梵语有进一步的研求，加以吐蕃语文在梵汉语文之间起了桥梁作用，对汉语音韵学有进一步的应用。唐末僧人守温，在《切韵》的基础上，归纳反切，制定汉语三十字母（声母），后经宋人增益（《广韵》增六母），构成三十六母的完整体系。陆法言（《切韵》）孙愐（《唐韵》）建立起汉语韵母系统，守温建立起声母系统，比起南北朝时代的反切来，大大前进了一步，汉语音韵学的基础由此奠定了。南宋郑樵《通志·七音略》说，“七音之韵，起自西域，流入诸夏……华僧从而定之，以三十六为之母，重轻清浊，不失其伦。”守温并不是专门的语言学家，因为他善于运用梵语字母的拼音原理剖析汉语，所以能作出这样的成绩。

外国拼音文字的传来，推动了汉语音韵学的发展，但不曾促使早已定型了的汉文字有所变易，相反，汉文字却伴随唐文化一起传播给相邻的民族。《旧唐书·渤海传》说，渤海“颇有文字及书记”。从现存的渤海人著作，可知渤海通用的文字即是来自唐朝的汉文字。日本在奈良元正朝（唐玄宗以前），一般也只通用汉文。吉备真备随遣唐使来长安，留住十七年，精通汉语文，归国后取汉字偏旁，制成片假名，是为日本有本民族文字之始。平安朝空海自唐回国，又仿汉字草书，制平假名。片假名和平假名一直通用到现在，对日本文化的发展有重大作用。追本溯源，不能不归功于唐代的中日文化交流。汉文字本来是一种烦难不便的文字，它之所以为某些民族所采用，只是因为要吸收汉文化，连载运文化的文字也一起吸收了，这和本民族的语言必然要发生矛盾。历史上有不少统治汉族的少数民族，由于不能克服这个矛盾，日久便与汉族融合为一体。能够自创与本民族语言相结合的文字，就意味着拥有自己的载运工具，从而有可能广泛无碍地吸收有益的文化。所以片假名平假名的创制,对日本文化的发展是一个大贡献。

汉文化以儒学为核心,到唐代已发展到很高的地步。经学和史学传播于域外,具有广泛的影响。

渤海国王大氏,原是高句丽的遗裔。高句丽时代已经传入五经、前四史和《文选》。渤海建国后数遣留学生到长安学习,文王并且派遣使臣来长安抄录《三国志》、《唐礼》、《十六国春秋》诸书归国。新罗国内,中国经史学传布尤广。788 年,新罗设读书出身科,考试书籍订有《左传》、《礼记》、《文选》、《孝经》。博通五经三史诸子百家者并且破格擢用。新罗大批留学生在长安学习,归国后即可卓然自立。大约在唐朝建国前,新罗即开始使用汉字记录本族语言,称为"吏读式"。唐时,薛聪以吏读式译中国经书为新罗语,儒学流传得以更加便利。唐玄宗曾说,"新罗号为君子之国,颇知书记",主要就是指新罗重视中国的经史。

唐代学术对日本的影响最为深远。日本元明天皇时仿长安规制建奈良平城京,亦仿唐制度设大学寮。大学寮设明经科,以孔颖达《五经正义》为教授课本。遣唐留学生学成归国,往往担任经史的讲席,传授弟子。如吉备真备自长安回国后即"亲自传授","令学生四百人习五经、三史、明法、算术、音韵、籀篆等六道"。与真备约略同时的膳大丘,来唐朝"问先圣之遗风,览胶庠之余烈",在长安国子监学经史,归为大学助教及博士,传授儒学。伊豫部家守在光仁朝随遣唐使来长安,习经学及《切韵》、《说文》、《字林》,返日本后,在大学讲授《春秋左氏》、《公羊》、《穀梁》三传。《公羊》、《穀梁》之学由此传入日本。

唐代长安是学术文化中心,也是藏书最富的都城。日本留学生在长安学习。搜集书籍,归国时每每携回大批经史书。吉备真备传来《唐礼》一百三十卷,对日本的政治制度和朝廷礼仪,有重大的影响。《续日本纪》神护景云三年(769 年)十月条记:"大宰府言,此府人物殷繁,天下之一都会也。子弟之徒,学者稍多,而府库但蓄五经,未有三史正本,涉猎之人其道不广。伏乞列代诸史各给一本,传习管内,以兴学业。诏赐《史记》、《汉书》、《后汉书》、《三国志》、《晋书》各一部。”可见中国经史书在日本已广泛流传,不仅京城收集繁富,而且也传播于外府。淳和天皇天长元年(824 年)敕参议滋野贞主等编次古今文书,以类相从,八年成《秘府略》一千卷。《秘府略》是中国传入日本书籍的总集,是一部《艺文类聚》、《北堂书钞》式的大类书。《秘府略》的编成说明唐代类书编纂法给予日本学人的影响,也说明日本收藏的中国书确是十分丰富。

唐代儒学在日本境内传布如此深广,也就不能不影响到统治阶级的政治观。日本文武天皇庆云三年(706 年)三月的诏书说:“夫礼者,天地经义,人伦熔范也。道德仁义因礼乃弘,教训正俗,待礼而成。”四年的诏书又说:“凡为政之道,以礼为先,无礼言乱,言乱失旨。”元正天皇养老五年(721 年)的诏书说:“至公无私,国士之常风,以忠事君,臣子之恒道焉。”孝谦天皇天平胜宝八年(756 年),前代圣武天皇崩,孝谦下诏说:“居丧之礼,臣子犹一,天下之民,谁不行孝。”天平宝字元年(757 年)诏书又说:“古者治民安国,必以孝理,百行之基,莫先于兹。”礼和忠孝都是中国儒学的基本内容。唐代统治阶级用以巩固封建统治的儒学,由此演为日本统治阶级的政治指导思想。

唐朝与西域诸国交往频繁,但宗教势力控制着西域,儒学似不曾广泛流传。至于来长安的西域诸国人,在唐既久,渐染华风,自然要研习学术。唐宣宗大中二年(848 年),大食人李彦升曾应进士试及第。李彦升是汉文化造诣较深的一个。在长安的西域各国人中通晓汉学术者自然不只李彦升一人。

三　文学与艺术

长安是文士艺人最为集中的地区,也是文学艺术活动最为繁盛的都城。因之,这方面的中外文化交流也显得最为活跃而多彩。

唐代文学，特别是诗，有辉煌的发展。来长安的亚洲各国使者往往搜罗名著，携归本国。如白居易的诗远播到日本、新罗等国。贾岛《哭孟郊诗》云："冢近登山道，诗随过海船。"白居易为元稹作墓志铭，说元诗"无胫而走"，流传到域外东南诸国。张鷟的文章也驰名国外，外国使者来长安，每使人抄写而去。外国僧人来长安请益，在搜求经卷的同时，也往往携归唐人的诗文。如日本僧圆仁在《入唐新求圣教目录》中录有在长安求得的《白家诗集》六卷、《杜员外集》二卷、《李张集》一卷、《庄翱集》一卷、《仆郡集》一卷，另有《两京新记》三卷、《诗赠格》一卷。唐人诗文通过各种途径，从长安流入亚洲诸国，对各国文学的发展，起着重大的影响。

日本来长安的留学生，大抵对汉诗文都有一定水平的修养。其中较为卓越的，并能以擅长此道著名于世，如阿部仲麻吕（晁衡）与王维、李白相友善。橘逸势在长安，曾被誉为橘秀才。僧人空海也是撰述诗文的能手。橘逸势、空海回国后，与平安朝之嵯峨天皇号称日本能诗文的"三笔"。日本国内，自皇族以至一般文士，模仿唐诗，蔚然成风。天平胜宝三年（天宝十载，751 年）编成《怀风藻》，收日本作者六十四人的汉诗百二十篇，是日本第一部汉诗集。平安朝嵯峨、淳和天皇时又先后编成《凌云集》《文华秀丽集》《经国集》等三部汉诗集。大抵初唐，即日本近江朝，日本流行的汉诗仍是《文选》体的古诗。《怀风藻》载河岛皇子五言《山斋》诗："尘外年光满，林间物候明。风月澄游席，松桂期交情。"犹是六朝遗意。盛唐时，近体绝句律诗盛行，但仍未能立即改变日本奈良朝的诗风。这不仅是因为学到新事物需要一个过程，而且由于近体诗的平仄韵律，还不容易为日本诗人所熟练。空海自长安回国后，著《文镜秘府论》六卷，依沈约四声八病说及唐人诗说，对唐诗的平仄对偶，作精细的研究。《文镜秘府论》出，近体律诗始在日本流行。长篇七言古诗和乐府长短句也在日本诗作中出现。《经国集》收有平安朝嵯峨天皇拟张志和《渔父词》五首，题为《杂言渔歌》。其一云："寒江春晓片云晴，两岸花飞夜更明。鲈鱼脍，莼菜羹，餐罢酣歌带月行。"嵯峨天皇并命朝臣滋野贞主奉和五首，也载入《经国集》。嵯峨天皇是有素养的诗人，经他的提倡，平安朝出现不少近体诗的名篇，列入唐人诗林，并无愧色。

日本奈良、平安两朝，流行的汉文主要是受了《文选》体的影响。朝廷取进士，仿唐帖经例，规定试帖《文选》。相习成风，文士多在骈俪对偶方面用功夫，现存当时文篇多是这类骈俪文。韩、柳倡导的古文运动似不曾使日本的文风有所变动。不过，应用假名写作的"和文"兴起后，白居易的诗文却有一定的影响。白居易的诗在日本最负盛名，因之白文也成为模仿的对象。醍醐天皇题菅原道真所献家集诗："更有菅家胜白样，从兹抛却匣尘深。"自注说："平生所爱，《白氏文集》七十五卷是也。"村上皇子具平亲王（五代时人）《和高礼部再梦唐故白太保之作》自注说："我朝词人才子，以《白氏文集》为规摹。"所谓以白文为规摹，当即多少扫除骈俪的积习，趋向于平淡清新。时人斥为"意到句不到"，当即指此。此外，唐人传奇小说，如《游仙窟》等，自奈良朝即在日本流行。唐末五代时，日本和文小说多有名作，可与唐人的传奇比美。

新罗设国学，以经史及《文选》取士，不断出现擅长汉文的名家。初唐时，强首即以文章家著名，长安的新罗留学生多登唐科第，长于诗文。金大问自唐回新罗，以汉文著《花郎世记》、《汉山记》、《乐本》。崔致远归国，呈献所著五言七言今体诗一百首一卷，杂诗赋三十首一卷，《桂苑笔耕集》二十卷。《桂苑笔耕集》是一部优秀的文集，并且保存了大量的史事。

唐代昌盛的诗文也传播到渤海。晚唐时渤海人高元裕仕唐，官至吏部尚书，《全唐诗》中曾收有他《赠知贡举陈商》的诗句。刘禹锡《酬杨司业巨源见寄》诗云："渤海归人将集去，梨园弟子请词来。"自唐传入渤海的诗文集想必不少。渤海亡后，无著作留传，具体情形，不能确指。但据日本记载，可知当时去日本的渤海使臣，每与日本文士以诗文相赠答。《文华秀丽集》收有嵯峨天皇时渤海使臣王孝廉及释仁贞诗。王诗《从出云州书情寄两个敕使》一首云："南风海路连归思，北雁长天引旅情。颇有锵锵双凤伴，莫愁多日住边亭。”释仁贞《七日禁中陪宴诗》一首：“入朝贵国惭下客，七日承恩作上宾。更见凤声无妓态，风流变动一国春。”两诗造语工丽，宛然唐人风韵。

与诗文相联系，中国的书法，作为一种独特的艺术，也在唐代传播到域外。欧阳询书曾得到高丽的重视，遣使来求。柳公权书也为来长安的外国使臣所争购。日本留学生和求法僧在长安搜求古今名书，归国时珍重带回。如最澄携归品中有《书法目录》，包括王羲之《十八帖》、《大唐圣教序》、《天后圣教碑》、《开元神武皇帝书法》、《真草千字文》、《欧阳询书法》、《褚遂良集》、《天台佛窟和上书法》等唐代石拓和真迹共十七种。书法在日本和诗文一样地受到文人的重视。现存日本的大量文物表明，自日本天皇以至一般文士中的许多诗文名家，同时也是擅长书法的能手。

音乐和舞蹈是最能影响人心的一个重要的艺术部门。唐代是中国封建时期乐舞最为盛行的时代。长安城中，广泛流行着中国传统的和外域传来的乐舞。

隋炀帝制九部乐，唐太宗统治高昌后，立十部乐，其中只有燕乐、清乐两部是汉族传统的俗乐和清商乐，西凉、龟兹、疏勒、高昌是来自唐朝境内的少数族，其余四部则全是东方和西方的外国乐。

长安城内住有大批的外国音乐家。著名的音乐家如曹国人曹保、曹善才一家，米国人米嘉荣、米和父子，康国人康昆仑、康逎，安国人安叱奴、安辔新，都曾见重于当时。不知名的西域乐人，当然更多。南亚的扶南和骠国，也有乐人来过长安，扶南乐和骠国乐一度在长安流行。域外音乐传入中国，与汉民族的传统音乐互相融合，成为唐朝的音乐，其中燕乐和清乐还流传到日本，又经一番融合，成为日本所说的“雅乐”。

唐代音乐依附舞蹈而流传，许多乐曲即是舞曲。唐太宗命吕才、虞世南、褚亮、魏徵等，依唐朝建国前征伐四方事为内容，演为《秦王破阵舞》(或名《秦王破阵乐》，又称七德舞)。舞者百二十人，披甲执戟，声韵慷慨。白居易《七德舞》诗说："太宗意在陈王业，王业艰难示子孙。"使人观乐舞不忘创业之艰难。舞时擂动大鼓，"声振百里，动荡山谷"，也足以激昂志气，振作精神。大抵太宗时，破阵舞成为最受欢迎最负盛誉的乐舞。其后传入日本，风行一时。奈良朝传写的破阵乐琵琶曲谱，依然保存到现在。玄奘去天竺，戒日王问："听说脂那（中国）有《秦王破阵乐》歌舞，秦王是谁？有什么功德？"玄奘回答说："秦王就是现在的中国皇帝。未登极前封为秦王，仗钺麾戈，肃清海内，所以有这个歌舞。"《破阵舞》东传于日本，西闻于天竺，它的影响就是盛唐国势的影响。

武则天时期，保持着唐朝前期的强盛，但不再制作破阵舞式的战斗乐舞，西域舞在长安进一步流行。《旧唐书·张说传》说："自则天末年季冬为泼寒胡戏，中宗尝御楼以观之。"泼寒胡戏又称乞寒泼胡。大约起源于天竺和康国，经龟兹传入长安（骠国也有此舞，传入时期不详）。舞者骏马胡服，鼓舞跳跃，以水相泼。唐时又称此舞为苏莫遮，因之乐曲也称苏莫遮曲。据慧琳《一切经音义》，苏莫遮帽乃舞者戴假面。苏莫遮舞又自长安传入日本。日本现存乐舞图中仍然保存有戴假面的苏莫遮舞人。

苏莫遮舞，被佛教徒说成是驱除恶鬼，但泼水乞寒可能来源于与农事有关的民间风俗，因之富有活泼的生活气息。据唐人说，舞时旗鼓相当如军阵之势，腾逐喧噪有战争之象，大概也是一种激励人心的歌舞。

另一种戴假面的乐舞拨头，也自西域流传于长安，并且自长安传入日本。《通典》说，"胡人为猛兽所噬，其子求兽杀之，为此舞以象也。"（一说是象征天竺王白马奋战毒蛇）此舞在日本一直流传下来，舞者戴假面，执短桴（音 fú，鼓槌）。拨头与泼胡，当然已不如《秦王破阵》之气象恢宏，但仍然具有鼓舞斗志的作用。

西域乐舞在长安处于压倒中国乐舞的优势，是在开元天宝间。元稹《法曲》诗说：'女为胡妇学胡妆，伎进胡音务胡乐。'"胡音胡骑与胡妆，五十年来竞纷泊。"大抵此时西域乐舞盛行于长安，汉族传统的所谓“雅乐”只供例行的庙堂祭享，不再流行。原来规模浩大的《秦王破阵舞》演为只有四人的小舞。泼寒胡舞也在开元间遭到禁断。起而代之，为贵族士大夫所喜爱的，是西域传来的胡腾、胡旋与柘枝。

胡腾，胡旋和柘枝都由女伎歌舞。开元间，康国、史国、米国俱曾献胡旋女子。白居易新乐府《胡旋女》云：“胡旋女、胡旋女，心应弦，手应鼓。弦鼓一声双袖举，回雪飘飘转蓬舞，左旋右转不知疲，千匝万周无已时。”大抵舞人不断旋转作态，供人娱乐。胡腾舞也是这一类乐舞。李端《胡腾儿》诗描绘舞态说：“扬眉动目踏花毡，红汗交流珠帽偏。醉却东倾又西倒，双靴柔弱满灯前。”刘言史《王武俊宅夜观舞胡腾》诗：“酒阑舞罢丝管绝，木棉花西见残月。”柘枝舞女着窄袖薄罗衫（白居易《柘枝词》“香衫袖窄裁”，张祜诗“金丝蹙雾红衫薄”）故作姿态。刘禹锡《和乐天柘枝》诗说：“鼓催残拍腰身软，汗透罗衣雨点花。”张祜《观杭州柘枝》诗：“舞停歌罢鼓连催，软骨仙娥暂起来。”歌舞将终，舞人并脱去上衣，袒露半身（沈亚之《柘枝舞赋》“俟终歌而薄袒”，薛能《柘枝词》“急破催摇曳，罗衫半脱肩”），回首流波送媚（刘禹锡“曲尽回身去，曾波犹注人”，沈亚之“鹜游思之情香兮，注先波于秾睇”）。很显然，胡旋、胡腾、柘枝之类的西域舞与《秦王破阵》大异其趣，与泼胡、拨头也迥然不同了。天宝乱后，逐渐风行。元稹诗说，“天宝欲末胡欲乱，胡人献女能胡旋。”白居易诗说：“天宝季年时欲变，臣妾人人学圆转。”据说杨贵妃安禄山都能作胡旋舞，以取悦于唐玄宗。所以白诗又说：“禄山胡旋迷君眼，兵过黄河疑未反。贵妃胡旋惑君心，死弃马嵬念更深。”

四　历算与医学

历法与天文，是中国历朝极为重视的学科。隋时，天竺历算书陆续传来，但对中国历法似不曾有显著的影响。唐时，天竺历数家瞿昙罗、迦叶波、鸠摩罗三家来长安，瞿昙一家对唐代历法的改进参预最多。瞿昙罗在高宗时制经纬历,与《麟德历》参行。武后时又奉旨作《光宅历》,未成而罢。玄宗开元时,瞿昙悉达著《开元占经》,并将天竺《九执历》介绍到中国。《九执》,唐人习称九曜,即七曜(日、月、水、金、火、木、土)及假想的星座罗睺和计都。《九执历》译出,并未实行。开元十七年,唐朝颁行僧一行的《大衍历》。天竺历数家瞿昙譔因未能参与制定,心有不服,奏《大衍历》沿袭《九执历》而不完备。玄宗命太史令校对灵台候簿,结果《大衍历》十合七八,《九执历》只有一二,《大衍历》胜利了。一行是佛教徒,而且还是密宗的传法大师,他破除对天竺历数的迷信,依据实测自造《大衍历》,虽然还不能放弃对《周易》的附会,但作为一个僧人,竟敢置天竺历于不顾,确实表现了他的科学家精神。

《大衍历》确立后,随即传播到日本。吉备真备回国携去《大衍历经》和《大衍历立成》。淳仁天皇天平宝字七年(763 年)即废除旧用的《仪凤历》,而采用了《大衍历》。唐高宗时制作的《麟德历》,传于新罗,在新罗行用。

敦煌发现五代历书,日曜日下注有"蜜"字。此类历书直到近代仍在福建某些地区流行。日本十一世纪初的日历上也有过"蜜"的标记。据学者研究,"蜜"是康居语日曜日 mir 的音译。当是唐代随同摩尼教一起传入中国。

中国古代的数学,与天文历数学相联系,在自然科学中是较为发达的一门,并且创造了自己的独立体制。这个体制,自《九章算术》开始创立,到唐代十部算经逐步形成。唐朝和天竺,僧侣来往频繁,在数学方面,也可以看到相互传播的迹象。《大唐内典录》卷五著录翻经学士泾阳刘凭撰《外内傍通比校数法》一卷,自序说书中以佛经中天竺的大数记数法和中国大数记法相比对。慧琳《一切经音义》也对天竺大数记法有所说解。大抵刘凭和慧琳的解说,只是为翻译或研读佛典提供便利,天竺大数记法由于佛经的传播而被介绍到中国,但对中国的数学并无显著的影响。中国数学对天竺的贡献,最早可能是筹算制度促进了天竺位值制的诞生。唐代摩诃吠罗提出计算弓形面积和球体积的方式,据学者研究,明显地是因袭中国的《九章算术》。中国的数学成就也在唐代传入新罗。新罗仿唐制度立国学,设算学科,“以《缀经》、《三开》、《九章》、《六章》教授之”。《三开》、《六章》等中国数学书籍并由新罗传入日本。据日本宽平时(889—897 年)所编《日本国见在书目录》,当时传到日本的还有《周髀算经》和《九章算术》。

自成体系的中国医学,主要是汉族的医学,自战国、东汉发展到唐代,积累起丰富的经验,也陆续出现了一些优秀的著作。中医在唐代传布于新罗、日本等东亚诸国。经过新罗、日本人民的补充和发展,从行用的地区来说中医实际上已成为“东医”。大秦、大食、波斯和天竺的医学,多有相互承袭的共同处,形成另一体系。唐人统称西域医为“胡医”。对天竺极为推崇的义净,在《南海寄归内法传·进药方法》条里说,中国的药物,针灸诊脉的方法,远胜天竺。义净认为天竺的一切(从佛法到生活习惯),都值得学习,独重视中国医学,以为“赡部洲内,无以加也”。看来,东医在当时世界上是独步的。

唐朝设太医署,置医博士、针博士、按摩博士,依国子监办法,招考学生。医科学习《本草》、《甲乙》、《脉经》;针博士教学生经脉孔穴;按摩博士教学生消息导引之法。新罗神文王时,置医学博士,以《本草经》、《甲乙经》、《素问》、《针经》、《脉经》、《明堂经》、《难经》传授学生,制度全仿唐朝。日本奈良朝于大学寮外,专设典药寮。置医博士、针博士、按摩博士,传授诸生。医科习《本草》、《甲乙》、《脉经》;针科习《素问》、《黄帝针经》、《明堂》、《脉决》、《赤神乌针》等经。所定制度基本上与唐朝相同。唐太医署有药园师、药园生,这一制度也传于日本的药学寮。此外,日本遣唐使中又多有医师随行,来中国请益。如精于医术的日本名医菅原梶成,受命入唐留学,以解决医学上的疑难。菅原于承和五年(838 年)随遣唐使来中国,归国后,被命为针博士,后又为“侍医”,对日本医学的发展,影响甚巨。

《隋书·经籍志》著录《龙树菩萨药方》、《西域诸仙所说药方》等天竺医书七种。天竺医在北朝或隋时，当已随同佛教传入中国。唐太宗时，王玄策出使天竺，招来方士那罗迩娑婆寐，他以延年药进奉太宗，太宗吃了药，毒发不治而死。高宗时，从东天竺迎来卢伽逸多，使他求长生不老之药。中天竺僧福生和那提也先后受命往南海诸国访采异药。某些天竺佛教徒来到中国，往往自称年数百岁，中国富贵人信仰佛教，同时也误信天竺真有什么延年药。据义净《南海寄归内法传》说："且如人参、茯苓、当归、远志之流，神州上药，察问西国，咸不见有"；"西方则有足诃黎勒（一种天竺树果，能治痢疾，除风消食）、郁金香、阿魏、龙脑、豆蔻、丁香"。义净认为，只有这几样是唐朝所需要的，其余药物，不足收采。义净亲自审察，所说是可信的。天竺僧所谓延年或长生不老，多是造谣骗人，与中国方士同样妖妄。

唐玄宗天宝时，高仙芝在怛罗斯兵败于大食，随军文士杜环被大食俘获。宝应初，附商贾船回国，著《经行记》。杜环在《经行记》中说：大秦"善医眼及痢"。天竺的眼科医也曾传来中国。唐朝名诗人刘禹锡，曾由来唐的天竺医僧治眼疾，《赠眼科医婆罗门僧诗》云："三秋伤望眼，终日哭途穷，两目今先暗，中年似老翁。看朱渐成碧，羞日不禁风；师有金篦术，如何为发蒙。"去日本的名僧鉴真，在韶州（今广东曲江）时病眼，也请过"胡人"治疗。

本文原载入范文澜著《修订本中国通史简编》
第三编第二册，1965 年 11 月，
收入本书，做了一些修改。

蕃汉并行的辽朝官制

辽朝官制有几个显著的特点：

（一）蕃汉并行，自成系统。辽太祖耶律阿保机建国后，官制简略。辽太宗耶律德光得燕云十六州，逐渐建立统治制度。《辽史·百官志序》说，太宗时"官分南北，以国制治契丹，以汉制待汉人"。国制即契丹制度，汉制即源于唐制的后唐、后晋制度。整个辽朝统治时期，两种来源不同的官制同时并存，各成系统。不仅是契丹族住地实行契丹官制、汉地实行汉制，而且在辽朝中枢也同时存在国制和汉制两套官制。契丹旧俗崇拜太阳，所以皇帝御帐坐西向东，而不像汉族皇帝那样"南面称王"。皇帝面东，左右两厢的官员分立南北，所以叫作北面官和南面官，而不像唐宋官制各分左、右。南北两面中以北为尚。契丹制官员称北面官，汉制官员称南面官。北面官中各种官职也依契丹制各分北、南。南面官仍依汉制分为左、右。

辽朝地方官制也是蕃汉并行，各地不同。契丹族占领周邻各族地区后，多保持原有官制，以适应各地的发展水平，便于统治。最先征服的奚族，仍实行分部统治。朝中设奚王府，给以特殊的待遇。辽太祖灭渤海后建东丹国，继续实行渤海官制，形成特殊的区域。辽太宗得燕云十六州地，也是继续实行后唐的官制。

（二）名实不一，复杂多变。契丹建国前曾长期处在突厥、回纥的控制之下，因而契丹官制中借用了突厥、回纥的许多官名。辽太祖建国后，收降汉人官员帮助制定官制，又采用了汉族王朝的一些官名，但与原义已不相同。南面官制源于唐朝的官名，名实之间，更有很大的差距。所以,《辽史·百官志序》说:"后世沿名,不究其实","国制简朴,汉制则沿名之风固存也。"其实,无论国制和汉制都存在名实不符的现象。如"达干"原为突厥贵族的重要官职,但契丹的石烈(氏族。《辽史·百官志》释"县")官员也可称达干。北面官中的北、南府宰相和唐朝宰相的含义完全不同。南面官沿袭后唐、后晋,但尚书令、中书令等也都不是原来的意义。名实不一的另一种现象是,不同时期往往含义不同。契丹建国前,遥辇氏部落联盟原有迭剌、乙室等八部,部落和氏族石烈依据血缘关系组成。建国以后,地域统治代替了血缘组织的统治,部落和石烈的地域或军事意义便多于血缘意义。《辽史·百官志》把石烈释为县,便是这个缘故。辽圣宗耶律隆绪统治时期,职官制度又多有变革。如:新设的稍瓦部和曷术部,是原来从事养鹰和打铁的奴隶被释放后设置的,旨在确认其部民的地位。这样的部,实际上是一种专业生产组织,但仍按各部落的官制设节度使。边地非契丹族的各族,也依部落官制设节度使。辽朝官制名实不一而又复杂多变,是必须注意的又一特点。

(三)制度疏略,记载错乱。辽朝北面和南面官制名目繁多,实际制度又极为疏略。它既不像唐、宋制度那样繁琐,又不像金、元官制那样自成体系,而只是因俗而治,因事设官,因人设职。但辽代又没有留下记载官制的原始典籍。元人修的《辽史·百官志》只是依据见于纪、传的官名,参考唐制,勉强排比拼凑,以致重复错乱之处甚多。所以,近年出土的辽代墓志中所见的官名,与《辽史·百官志》所载多不一致。由于制度疏略和文献缺略,我们对辽朝官制只能推知一个粗略的轮廓,还不可能有详细具体的了解。

一、北面官制

辽朝依仿突厥官制、参照唐制制订的北面官制,在某些方面仍保留着氏族部落制的痕迹。

皇帝原称可汗,建国后改称天皇帝,是辽朝的最高统治者。皇后原称可敦,后称地皇后,参与军国大事。皇族耶律氏和后族萧氏是世袭贵族，一般都任显要官位。皇帝以下的最高官职是天下兵马大元帅，只能由皇室子弟充任。辽太祖时，弟耶律德光领兵征战，加号天下兵马大元帅，继位称帝。此后加此称号者即意味着将是皇帝的继承人。辽朝有此称号而在皇位争夺中失败者，前有太宗子李胡，后有兴宗子重元。道宗、天祚帝即位前均有此称。天下兵马大元帅成为尊显的称号，并非常设的官职。契丹建国前原设有"于越"一职，在联盟长之下处理政务。建国后仍设此职，位在百官之上，但不实际任事，成为功高年长者的尊号。辽朝授此称号者先后只有三人。

皇帝有自己的侍卫亲军。侍卫官员有侍卫太师、太保、司徒、司空，均由皇族或后族贵戚充任，是辽朝的要职。又有宿卫司，官员有总宿卫事、总知宿卫事、同掌宿卫事等名目。宿直司有详稳、都监、将军等职。宿直官由文武大臣轮番担任，与蒙古的怯薛相似。

契丹建国前的遥辇氏八部联盟，原为乙室部、迭剌部这两个兄弟部落及一些零散的部落氏族成员的结集①。组成八部只是为了符合契丹族的古老传统。辽朝建国后不再拘守传统，而把八部分别编属北府和南府。迭剌部与乌隗部、涅剌部、突吕不部等三个小部属北府。乙室部与品部、楮特部、突举部等三个小部属南府。统辖两府的官员称为北府宰相和南府宰相。北府宰相例由皇族官员充任。南府宰相例由后族充任。圣宗以后，汉人官员地位提高，也可任两府宰相。两府宰相都不是本府所属诸部的成员，平时要居朝中参与国政。皇族耶律氏所从出的迭剌部原是最强大的一部。建国后分为五院、六院两部，以便统治。两部首领分称北院大王和南院大王，是仅次于两府宰相的重要官职。北、南院大王平时居朝中参政，另设知北、南院大王事、太师、太保等官员，分治两部住地的居民。乙室部首领也称大王，镇驻西南境，下设都监、司徒、闸撒狘，分驻山泊

---

① 参看蔡美彪:《契丹的部落组织和国家的产生》,《历史研究》1964 年第 5—6 期。

等地。朝中设有乙室王府。北、南府的其他六个小部分居各地，统属于各节度使。辽太祖时俘降的周邻各族成员，分隶于八部名下，编为新部，也分别属于北、南二府，设节度使统治。

皇族耶律氏的政教事务，由大惕隐司专管。官员称惕隐、知惕隐司事、惕隐都监。后族萧氏二帐（乙室已、拔里，后合为一帐）事务，专设大国舅司掌管，官员有常衮（敞稳）、太师、太保、太尉、司徒、司空等。分居各地的萧氏两部居民，分别由所在地（部）官员统治。

辽朝中枢还设有管理军政、司法和文翰等事务的机构，各有专官。

北枢密院，又称契丹枢密院，管理军事行政事务。辽太祖、太宗时，皇帝直接统率兵马作战，北面官中并未设置枢密院。只是南面官中设枢密院，统领汉人降军。太宗在灭后晋的归途中病死。在辽都上京的太宗子李胡享有继承帝位和统领兵马的合法权力。而耶律阮（太祖孙，耶律倍之子）随太宗南征，归途被群臣拥立为帝，领兵北返，夺得帝位，是为辽世宗。世宗仿汉制，设立枢密院，任命拥戴他的耶律安抟为枢密使，统领契丹兵马，从而合法地取得兵权。因南面官原有枢密院，故称北枢密院。世宗以后，成为常设的军政机构。官员有北院枢密使、知北院枢密使事、知北枢密院事，下设枢密副使、知副使事、同知枢密使事及签书枢密院事等职。北枢密院制是北面官中依仿汉制建立的官制。枢密使权位极重，除军事外也参与国政，并听决狱讼。

夷离毕院，契丹建国前部落中处理纠纷的长老称夷离毕。建国后朝中设夷离毕院掌管刑狱司法。官职有夷离毕、左夷离毕、右夷离毕、知左夷离毕事、知右夷离毕事等。官分左右，显然是受汉族官制的影响。

大林牙院，契丹语称文士为林牙。辽朝中枢有大林牙院，是一个重要机构，主要管理朝廷文书、诏令等事，官员有都林牙、林牙承旨、林牙等职。有的还在官职上加“北面”两字，因为，其职责主要是掌管契丹语文的文书，是北面官中的专职。而汉字文书则由南面官的翰林院管理。

二、南面官制

辽朝的南面官制,没有留下完整的记录。见于《辽史》的汉官职名,大致包括两类内容。一类是辽太祖太宗时,后唐、后晋的官员降辽后,仍保持原来的官称,或依唐制晋升官职,但并不是原来意义的实任官员。另一类是辽太祖以来任用汉人依仿唐制订立的官制,历朝屡有变动。这一类官称虽然也多与原义不符,但它是辽朝实际存在的官制。《辽史·百官志》因资料不足,将以上两类官名不加区别,又依次排比,以致造成错乱。下面是南面朝官中可以确知的几个主要机构的官制。

政事省与中书省,辽太祖曾任用蓟州玉田人韩知古为"总知汉儿司事",管理俘降的汉人事务,后以功加中书令。这只是沿袭唐制而加封的虚衔,当时并无中书省的设置①。《辽史·世宗纪》记载天禄四年(950)建政事省。这大概是辽朝中枢正式建立的南面行政机构,但政事省官制不详。辽承天太后执政时,韩知古孙韩德让得到宠信,为南院枢密使,加封政事令,以后又加封大丞相,兼领北、南院枢密使,总揽军政大权。死后,赠尚书令。圣宗、韩德让执政时,对辽朝制度做过许多改革,汉人官员的政治地位显著加强。政事省的官员,大丞相以下有左丞相、右丞相、参知政事等,均由汉人充任。又有六部,设官任事。大抵圣宗时依仿唐、宋官制对政事省官制,有所改订,以求完备。兴宗重熙十二年(1043)又将政事省改为中书省,但此后不见中书省的长官。历代的政事令、中书令或尚书令都只是封赠的尊称,并非实任的官长。兴宗以后,中书省官员只见知中书省事、中书侍郎、中书省令史、中书舍人等名目,大约只是管理汉人事务的行政机构,其重要性远不能和汉人枢密院相比。辽太宗灭晋后,曾沿后晋门下省制设官。历代有门下平章事、门下侍郎、门

---

① 《辽史·韩知古传》。

下侍郎平章事及侍中、常侍、给事中、起居舍人等名目,但有些也只是虚衔,与唐代的门下省不同。

南枢密院,辽太宗灭后晋,沿旧制任降臣李崧为枢密使,管领汉人兵事。辽世宗设北枢密院后,又以汉人高勋为南院枢密使。汉人枢密院从此改称南枢密院。南院枢密使成为南面官中掌握军政实权的要职。枢密使以下,有知南院枢密使事、南院枢密副使、同知枢密院事、知枢密院副使事及枢密直学士等官称。

翰林院,辽朝沿唐制设翰林院。《辽史·百官志》说它是"掌天子文翰之事",可能只是掌管汉文文书,与北面官大林牙院有所分工。不过,辽朝南面官的翰林院也参予管理汉人事务。如上奏朝廷复决的案件,翰林院官员也可参加审议[①]。翰林院的官员是总知翰林院事,职名有翰林学士、翰林学士承旨、翰林应奉、翰林待诏等。契丹人任职者称为南面林牙。

大理寺,南面官的司法机构。长官有大理卿、提点大理寺。辽圣宗时,又增设少卿、大理正,办理朝廷复决的重大案件。

御史台,辽太宗会同元年(938)始设御史大夫、中丞、侍御等官[②]。圣宗统和元年(983)"敕诸刑辟已结正决遣而有冤者,听诣台诉"[③]。御史台受理已决冤案的上诉,是一种特殊的规定。

三、奚王府与东丹国制

奚王府和东丹国是辽朝征服奚族和渤海后的特殊建置。

契丹族的近邻奚族,原是五个部落的联盟。早在辽朝建国前,即不断遭到契丹的攻掠,被俘奚民成为契丹的奴隶。辽太祖时,奚族五部(遥里、伯德、奥里、梅只、楚里)败降。辽太祖将原为五部奴役的人户释免,另置堕瑰部,因号为六部奚。奚族首领称奚王。朝中设奚王府,与契丹北、南院大王府、乙室王府并列,号为四大王府。

---

① 《辽史·刑法志》。
② 《辽史·太宗纪》。
③ 《辽史·圣宗纪》。

奚五部升为帐。只有堕瑰部仍称部。所以《辽史》说奚王府是六部五帐分。辽太宗时，订立官制。奚王以下，设宰相二员，常衮二员。五部官员有太师、太保，统军有详稳。辽圣宗时，因奥里、梅只、堕瑰三部人少，合为一部称奥里。另设南克、北克二部，以符合六部的传统。奚族败降后诸部衰弱，辽朝加给崇高的官称，并不表示奚官权势的强大。后因奚王和朔奴征讨边部战败，奚六部改属北府统辖。

渤海族原在松花江流域建国，唐玄宗时号为极盛。唐末，国势渐衰。辽太祖灭渤海国后，于其地建东丹国，以长子耶律倍为东丹王。仍沿渤海国旧制设左大相、右大相、左次相、右次相及平章事等官。东丹国自立年号为"甘露"，成为辽朝统治下的特殊区域。原渤海王大諲譔被迁徙到辽都临潢。东丹国相也由契丹人和渤海人并任。辽太宗天显三年(928)把东丹国的渤海人大批迁到东平郡(辽阳)，升东平郡为南京。天显五年，耶律倍被迫逃奔后唐。六年，辽太宗改东丹国为中台省，设于南京。十三年又改南京为东京，府名辽阳。辽太宗死后，耶律倍子世宗继位，又恢复东丹国，以太祖弟安端为东丹国主，称东丹国中台省。官制仍设左、右大相。圣宗时，废中台省。

四、五京州县制

辽太祖在潢水(西拉木伦)之北建国，修建皇都。太宗时号上京，府名临潢(在内蒙古昭盟巴林左旗)。得燕云十六州后，以唐幽州为南京(北京市)、渤海辽阳为东京，是为三京。辽圣宗又在奚王牙帐地建中京城，府名大定(在内蒙古昭盟宁城西)，成为新的皇都。辽兴宗时，升云州为西京，府名大同(山西大同)。于是辽有五京。五京是五座大城，也是五个政治中心。上京地区是契丹故地，中京地区是奚族故地，东京是渤海族住地，南京和西京是原属后唐燕云地区的汉族故地。五京分别设道，但各地情况不同，官制也不一致。

上京和中京地区是契丹族、奚族和其他从事渔猎畜牧民族的住地，实行地区性部族制统治。辽太祖时将旧八部分为九部，又将俘降的各族民户分编八部，共十七部，奚族另编六部。圣宗时将奚六部归属于北府管理，又增设二十八部，共为三十四部。这些所谓的部多已不是原有的氏族部落血缘组织，而是依据地域的划分和军事、生产的需要而组成的基层单位。边地被俘降的各族人被编组为部，但仍保持原有的族名或部名。契丹旧八部首领原称夷离堇，太祖时改称令隐。圣宗增设新部后，共五十一部，一律改称节度使。诸部仍分隶北府和南府统辖，两府宰相由是权位更重。边地诸部军事则归招讨司或统军司管领。

上京道和中京道也设有州县，但其意义与汉地的州县不同。所谓"县"原来只是处置俘掠奴隶的寨堡。历代皇帝把他们掳掠来的汉族、渤海、高丽等从事农业生产民族的俘民，分别置于寨堡建县，驱使他们进行农业和手工业生产。这些俘民为皇帝本人私有，由皇帝宫帐（斡尔朵）统辖，并向各宫帐供奉产品。皇帝死后，宫帐仍存，子孙世袭。上京道的州多建在皇族先世的牧地或居住地，筑有州城。中京道的州，除了有汉族、渤海、高丽俘民外，还聚集着北边靺鞨、女真等族俘民。一般的州也多是不大的城堡，不像上京道的州城那样具有一定的规模。辽朝诸王驸马公主也各有私有州县，处置属于自己的奴隶和俘民，称为头下州县，自派官员管理。东京道沿袭渤海的州县制；南京、西京道沿袭后唐的州县制，与上京、中京地区不同。州有节度、刺史等区别。县有县令、县丞。

原载《中国古代官制讲座》，中华书局，1982 年

辽国的法规

辽国自契丹建国至为蒙古所灭时期的法规。辽国是中国北方契丹族建立的一个王朝，原称契丹国，公元 916 年在今内蒙古昭乌达盟的西拉木伦河流域建国。947 年正式建号大辽。983 年曾改号大契丹国。1066 年以后复号大辽。自 916 年契丹建国至 1218 年被蒙古征服灭亡，习惯上统称为辽。

立法沿革　辽国建国前夕的契丹社会，已出现不成文的"籍没之法"。当部落的氏族成员违犯部落成规，即被免除氏族成员的资格（籍没），罚作奴隶。据传当时曾"穴地为牢"，即已出现了原始的监狱。921 年，辽国建立者辽太祖耶律阿保机（907—927 年在位）诏令臣下"定法律"。据《辽史·刑法志》载，这次制定的法律主要是用以统治契丹人和其他北方民族，对契丹国内的汉人，仍实行汉族传统的律令。926 年，耶律阿保机征服立国已有 200 余年的渤海国，实行封建制度，完全采用汉文化。其后，耶律阿保机的继承者辽太宗耶律德光，接受了晋国（后晋，936—946 年）石敬瑭所献燕云十六州汉人居地。946 年，辽太宗攻下晋都开封，尽占晋国统治下的汉人地区。于是，辽国统治的地区包括契丹、渤海和晋国故地。这三个区域存在着不同的社会经济关系和政治制度，也实行不同的法律：契丹法律主要实行于契丹人住区；渤海和汉人地区继续实行汉法，基本上是唐律的延续。

辽太祖诏定法律，其从侄突吕不受命撰《决狱法》，是辽国最早的一部法典。辽太祖以下历代皇帝陆续有所增补。圣宗（982—

1030 年在位)曾下诏“更定法令”，命朝内外大臣对条制中的遗缺和轻重失中之处，分条奏上，审议增改，对法律作了重大改革。兴宗重熙五年(1036)，诏令耶律庶成修纂辽太祖以来历代法令，参照“古制”即唐朝的法制，编定条制 547 条，称为《新定条制》，在全国诸道颁行，史称《重熙条制》。据《辽史·耶律庶成传》载，兴宗此次修订法令，是因为当时的法令“轻重不伦”，耶律庶成“参酌古今，刊正讹谬”，编成条制，成为辽国的基本法典。道宗咸雍六年(1070)，命耶律苏等修订条制，认为“契丹、汉人风俗不同，国法不可异施”，凡合于汉人“律令”者载入，不合者另行存列。耶律苏等据《重熙条例》547 条，删去两条，修改一条，共存 545 条；增收唐律 173 条，又新创 71 条，共 789 条。称为《咸雍条制》。以后续补两次，又增加 103 条。史称《咸雍条制》“皆分类例”，大约是分类收编犯法治罪的案例，有如现存元代《元典章》的体例。大安五年(1089)，道宗指责新编的条制过于繁杂，是“多作条目，以罔民于罪”，下令复行《重熙条制》。

法的内容 辽国所编的几部法典，都已失传。只能从《辽史》所载犯法治罪的事例和有关纪事中，约略推知辽法的大概内容。

罪名 契丹建国前后，原始的法令主要是对谋叛和盗窃治罪的规定。谋叛是指契丹贵族官员的反叛。至于奴隶的反抗，主人可以随意处死，不在法令规定的范围。盗窃治罪，是在私有制和奴隶制形成后，保护私有财产的措施。犯罪者主要也是氏族成员和平民。辽国建国后，随着统治领域的扩大和统治民族的增多，法令日繁。见于记载的事例，治罪还包括以下一些方面：1. 官员失职：贪赃、执法不公、守卫不严、赴任误期、泄漏宫事、误奏诬陷等。2. 军事违律：临阵退却、军事失备、调发稽误、收容间谍及私藏兵器等。3. 经济：差科赋役违法擅征、贩私盗、与外国贸易走私等。辽制规定，铜钱、铁、书籍以及羊、马等都禁止与他国私相交易，违禁者处以严刑。如持钱 10 贯出南京(今北京市)即处死。4. 刑事和民事：斗殴谋杀、贩卖人口、伪造文书、强奸以及婚姻违法等。辽圣宗时对法律作了重大修改，如主人不得任意杀死奴隶；契丹人与汉人争斗同等治罪；契丹人犯十恶大罪，依汉律治罪。这当是辽国封建制确立后，在契丹人中实行封建统治的反映。

刑名 契丹人原有自己治罪处刑的方法，犯大罪主要是处斩和籍没即罚作奴隶。此外，还有一些独特的刑名：1. 投崖。贵族为叛，命自投崖而死。2. 生瘗。即活埋，是处置反叛者的重法。3. 射鬼箭。即对犯死罪的罪犯，用乱箭射死。4. 木剑大棒。木剑面平背隆，辽太宗时大臣犯罪不致死，以木剑击背。5. 铁骨朵。以熟铁打作八片虚合，用三尺长的柳木作柄，盗窃走私等罪，用铁骨朵拷打五至七下。6. 沙袋。用熟皮合缝，盛沙半升，加以木柄。犯罪者用沙袋击打，不得过五百下。7. 鞭烙。审议罪犯时的酷刑。烙三十者鞭三百，烙五十者鞭五百。辽圣宗时参据汉法制刑，正式采用汉人的刑名。兴宗时编入《重熙条制》，刑分死、流、杖、徒四种。死刑有绞、斩、凌迟。流刑指流放边城至于境外。杖刑仍保留沙袋、木剑、铁骨朵等刑。徒刑分为终身、五年、一年半三等。辽国末年天祚帝（1101—1125 年在位）时，因四方人民纷纷起义反抗，又恢复了投崖等死刑。

贵族官员特权 辽国虽有法律条例，但重大罪案的处治，往往依皇帝的意志论决重轻。辽国最残暴的皇帝穆宗，任意对臣下施刑，不受法令的约束。辽圣宗依汉律改革辽法，也有“八议、八纵”的规定。“八议”即议亲、议故、议贤、议能、议功、议贵、议勤、议宾。贵族官员犯法，如能符合一议，即可减免罪刑。这是明确地规定贵族官员拥有特权为合法，以维护封建等级的统治。辽国也有赎罪之法。品官公事误犯以及年七十以上、十五以下犯罪者可出钱赎罪。

影响 辽国的法规对后来的金国有重要影响。金国在北方承袭辽、宋的统治，不能不袭用辽、宋法规以与金国女真族的法令相结合。《金史·刑法志》说，金太宗“虽承太祖无变旧风之训，亦稍用辽、宋法”，天会七年（1129）诏令盗窃罪分别处徒刑三年、五年或终身，即是沿袭辽律而稍有改变。

原载《中国大百科全书》法学卷，1984 年

略谈宋元时期农民地位的演变

今天要谈的这个题目，主要是指宋元时期的汉族农民状况，包括宋辽夏金元统治下的汉族农民，但不包括非汉族的各兄弟民族的农民，因为各民族各有自己的特点，需要另作专门的考察。

从960年宋朝建国到1368年元朝灭亡，这四百多年间各个地区汉族农民的状况一再发生了重大的变动，经历了曲折的发展过程。这个过程可以分为三个阶段。第一是宋辽统治时期，第二是金朝与南宋统治时期，第三是元朝统治时期。

一　宋辽统治时期

宋朝自960年在开封建国，到1127年南迁江南，中经167年，史称北宋。北宋和辽、夏分别统治中国的局部地区，三朝分立，远不能和前代的唐朝和后代的元朝的大一统局面相比。但是，宋朝的建立在中国历史上有重要的意义，因为汉族的社会经济形态和农民的地位都由此发生了新变动，历史的发展进入了一个新阶段。

关于中国封建社会的历史分期，学术界历来有不同的学术主张。封建社会建立的时期有西周、东周、战国、秦、魏晋等等不同的说法。封建社会的历史阶段划分，也有不同的意见。有人以隋朝的建立为界，划分为上行和下行两大阶段，有人以隋唐宋元为一阶段，明清为下一阶段。也有人主张在唐宋之间划分阶段。我个人认为、把宋元时期划分为一个历史阶段，是可以的。因为唐朝初年，沿袭前代的均田制,即国有土地的授田制。中唐以来,贵族地主兼并庄田,私租给佃客或浮客的现象已在发展,但还没有成为占统治地位的普遍的形态。贵族官员依品级高低受永业田的制度也并未废止,唐朝末年规模浩大的农民战争扫荡了土地占有的旧制度,宋朝建立后,土地占有制度和剥削方式,才普遍采取了新形态。

宋代土地占有制的最大变化,是废除了贵族官员按品级受永业田的田制,官员和地主,不论有无官职或官职高低,占有田地都只能通过买卖。永业田的占有数依品级不同各有规定。购买田地,不论身份,占有数额也不再有限制。有能力购买便可无限扩大。

地主官员无限止地购置田地,不可能再像前代贵族那样,依靠私有的农奴、部曲、徒附等去耕作,而不能不采用业已通行的租佃制,把田地出租给佃客,收取实物地租。这一简便可行的出租方式的推广,遂使租佃制成为宋代普遍采用的剥削方式。

土地占有制和剥削方式的这些变动,带来农民身份地位的变化。最主要的是以下三点。

(一)佃客承租地主的田地耕作,依照议定分成交纳收获的实物作为地租。一般在五成以上。佃客对田主依议交租已不同于前代农奴或农民的人身依附关系,而是一种契约关系。佃客有权选择承租的田地,也有权退佃另租。虽然事实上佃客备受压榨田主多方控制,退佃转移仍然十分困难,但从制度上说,佃客毕竟是获得了一些自主的权利。

(二)土地占有以买卖为基础,农民积蓄收获所得,也有权购置田产,成为田地的主人。农民拥有占有田地和买卖田地的权利,这和前代世世依附主人的农民或农奴,判然有别。

(三)有地和无地的农民都不再是贵族地主的"私属",而被编入户籍,成为国家的"编户"。他们因而要向国家交纳身丁税和服徭役,但由此也获得了平民的身份和权利。宋朝的编户制度是依据土地和资产的占有分为主户与客户两类。主户中又依土地与资产的多少划分五等,上三等户,习称"上户",是大小不等的地主。四、五等主户，习称"下户"，是只有少量田地的自耕农或半自耕农。客户则是全无田地，以租种地主土地为生的佃客。依据史料纪录的宋真宗、仁宗时的户口统计，全国户口约三分之二是农民，其中下户与客户各占一半左右。宋代实行科举取士，具有编户身份的农民也可取得参加考试的资格。"朝为田舍郎，暮登天子堂"，当然只是个别现象，但与前朝的门阀士族世袭也全然不同了。

宋代农民地位的这些变动，虽然还不能不受到许多制约，但从总体上说，应当看作是历史的进步。

与北宋并立的辽朝，统治着今河北、山西、东北和内蒙古东部的广大地区。由于历史背景的不同，形成为社会经济制度互不相同的三大区域。一、以辽上京（内蒙古巴林左旗）为中心的契丹本土地区，二、以辽南京（幽州，今北京市）为中心的燕云十六州地区；三、以东京（辽宁辽阳）为中心的原渤海国统治地区。

上京地区契丹族本土原来以渔猎畜牧为业，只有些粗放的农业。连年南下作战，从山西、河北、河南等地俘掠了大批的汉族农民，作为役使的奴隶。由于这些被俘奴隶不断反抗逃亡，辽太祖采纳汉臣的建议，为他们建立城寨居住，仍然从事农耕。皇帝皇后各有自己私属的寨堡，贵族官员也封授私属的寨堡，称为头下州县，多以被俘奴隶的旧居命名。如以檀州俘奴建檀州。三河县俘奴建三河县，密云县民建密云县。称为头下州县，即诸头领属下的州县，其实只是役使俘掠奴隶的寨堡。辽圣宗时改行税制，头下俘户"输租于官，纳课于主"，仍是隶属于头下贵族主人的农奴。

辽朝以南京为中心的汉族住地，唐中叶以来即是藩镇割据之地，连年争战，社会经济的发展处于迟滞状态。大体上仍保留着唐初的旧制。晋石敬瑭割让燕云十六州给契丹后，辽朝在这一地区仍依原有的旧制进行统治，不见有重大的改变。《辽史·圣宗纪》云见"燕乐密二县荒地，许民耕种，免赋役十年"，"赐南京统军使贫户耕牛"及许耕荒地免租赋，"田园荒废者，则给牛、种以助之"等记载。大体上仍是土地归国家所有，农民耕田纳税，官府可贷给耕牛、种子，与唐代旧制相似。《辽史·食货志》称边地屯田，“力耕公田，不输税赋”，属于服劳役性质。“或治（在官）闲田或治私田，则计亩出粟，以赋公上。”又见“诏山前后未纳税户，并于密云、燕乐两县占田置业入税”。辽史编者称此为“私田”，但仍似国家授田纳税，非私人购买。辽代南京地区当然并不排除可能出现地主的废田和浮客，但未见明确的记载。

以东京为中心的原渤海国地区，原实行唐朝制度。辽太祖灭渤海，俘掠大批渤海人至契丹本土，成为皇族奴隶，也设置头下州县，为贵族私属。又有些汉民被迁移到渤海地区杂居。太宗以后治渤海“一依汉法”（《辽史·刑法志》）。

宋朝建立之初，党项族在西北地区建立了夏国，“东尽黄河，西界玉门、南接萧关、北控大漠”，包括夏、宥、银、会、绥、静，灵、监、胜、威、定、永和甘、凉、瓜、沙、肃等州，即今宁夏、内蒙古西部。陕西北部和甘肃地区。夏国占领这些地区的过程中，各地庞大的汉族农民多被俘掠为奴。夏国土地国有，贵族向国家领受田地。夏国初建时期，汉族农民多沦为西夏贵族役使耕作服役的奴隶。

综上分析，自唐朝灭亡，辽朝建国至北宋南迁约二百多年间，分布在各个地区的汉族农民的地位，先后出现了不同形态的新变动。一、宋朝统治地区，土地私有，自由买卖，租佃成为主要的剥削方式，广大农民摆脱了依附地位，成为具有编户身份的小自耕农和佃农。二、辽朝统治的南京和东京地区，土地归朝廷所有，农民耕种朝廷或贵族的田地，以劳役或实物的形式交纳租税，具有较多的依附性，基本上仍保持唐代的状况。三、辽朝被俘掠到上京地区的汉族农民，原曾沦为朝廷皇室和贵族“头下”的奴隶，其后转变为头下主私属的农奴。四、夏国统治下的汉族农民，在北宋这段时期里基本上处于奴隶地位。

这些情况说明，不同地区的汉族农民经历了不同的遭遇，农民地位或升或降，有进有退，分别向着各自的方向演变。

二　金朝与南宋统治时期

1115 年金朝建国，灭辽侵宋。1127 年宋朝南迁临安，建立南宋，1279 年亡于元朝。自金朝建国至南宋灭亡这一时期里，汉族农民状况又发生了较大的变动。1141 年宋金和议后，淮水以北夏国以东的广大地区都处于金国统治之下。南宋朝廷只占有淮水以南、成都以东的江南地区，并且向金朝称臣，成为名义上的属国。从人口分布看，依据 1190 年（光宗绍熙元年）的统计，南宋有人口 2850 万。此前三年 1187 年金朝的统计，有人口 4470 万。所以，这一时期汉族农民的绝大多数是处在金国的统治之下。

女真族贵族建立的金国，原来实行奴隶制度。土地归国家所有、依据奴隶占有的多少授予多少不等的田地。原属辽朝的燕云地区和原属北宋的淮北地区，在占领的初期仍保持原来的社会经济制度。海陵王南迁后，大批女真人自松花江流域的本土（内地）南下，与汉民杂居。世宗、章宗时期，封建制的租佃关系又得到发展。

在这一历史发展过程中，广大汉族农民的地位不能不随之一再变动。不同地区来历不同的农民拥有不同的地位与身份。概括说来，主要有以下几类。

（一）贵族奴隶　金初定制、占有耕牛一具（三头）民口（平民和奴隶）二十五，受田四顷另四亩，贵族受田限四十具。女真贵族不是凭依占有土地的多少去剥削农民和奴隶，而是依据占有奴隶和牲畜的多少来确立对土地的占有，因而对外作战，俘掠奴隶就成为扩大土地占有和积累财富的手段。灭辽侵宋，连年作战，直抵江南，每次作战都要掳掠大批汉族农民，带回本土作奴隶。金世宗倡行封建制，曾放免辽代头下户为平民，但据京都宗室将军司 1183 年的统计，女真贵族平均每户仍占有奴隶 169 人。这些奴隶主要是历年俘掠的汉族农民。

（二）猛安谋克户的佃农　猛安谋克户是基于女真部落氏族组

织的军事编制。金初计口授田,作战获胜也可占有奴隶向国家受田。金熙宗时,女真猛安谋克户陆续南迁到燕山以南淮河以北的汉人地区。海陵王迁都后,继续推行这一政策,杂居汉地。据1183年统计,猛安谋克户有615,624,占有奴婢134596.7。猛安谋克户在对外战争停息后,日益惰化,不事耕作。多将奴隶出卖,领受的田地则出租给汉人农民耕作,以取地租。这种现象,日益发展,不能禁止。租种猛安谋克户田地的农民不同于承租地主私田的佃客,因为田地属国家所有,违制出租。但租佃的农民与出租的田主并不存在依附关系。

(三)官田佃户 金初实行土地国有的授田制,在辽宋旧地,则仍然保持原有的土地占有制度,并禁止在降区俘掠奴隶。海陵王迁都后,把燕云地区原属辽国的官地、荒地,无主田地及戍兵占地都括为官田。这些官田不再按田制计口授田,而是出租给民户耕作收取地租。有些官员豪民由此向官府承租大量官田,再转佃给农民,从中取利。直接或间接租佃官田的农民,受到官府的直接控制,但身分仍是租佃的佃户。

(四)私田佃客 燕云以南淮水以北原属北宋地区,继续实行土地买卖和租佃制。汉人地主买田置园,屡见记载。汉人官员赵秉文自记,在家乡磁州滏阳置归愚庄、闲闲堂,又置园三十亩有奇,与故翰林学士王子立的成趣园相邻,自题为遂初园。尚书右丞侯挚领东平行省事,在浪溪买田百亩。许昌任子山,自称"名不隶于仕版、身不涉于行伍",置第山水间,自题适安堂(具见《滏水集》)。河北献州乐寿梁君在城东"买田治园,为闲散计"(见《金文最》卷三十)。居官和不居官的地主,都可购置田园自营物业。海陵王迁都后,大批女真贵族南迁,不再顾及国家受田"限四十具"的旧制,购买或恃势强占民田、无限扩大,成为田连阡陌的大地主。汉族地主也多方兼并民田,成为雄踞乡里的富家。女真族与汉族地主占有大量良田,出租给汉族农民,收取地租。

这些农民遂成为租种私田的佃客。

（五）自耕农 自耕农占有小块土地，主要靠劳动所得购买田土或开垦无主荒田。金初和金末的战乱中，有大量田地被弃置，经过开垦，为农民所有。自耕农所占有的田地如被女真族、汉族地主兼并或被官府拘括，自耕农便沦为佃客，或农奴。

据上分析，金朝前期，随着奴隶制的发展，大批汉族农民沦为奴隶。金朝后期，由于租佃关系的发展，汉族农民又陆续成为佃客。这两个方面构成为金朝汉族农民地位演变的基本趋势。

南宋统治的江南地区，仍然实行土地私有自由买卖的土地占有制和以租佃为主的剥削方式。宋朝南迁，大批皇室贵族官僚地主随之避乱南下。他们凭借占有的财富，购置田地。土地兼并的扩大成为南宋社会的突出问题。北宋仁宗时，官员占田限三十顷。南宋初年，江南的地主官僚私有田地可多达几十亩。秦桧一党的张俊即有田六七十万亩。理宗时豪富占田连亘数路，可至百万亩。大地主兼并土地的另一面是大批自耕农失去田地、沦为佃客。

南宋的佃客数量日益增多，地位却不断下降。江南各路情况有所不同，先后出现如下的一些现象。

（一）随田佃客 佃客租种田地交租，原属契约关系，地主却利用契券，剥夺佃客自由租佃的权利，写明佃客姓名，租田后不准“起移”。地主买卖田地，原来租种的佃客也要随田转移承租，不得退佃。

（二）随主佃客 佃客租种田主土地后，永远跟随主人服役。既使田主失去土地，佃客也不得离主而去。有的地主还把佃客当作个人财产赠送给别人，视同私属。

（三）典卖 南宋末年，有的地方的地主甚至公然将租种田地的佃客，作为私产，“计其口数，或典或卖”，写入契约。佃客不仅失去租佃的自由，甚至也失去独立的身份，有如农奴。

（四）佃仆 大地主凭借对田地的占有，多方压榨佃客，有些佃客除交租外，还要承担地主家内或庄田的各种繁重的劳役。有的地方称之为佃仆。沦为佃仆后，子孙要世代为仆，妻女婚嫁也要受到田主的干预。

南宋统治地区，由于大地主无限制地兼并田地，大批自耕农失去土地沦为佃客，各地佃客的地位则以不同的形态不断下降。有的地区甚至向着依附民或农奴的方向逆转。

西夏统治地区的农民，这一时期也发生了重大的变动。夏国在仁农仁孝统治的半个世纪里（1140—1193 年）陆续建立新法，放免部分奴隶。实行土地自由买卖。汉族农民开垦荒田，归开垦者及其族人永远占有并有权出卖。农民地位的改善显示着夏国历史的进步。

总起来看，从金朝建国到南宋灭亡这一百五十多年间汉族农民的地位，是朝着两个相反的方向演变。一方面是随着金朝的建国，北起松花江南至长江流域的广大汉族农民被俘掠到北方做奴隶，直到金朝末年女真贵族占有的奴隶仍有相当多的数量。另一个方面是，金朝和西夏统治的汉族居住地区，先后实行土地私有和买卖的占有制，因而占有小块土地的自耕农民租种地主田地的佃客构成为汉族农民的主要成分。南宋统治的江南地区，则随着大地主兼并田地，自耕农日益减少，佃客数量增多而地位下降。这一时期，金夏统治区与南宋统治区的经济状况与农民地位，仍有很大的差异，但作为社会经济制度的土地私有制与租佃制，则在各地区日益普遍的推行，并且逐渐趋于一致了。

三 蒙古及元朝统治时期

蒙古成吉思汗 1206 年在漠北建蒙古国，由此到 1260 年元世祖忽必烈即位，1271 年建号大元，中间超过了半个世纪之久。成吉思汗攻打金、夏，大批汉族农民再次被俘掠做奴隶。太宗窝阔台在原属金朝的汉地实行赋税制，不再掳掠，但尚未能建立起完备的统治体制。金末以来，一些汉族大地主建立武装，据地自保，成为称雄一方的豪强。当地农民多沦为豪强的部曲（脚寨），近似农奴。豪强投降蒙元后，仍然各霸一方，被称为“世侯”。元世祖削弱汉人世侯，原属金国的汉地仍然实行原有的经济制度。元朝灭宋后,统治政策又有进一步的发展。江南各地社会经济制度基本上保持原状,没有多少改变。

从蒙古建国到元朝灭亡这一段时期里关于汉族农民地位的演变,可以注意以下几个特点。

(一)驱奴 成吉思汗的法令规定,军前俘获人口,可作为私有奴隶。金朝亡后,窝阔台曾下令,军前掳到人口,在家住坐者为驱口,在外住坐者随处附籍为民。但对外作战俘掠奴隶,仍是传统的制度,元世祖时阿里海牙在湖广一带对南宋作战,即俘掠三千八百户为奴。元朝建国后,法律规定了驱奴(驱口)与良民的不同的身份地位。奴隶像财产牲畜一样,属于主人所有,听凭主人处置,可以买卖甚至专杀。驱奴逃亡,称为"阑遗",可由官府拘收。占有奴隶受到国家法律保护,不只是蒙古贵族,北方和江南的汉族地主也大批占有驱奴。《元史》刘敏传说太祖时"燕京路豪民冒籍良民为奴者众"。元初由西河南等地的权势豪强也拘掠良民为奴。江南地区佃客身份原已下降,南宋亡后,买卖奴隶的现象日益发展。仁宗时监察御史廉访司言:"中原江南州郡,近年以来良家子女假以乞养过房为名,恃有通例,公然展转贩卖,致使往往陷为驱奴。"(《元典章》刑部十九)良民陷为驱奴可由多种途径。除被俘掠外,还可由于偿债、卖身、典卖、被诱骗、犯罪籍没以及权豪恃势强占等等。蒙汉贵族地主通过各种途径占有和役使驱奴,成为漠北至江南普遍存在的现象。色目商人致富,也可买卖役使驱奴。全国各地的汉族农民,都有大批人沦为驱奴,是元代社会的显见的特点。

(二)投下农户 元代的投下一词,源于辽代,但和辽代的头下或投下州县不同。辽代汉语头下一词原义大概就是指头领治下或属下,并无深义。如前而说过的,辽朝贵族把汉地和渤海的农民俘掠到契丹本土做奴隶,分赐给诸王贵族建立奴隶团集的寨堡,并沿用这些奴隶原籍州县的名称,建立"头下州县"。元代并没有过这种州县制,汉文投下一词是译自蒙古语的爱马 ajimag。此词原指蒙古诸部落氏族各支系的成员，汉文译语又作各枝儿、各枝儿头目、头项、耆老，音译爱马。按照蒙古传统，作战胜利，各枝儿都要分得一份战利品“份子”，蒙语称忽必。依据不同的情况，这忽必可能是分得属部（兀鲁思）、属军、属民或属地。对于这些领属物，汉语中并无相应的现成词汇，所以沿用了具有分封意义的投下，在汉文公文中习用。蒙古语的 ajimag 因而也被译作投下，但公文中为免误解，有时仍译各枝儿或音译爱马。爱马分封的属部属军，主要是非汉族的部众。分封的属地遍及汉地的北方和江南各地，汉族农民一般是属地的民户。金朝亡后窝阔台将中原州县七十余万民户分封给诸王贵族及功臣。1236 年太宗窝阔台颁布二五户丝制，诸王贵族分封的属地，派达鲁花赤监临，由朝廷统一收税。二户出丝一斤交朝廷，五户出丝一斤交封地的主人。元世祖以后略有调整，基本上仍然沿袭了这一制度。江南以钞纳税，故称钞户。由此可见，汉地民户的所谓投下分封，如果暂置军政等其他方面不论，从经济方面说，它主要只是元朝廷与分封诸王贵族关于民户赋税的分配，与汉人旧制封赐食邑若干户近似。投下封地的汉族农户是纳税的民户而并非封君的私属。在遍及南北的投下所属州县里，基层农村仍是实行原有的土地私有制和租佃制。自耕农与佃客仍是投下封地农民的基本成分。

蒙古爱马各枝儿分得忽必，起源于宗室诸王支系。外戚、驸马以至有功的勋臣也各有属部属地属民等封赏，蒙古语称为莎余儿合勒（soyurgal，赏赐）。诸投下的宗王贵戚功臣又可因俘掠或赏赐而占有大量的奴隶。汉族驱奴或因不能从事畜牧和手工业劳役，仍被放回农田耕作，称为“种田户”，地位近似贵族私属的农奴。这是为数不多的具有特殊身份的农奴。他们来源于投下封君私有的奴隶，并不是投下分地的民户。

（三）自耕农　前面谈到，金朝和南宋的自耕农，由于地主豪强的兼并土地陷于破产。自耕农的数量日益减少。元朝建国后，这一趋势仍在继续发展。蒙古原无授田制度，建国后依仿宋金旧制拘括大量田地作为“官田”，用于赐田、职田、学田和军民屯田。民间所有田地，特别是经农民开垦的荒田，多被官府强占。北方和江南的蒙汉富豪地主兼并自耕农的田地，越演越烈。一般说来，江南的自耕农要少于北方，以致官员们认为“蛮子百姓每”，“富户每有田地，其余他百姓每无田地，种着富户每的田地”(《元典章》圣政二减私租)。佃客成为江南农民的主要成分。

(四)南北差异 元朝建国后，由于北方与南方分别处在金宋统治之下历史条件不同，也由于蒙元占领北方汉地逐步建立制度，江南则一依南宋旧制，因而北方与南方汉族农民的地位与相关制度都存在若干差异。主要是：1. 南北税制不同。蒙古国初期以作战俘掠为事，窝阔台始定税制，有地税、丁税两种。地税沿袭金制，以土地占有量和牛具古有数征税。丁税每丁每年纳粟一石。元朝建国后定制“丁税少而地税多者纳地税，地税少而丁税多者纳丁税”。地税每亩三升，丁税每丁三石，相当亩税的十倍。北方自耕农多已失去耕地，按丁纳重税，显然是沉重的负担。此外，还有丝料、包银等科差，都是按户交纳。江南地区仍依南宋制度，实行以土地占有为基础的夏秋两税制。秋税依亩纳粮，各地区依土地等级确定不同的税额，一般都在每亩四升以上，高于北方。夏税交纳布帛等实物或折价交钞，数额各地不同。江南佃户众多，普遍实行定额租制。地主通过收取地租，将地税转嫁给佃客。2. 北方农民多沦为驱奴，南方农民多沦为佃客。南宋时期，江南佃客的地位已下降到接近于农奴。元朝统治时期，随着土地兼并的加剧和驱奴制的合法存在。佃客的地位在继续下降。江南地主不但可以随意收取重租，而且多方役使佃客以及他们的家属。《元典章》收录至元十九年山南湖北道按察司的一件公文说：“主家科派，其害甚于官司差发。若地客生男，便供奴役，若有女子，便为婢使，或为妻妾。”峡州路的公文说当地典卖佃客“与买卖驱口无异”。元朝法律规定：“诸故杀无罪奴婢杖八十七”，“诸地主殴死佃客者杖一百七，征烧埋银五十两”。地主打死佃客不须偿命，只是比杀死奴婢受较多的杖罚。佃客与地主的关系已不再是自愿的契约关系，佃客名为良民，其实已接近于驱奴了。3. 元代蒙古、色目、汉人、南人享有不同的待遇，这大约在成宗初年即已形成定制。这不仅适用于科举取士、官员任用等上层的政治活动，也适用于各族居民的犯法治罪及一般社会活动。北方农民被称为“汉儿百姓”，南方农民称为“蛮子百姓”。蛮子佃客在汉族农民中也是处于最低下的地位。

据上分析，元代以佃客为主体的江南农民，不仅失去了私有的土地，也逐渐失去了平民的独立地位，被束缚在地主的田地上，仍受地主的压榨，官府的压迫，在政治上法律上也处在最为低下的群体地位。元末农民起义之所以在江南发展起来，正是基于这样的历史背景。

四　小　结

前面讲的是宋元时期汉族农民地位演变的一个大略的轮廓，有关的许多具体情况都没有做过细的分析，可以说是非常粗线条的鸟瞰。从这个大略的轮廓中，可以得到以下几点启示。

第一，历史的发展不是直线的而是曲折迂回的。以宋朝的建立为标志，宋朝统治区内的汉族农民摆脱了历史上长期形成的依附关系，占有小块土地的自耕农和依据契约租种地主田地的佃农，构成汉族农民的基本形态，在法律上也成为国家的编户齐民。这是汉族农民史也是社会经济史的一个划时代的发展。但是，与此同时，辽夏统治区内的大批汉族农民却沦入奴隶地位。燕云地区也还继续保留着唐代的依附农民的旧制。金朝的建立，辽和北宋统治下的大批汉族农民再次沦为奴隶。经过一段历史发展的行程，封建的租佃制才又在金朝境内广泛发展。与此同时，夏国的奴隶制逐渐解体，汉族奴隶被放免，成为耕种国家土地交纳地租的农民，取得平民的地位。随着蒙元的建国，辽、夏、宋统治区的大批汉族农民第三次沦为奴隶。蒙古和汉族贵族地主广泛役使驱奴，成为元代社会的一个特征。由于蒙汉贵族地主的不断兼并土地，汉族自耕农的数量大为减少。佃农的地位下降到接近农奴或驱奴。宋元时期农民地位演变的过程表明：土地私有和租佃关系作为历史上的新制度出现后，并非一帆风顺地向前发展，而是经历了曲折、坎坷的道路。农民的地位与身份也并非简单地上升或下降，而是经历反复迂回，进一步退两步再进一步。历史显现为螺旋式的发展。

元朝亡后建立的明朝，也是在经历了一段历史行程后，土地私有和租佃关系才又成为农村经济的主要的和普遍的形态，带动着工商业的繁荣。晚明社会出现某些与宋代社会近似的现象。这并非历史的重演而是在更高的历史基础上进入一个新阶段。

第二，历史的发展，不同地区不是同步前进，而是存在很大的差别。中国自古便是幅员辽阔的大国，各个地区的自然环境与地理条件互有差异，影响着社会经济的发展。除此而外，研究历史还需注意到各个地区社会状况、历史条件的异同。唐朝建都长安，地处西北，财赋却仰给于东南，藩镇割据于河北。辽夏宋三朝并立，三个统治区的状况各不相同。辽朝境内上京、中京地区与南京、东京地区也有很大的差异。金朝建国之初，实行奴隶占有制和计口授田制，与南宋的社会制度完全不同。金朝统治区内的上京地区、燕云地区和淮北地区，也由于历史条件不同，社会经济制度互不相同又互相影响。元朝建国后，汉人与南人形成地位不同的群体，北方与江南实行不同的税制，都并非出于偶然、而是历史发展的结果。汉族农民广泛分布于南北各地，考察农民地位的演变，既要注意各地区的特点，又要统揽全局，避免以偏概全，才能鸟瞰历史发展的总体。

第三，汉族历史的发展，不是孤立的，而是和非汉族的历史发展紧密联系在一起。自秦朝统一至清朝灭亡的二千多年间，汉族王朝的统治与建立在汉人地区的非汉族王朝的统治，大约各有一千年左右。非汉族的各少数民族原来分别从事渔猎、农耕、畜牧或游牧。当他们脱离原始状态后，便各自建立起适合于自己的生产方式的不同于汉族的社会经济制度。占领汉地，强制推行这些制度，不能不和汉地原有的制度发生冲突。汉地的封建经济的正常发展也因而受到某些阻遏。一般说来，只是在经历一段历史行程后，才又恢复适应于汉地经济发展的原制度。汉族社会的发展重又回到自己的轨道。这次谈到的辽夏金元的统治，以不同的形态经历了这样的过程。汉族农民的地位也因而由升而降又由降而升，经历了反复的变动。秦汉以来两千多年间，一次又一次地出现大小不等的迂回，显现出一个又一个螺旋式的形态。中国封建社会因而延续了漫长的时期，换来的历史成果是各民族的内在凝结和多民族统一国家的形成与发展。

1996 年 12 月南开大学历史系彭炳进教学学术讲座

原载《中国历史上的农民》论文集，台北，1998 年

读张煌言《上延平王书》

郑成功与张煌言同是清初坚持抗清斗争的杰出领袖和民族英雄。他们联合进军长江曾经震动了整个东南沿海，显示了汉族人民反抗民族压迫的坚强意志，在历史上谱写了光辉的篇章。在他们联合抗清的过程中，彼此间也曾有过几次意见歧互，特别是 1661 年郑成功进军台湾驱逐荷兰殖民者，张煌言曾经一再劝阻，并多所指责。1661 年冬张煌言写给郑成功的长信《上延平王书》，系统和坦率地表述了他的政治观点。史家对此曾有过不同的说解。下面是我读此信后的几点粗浅的认识，请加指正。

一、首先应当指出的是，张煌言的这封长信，和他的其他作品一样，始终洋溢着反清复明的炽烈的爱国热情。他在信中劝说郑成功“回旗北指”、“雪耻复仇”，以为“百万雄师可得，百十名城可下”。他恳切地说：“某倡议破贼以来，恨才力谫薄，不能灭虏恢明，所仗殿下发愤为雄，俾日月幽而复明，山河毁而复完，其得全发归故里，于愿足矣。”张煌言的表述，情真意切，但他复明的愿望却已注定是无法实现的空想。张煌言和郑成功同是在清朝的统治已经确立，明朝的恢复已然无望的形势下，在闽浙沿海坚持斗争的。他们的斗争因而显得格外的壮烈和英勇。这时，腐朽的明朝早已被农民起义军推翻，南明王室，无论是唐王、鲁王或桂王，都不可能成为恢复明室的旗帜，而只是作为汉族民众反抗清朝压迫的一个象征。清朝统治全国，基本上已成定局，个别战役的成败并不能使整个的局势得到根本的改变。这一点，张煌言也不是不清楚的。但他抱着“宁玉碎，毋瓦全”[①]的素志，坚持斗争到底，实际上是知其不可而强为之，显示了不甘屈服的坚定意志。全祖望为张煌言作神道碑铭说“岂不知不可，聊以抒丹诚”[②]，是恰当的评语。张煌言曾以岳飞、于谦自诩，他最后被清军俘虏，不屈就义，成为中国历史上的第二个文天祥，像人民群众所期望他的那样，以实际行动谱写了又一曲正气歌[③]。张煌言抗清斗争的意义，不在于个别战役的成败和城邑的得失，而在于他处在汉族人民与清朝统治者的矛盾成为社会主要矛盾的年代，坚持斗争到最后一刻，至死不屈，表现了汉民族也是整个中华民族的崇高的气节，为人们留下了永远值得珍视的精神遗产。《上延平王书》洋溢着这种崇高的精神，所以同样是一份值得重视的遗产。

二、张煌言在《上延平王书》中，显然对郑成功产生了严重的误解。张煌言与郑成功长期合作，相互推重，彼此是相知的。但他在信中说：“古人云：宁进一寸死，勿退一尺生，使殿下奄有台湾，亦不免为退步。”指责郑成功进军台湾，既乖人和，又失地利，“生既非智，死亦非忠”。甚至说，“岂诚谓外岛足以创业开基，不过欲安插文武将吏家室”，“纵偷安一时，必贻讥千古”。张煌言指斥郑成功进军台湾，是在金陵败后退却逃跑，放下抗清旗帜，苟且偷安，未免误解过甚了。往年进军长江之际，张煌言曾担心郑成功“年少恃勇”，轻取冒进。这封信中则说“昔年长江之役，虽败犹荣”，劝郑成功“勿退一尺生”。事实上，郑成功留子郑经驻守厦门、金门，自己领兵进驻台湾，并未放弃思明州，更未放下抗清的旗帜，退却求生。他采纳何斌的建策，以四通八达的台湾为据点，以海上贸易充军饷，仍是从抗清的需要出发。郑成功在进军途中，告诫将士说，“本藩矢志恢复，念

---

① 张煌言：《答曹云林监军书》。

② 全祖望：《鲒埼亭集》。

③ 《四明谈助》。

切中兴”，进军台湾，是为了“暂寄军旅，养晦待时，非为贪恋海外，苟延安乐”[①]，态度是明朗的。张煌言写这封信，是在1661年的冬季。当时郑成功正在围攻台湾王城，荷兰揆一尚未投降。在此以前，张煌言曾派罗子木前往联络。郑成功的意向，张煌言不容不知。信中“词多激切”，不免有失公允。郑成功收复台湾后，于次年五月病死，未能如张煌言期望的那样，“回师北指”。郑经自厦门来台湾继承王位，仍然拒绝清朝的招降。1674年，吴三桂、耿精忠等起兵反清时，郑经奉南明永历年号发布檄文，宣布“征帆北指”。同年进驻厦门，并以此为据点对清作战，前后坚持七年之久，直到1681年病死，成为奉南明年号抗清的最后一名将领。郑成功自父郑芝龙降清后，起兵抗清，军威日盛，坚持战斗了一生。郑经继承父志，也战斗到最后的时刻。郑成功、郑经父子的抗清斗争，同样显示了中华民族的崇高气节和反抗民族压迫的坚强意志，为清初人民的抗清斗争作出了重大的贡献。

三、张煌言《上延平王书》之所以词意激切，不仅由于急于求战而对郑成功产生了误解，也还由于对收复台湾驱逐荷兰殖民者的重大意义缺少必要的理解。他在信中一再指责出师台湾是“以中国师徒，委之波涛缥渺之中，拘之风土狉獉之地，真乃入于幽谷”，“又何必与红夷较雌雄于海外哉”，“区区台湾，何预于赤县神州”。另据传说，张煌言在清朝下令内迁沿海居民时，曾顿足慨叹说：“弃此十万生灵而争红夷乎？”[②]与信中的思想完全一致。可见他对于驱逐侵略者的意义，确实全无认识。这固然是由于抗清心切，也还由于不明海疆形势，拘守于轻视外夷的狭隘传统。这时，荷兰殖民者占据台湾部分地区已有三十余年，不仅台湾当地人民长期遭受殖民者的残酷压榨，而且海上贸易也为殖民者所阻隔。倘若容忍台湾继续被占据，西方殖民者相继东来后，带给中国的后果，将是难以想象的。事

① 江日升：《台湾外纪》。

② 见《张煌言神道碑》。

实很清楚，假如郑成功此时不去收复台湾，尔后康熙帝也未必再进军台湾。康熙帝也和张煌言一样，对台湾的重要性并没有足够的认识。1683 年，郑克塽降清后，康熙帝仍然认为，“台湾仅弹丸之地，得之无所加，不得无所损”①，认识是模糊的。郑成功生长海外，对外界形势具有较多的了解，因而对收复台湾的重要性也有较深刻和较全面的认识，为他人所不及。在当时的将领中，只有郑成功才能具有这样的胆略和识见，也只有郑成功才有能力收复台湾。有理由认为，郑成功在金陵之役以前，就已念念于台湾的收复。他和何斌等人对台湾的地理和军事形势，曾作过周密的研究，对台湾的民情和敌情，也了如指掌，因而能顺利地取得了胜利。荷兰揆一投降后，郑成功在台湾施政有方，深得人民的拥戴。张煌言在事实面前，似也在改变着他原来的观点。郑成功死后，他作祭文称颂说：“丑夷面缚，贼虏尸僵。陵迟展谒，城高受降。中原冠带，夹道壶浆。”又说：“肇基东鄙，拓地南荒。乾坤独辟，夷夏咸康。伫班师旅，终仗尊攘。夫何月掩，忽而星亡。”②张煌言为郑成功过早去世、复明更加无望而深感悲痛，对郑成功收复和治理台湾的事业。却变指责为称颂，肯定了他的重大建树。当然，张煌言的称颂，还只能是依据当时可见的事实，至于收复台湾对中国历史发展所带来的深远影响，张煌言以至郑成功本人都还不可能有预见。

应用马克思主义观点看待个人在历史上的作用，需要从两个方面来估量。一方面是依据当时的历史条件看他在所生活的历史环境中所起的作用。另一方面，是从历史发展的长河中，依据历史的检验来估量他的活动的后果和意义。历史上常常出现这样的现象，某些在当时看来显得颇为重要的活动，经过一段时间的检验，并不具有那么重要的作用。相反，某些在当时并不为人们所重视的事件，随着历史的发展，却越来越显示出它的重大意义和深远影响。

---

① 《清圣祖实录》卷一一二。

② 张煌言：《张苍水集·祭延平王文》。

郑成功长期坚持抗清，对人民抗清斗争作出了重大贡献，这在当时是人所共见的。但是，从历史的发展的观点看来，他驱逐侵略者收复台湾显然是更为重大的贡献。只是这个贡献的重大意义，他同时代的人们还并不能充分理解，而是由以后历史的发展作出了论证。

当前，我们正处在这样一个历史时刻，台湾与大陆的统一，已是历史发展的必然趋势。海峡两岸越来越多的人们正在逐步加深对这个历史趋势的理解和认识。祖国统一的大业必将胜利地实现。它的实现对整个中华民族的伟大意义，也必将为未来的历史所证明。

原载《郑成功研究国际学术会议论文集》，
厦门，1989 年

关于清史分期问题

历史研究中所谓“清史”，一般说来，应是指清朝统治时期的中国史，而不只是清王朝本身的历史，但它是以清朝的建立与灭亡为依据来划分研究领域的。历史研究可以应用不同的方法，从不同的角度划分不同的研究领域。例如，可以研究某一个或几个王朝的历史，可以研究某一个或几个社会发展阶段的历史，也可以依据不同的民族、地域或不同的专题来确定研究的对象与范围。清史研究是依据王朝统治的更迭作为划分的标准，研究范围理应包括清王朝从建立到灭亡的整个时期，这本来是没有疑问的。但由于终于1912年的清代和开始于1840年的近代，有一段时间上的交叉，在我们的学术研究中，往往把1840年鸦片战争以后的一段历史，划出清史研究范围。所谓清史研究和编写，只到1840年为止。或者把1840年以前的历史称为清朝前期，此后称为中国近代。这些情况涉及清史研究与近代史研究的关系问题，所以，我想先就此讲一点我的认识。

所谓近代，照我的理解，只是泛指时代的远近。依据时间的推移而赋有不同的含义，并不是一个固定不变的概念。它本身也并不具有严格的学术意义。远和近都只是相对而言。司马迁所说的近世，是指秦朝和汉初。刘知几《史通》所说的近世，是指隋代和唐初。司马光在《资治通鉴》的论议中所说的近代，则是晚唐五代至宋初。现代中国和西方学人对中国近代这一概念也曾有过不同的解说。我们现在所说的中国近代史一般是指1840年以后的中国史。这大约起源于本世纪三十年代末至四十年代初期。当时的一些出版物和一些大学开设的课程，曾经把鸦片战争以后的历史称为中国近百年史或近代史。毛泽东同志四十年代初期的论著，沿用当时通行的提法，也是将近百年与近代两个概念交替使用。但是，他对中国近代社会的状况，作出了全新的分析，指出鸦片战争以后的中国社会开始了逐步沦为半殖民地半封建社会的过程。这样，中国近代这个概念便包含了时代远近与社会变革两重意义，赋有了学术内容。范文澜同志依据毛泽东同志的指示编写的中国近百年政治史，未及完成。1945 年题为《中国近代史》出版，曾在学术界产生过很大的影响。

说到清史研究，乃是应用另一种研究方法，即以国家政权的更迭作为划分领域的标准。依据这样的标准，人们可以划分为明史、清史、中华民国史、中华人民共和国史等不同的研究领域。这与依据时代远近或社会变革为标准的划分方法，当然可以并行不悖，但两种标准不宜同时并用，合而为一。

现在，我想讨论一下关于清朝一代的历史时期划分问题。前辈学者和当代学人曾经对此有过不同的论说。研究者自可依据各自的历史观点和研究方法，进行清史的分期，而不必求其一致。我个人的浅见，是从以下两个方面来考虑分期问题。

一是清朝皇位的继承与更替。如前所说，清史研究是以王朝更迭划分研究领域，清史分期也不能不考虑皇位与皇权的更迭，以使划分标准一致，以免自乱其例。

二是清史的分期又不能简单地等同于皇位传承，而还应该对历史发展的趋势作总体的考察。所谓总体考察，即不是单纯地依据某一次农民战争、外国侵略战争或某一制度的变革、某种新事物的出现等等作为依据，而是从政治、社会、经济诸方面综合考察历史发展趋势的演变。

把以上两个方面结合起来考察，我以为整个清朝的历史可以划分为四个时期。第一期，清朝建国时期，太祖太宗两朝。第二期，清朝在全国的统治确立时期，顺治、康熙、雍正三朝。第三期，由盛而衰时期,乾隆、嘉庆两朝。第四期,衰落与灭亡时期,道光以下五朝。

下面简要地说一说各时期划分的依据。

第一期,清朝建国时期,太祖太宗两朝,1606 年至 1643 年,共三十七年。

这一时期,满族由氏族部落制进入阶级社会,建立金国,又进而改国号大清。这一历程大致经历了三个阶段。

第一阶段从努尔哈赤起兵到大金国的建立。

努尔哈赤以前,建州女真的发展史自是清史研究者所注意的课题,但从研究领域来说,应属于满族史的范围。努尔哈赤时,尚未建立大清国号,但他的活动为清国的建立奠定了基础,并被后世尊谥为清太祖。清史分期,从努尔哈赤开始,应当是适宜的。

努尔哈赤自 1583 年起兵为父祖复仇。1587 年建费阿拉城。随后兼并建州诸部,受明敕封建州都督佥事,晋为左都督。此后十余年间,相继削平海西诸部。1616 年在赫图阿拉建国号大金。历史的发展,显示出阶段性的变化。

这一阶段,历史的内涵主要是:

一、伴随社会生产力的发展,满族社会出现奴隶主厄真与平民(诸申)、奴隶(包衣阿哈)的分化。奴隶主为争夺奴隶和属民,"称王争长,互相战杀","强凌弱,众暴寡"。奴隶制的发展,为金国的建立奠定了社会基础。

二、伴随着削平周邻诸部,努尔哈赤经历了由依附明封称雄诸部到反明自立建国称汗的历史过程。在这一过程中,邻族蒙古的影响,起着重大的作用。努尔哈赤号"天命金国汗"。称汗显然源于蒙古传统。蒙古汗称"长生天气力",雅译"上天眷命",当是"天命汗"的依据。国号称金,满语爱新,是以族姓为国名。努尔哈赤建国,依仿蒙古文字创制满文,设置扎尔固齐、笔帖式等官职也都是依据蒙古旧制并采用了蒙古语名。努尔哈赤家族世代与蒙古族通婚姻,更加促进了蒙古文明的传播。努尔哈赤不是依仿明朝,以汉族的传统模式建国称帝，而是依仿蒙古模式称汗立国，这足以表明他反明自立的坚决信念，也表明蒙古文明对满族的发展产生了多方面的影响。金国议政大臣制和八旗制度的建立，则是沿袭满族旧制而有所兴革。

第二阶段从金国的建立到大清国的建号。

在这个阶段里，努尔哈赤汗以十一年的时间，先后兼并诸部，进而攻占辽东，定都沈阳。皇太极嗣位后，征服漠南蒙古，又进而南下汉地掳掠，对明作战，取得胜利。1636 年，建号大清国，标志着满族的历史又进入一个新阶段。

与努尔哈赤相反，皇太极建立大清国又全面采用了汉族传统的国家制度。皇太极即位后，原称淑勒汗，建清国前一年，采汉族称号，称皇帝，并正式规定族名满洲，不再称女真。1638 年，正式建国号大清，尊号宽温仁圣皇帝，又采汉制，建年号崇德。在此前后，依仿明朝官制，先后设立内三院、六部，实行科举取士，从而建立起一个汉族模式的大清国。适应满族社会组织的需要，传统的议政制和八旗制有所改进和发展，尔后又设立了蒙、汉八旗。努尔哈赤时设立的依仿蒙古的官职继续存在。大清国包含着源于满、蒙、汉三种制度的混合，但汉族的政治体制已成为大清国家制度的基本模式。

清太宗皇太极采汉制建国，自是基于统治辽东汉地和汉人的客观需要，但国号与国制的改变，也在显示着对明关系的进程。如果说，努尔哈赤摒弃汉制，依仿蒙古建立金国称汗，是显示了反明自立的信念，皇太极依仿汉制建立大清称帝，则是表明他与明帝并驾并进而征服明朝的远图。

第三阶段，自大清国建号到皇太极病死。

这一阶段的八年间，皇太极讨灭黑龙江诸部，降服漠北蒙古，向南攻占锦州并进军山海关内，在各地掳掠。新建的大清国所向无敌，迅速壮大了国力。但皇太极在汉地俘掠大批奴隶和牲畜后，仍然返回辽东。这又表明，这时的大清国还是以辽东为基地，沿着奴隶制的道路求得发展。满族的奴隶制与汉地的封建制，不能不日益显示出制度上的冲突。

第二期，清朝在全国的统治确立时期，顺治、康熙、雍正三朝，1644 年至 1735 年，共九十一年。

清世祖顺治帝福临六岁即帝位。1644 年摄政王多尔衮率清军入关，开始了对广大汉地的远征。历史的发展由此进入了一个新时期。

这一时期也可以分为三个阶段。

第一阶段，自清世祖即位到 1681 年清圣祖康熙帝削平“三藩”之乱。

清军入关，战败李自成的大顺军，定都北京。这标志着大清国已企图取代明朝，建立对广大汉地的统治。清军南下，镇压了江南人民的抵抗，进而消灭南明。顺治帝亲政后，继续原来的政策，基本上攻占了整个汉族地区。在广大汉地，是倚用汉臣，维持原有的封建统治，还是排斥汉臣，推行满族的旧制，在满洲贵族中出现不同的主张，形成对立的派别，相互倾轧。顺治帝的继承者康熙帝亲政后，1669 年消除排汉的鳌拜集团，稳定了对汉地的统治秩序。但由于对汉人军阀势力的消减，又招致了所谓“三藩之乱”。清王朝只是在削平这场战乱后，才确立了对汉地的统治。

所谓“三藩之乱”，并不只是它的发动者吴三桂的叛乱，而是各地汉人兵将对清廷的一次广泛的反抗。1673 年镇守广东的平南王尚可喜告老请辞，被撤除藩封。将被撤藩的吴三桂、耿精忠联络据守台湾抗清的郑经起兵，发布檄文，声言反清复明。吴三桂引清兵入关，又擒杀南明桂王父子，在汉人将领中，早已失去声威。反清战起，各地汉人将领纷起响应，这是由于清廷对汉臣的政策，几经反复。三藩被撤，非藩王的汉人将领也惟恐难以自保，遂致风靡而影从。一年多的时间里，反清的战火，遍及云南、贵州、四川、广西、福建、陕西、甘肃、湖南、湖北、江西、浙江等十一个行省，对清廷的威胁是极为严重的。康熙帝前后调动军兵四十万，历时八年之久，剿抚兼施，才平定了这次战乱。战乱过后，康熙帝归咎于吴三桂、耿精忠、尚可喜，指为三藩反叛。事实上，耿精忠已在战争中降清。尚可喜效忠清廷，并未起兵。尚之信也只是因为争夺承袭王位，一度依附吴三桂，几个月后又降服清朝。在整个战争中，处于无足轻重的地位。康熙帝指为三藩反叛，不仅是因为战乱由撤藩而引起，也还为了安抚曾经参与战乱的非藩王的汉人将领，用意是明显的。各地汉人将领，先后起兵，各自为战，并无统一的指挥和胜任的领袖，吴三桂仓促称帝，失败在所不免。但战争遍及大半个汉人地区，对清朝无疑是一次存亡攸关的严峻考验。康熙帝平息了这场战乱，才得以确立了清朝对广大汉地的统治。

第二阶段，自康熙帝削平三藩到 1722 年病死。历史发展的最主要的内容应是康熙帝战胜西蒙古准噶尔部，从而确立了对蒙、藏、回（维）诸族的统治，奠定了清朝的版图。

康熙帝平“三藩”后两年，台湾郑氏降附，清朝在台湾设府，隶于福建，从而确立了对台湾抗清汉人和当地少数民族的统治。但在平三藩前一年，西蒙古准噶尔部的噶尔丹，得到西藏的支持，称博克图汗，清王朝又面临着新的威胁。噶尔丹据伊犁河流域称汗，连年与清军作战，南控西藏，北图漠北蒙古，波及地区之广，几乎与整个汉人地区相当，威胁是严重的。康熙帝几次领兵西征，调动大军出战，直到 1721 年清军得胜，进驻拉萨，战事才告一段落。清军与准部之战，延续四十年之久，对清王朝是又一次严峻的考验。康熙帝战胜准部，确立了对蒙、藏、回（维）等族的统治，清朝的版图也由此得以奠立，意义是重大的。

第三阶段是清世宗雍正帝统治时期。

康熙帝平“三藩”后，曾亲自南下江南，安抚汉人文士和军兵，标榜理学的宽仁，以稳定对汉地的统治。由此又带来贪贿风行、吏治腐败的后果，招致各地人民的起义反抗。康熙帝晚年为立太子，反复变动，满洲贵族形成朋党。八旗主仆之间的矛盾也日益激化。雍正帝即位时，朝野上下矛盾重重，蕴藏着深刻的危机。他所面临的主要任务便是大力强化清朝的专制统治。雍正帝采取一系列的举措削弱八旗贵族,镇压有权势的满汉大臣,强力整顿地方吏治,清理钱粮,改革税制。满洲八旗奴仆出旗为丁,汉人除贱为良。经过雍正帝的大力整顿,危机四伏的清朝统治才又得到巩固。

雍正时期的另一业绩是加强了对边疆地区和一些少数民族地区的统治。1727 年清军平定西藏噶伦阿尔布巴的叛乱。1735 年,击败准噶尔部再度掀起的反乱,划定准部的牧界。此外,还相继建立了对云南、贵州、湖南、广西等省彝、傣、苗、瑶、壮(僮)等少数民族的统治制度,巩固了对南方诸族的统治。

雍正一朝,继承前朝的事业,完成了巩固统治秩序和巩固边疆两大历史任务。从历史的全局和发展上来考察,清王朝在雍正时才是确立了对全国各民族的统治。

满族起于黑水白山,要建立起对全国各民族的统治,显然不同于汉族王朝简单的改朝换代,不能不经历一个复杂的长期的历史过程。这个过程历经三朝九十年之久,是可以理解的。所以,从全国范围着眼,我以为把顺治、康熙、雍正三朝划为一个时期,较为符合历史的实际,较能反映历史发展的主流。

第三期,由盛而衰时期,乾隆、嘉庆两朝。1736 年至 1820 年,共八十四年。

清高宗乾隆帝即位后的二十年,可以划为本期的第一阶段。

乾隆帝二十四岁即位,继承父祖创建的基业,处于清朝全盛时期。即位后自称继述先帝未竟之业,宽严相济,很想有所作为。这一阶段,清朝大体上保持着强盛的趋势,号为承平。

但是,伴随着国力富盛,滋长了奢靡之风。乾隆帝奉太后外出巡游,沿途竞尚华侈。自宫廷至地方官府侈靡成风,日趋腐败。乾隆帝因四川藏族土司出现纠纷,并非必要地发动大兵,连年出战,开启了黩武邀功的端绪。

第二阶段,乾隆二十年以后至六十年乾隆帝退位。

在这一阶段里，清王朝明显地呈现出由盛而衰的发展趋势。

“三藩”乱后，汉族地区不再有大规模的战事，社会秩序渐趋稳定，人口增长，农业生产得到较快的发展。商品经济促进了工商业的繁荣。在经济发展的形势下，满汉各阶级、阶层呈现出不同的动向。(一)以乾隆帝为首的满族皇室贵族日益挥霍无度。乾隆帝广修园林，又巡游不止，虽然包含着考察民情、河患等目的，但沿途尽情游乐，各地官员承应豪侈，贪污中饱。广大商民遭受无限止的勒索敲剥。以专擅中枢的军机大臣和珅为首的朝野上下贪官污吏，形成网络，布满全国。满族贵族，作为总体，腐败日甚。随着汉文化的传播，日益失去骑射的武风，甚至不再通晓本族语文。乾隆帝倡导“国语骑射”并不能挽回业已形成的颓风。(二)八旗满洲人户，不耕不战，生计日困。八旗兵丁多不习战事，满族兵力日衰。(三)各地汉族官员贪污成风。两淮、江浙、山东、福建等地连续发生上下通同作弊的贪污大案。乾隆帝严厉惩治了涉及这些案件的大小官员，并不能遏止满布全国上下的贪风。吏治的腐败，远远超过了前朝。(四)被压迫的农民、手工业者和城市商民不断举行各种形式的反抗。甘肃和台湾相继爆发武装起义。大规模的农民起义的风暴在酝酿中。

在这个阶段里，乾隆帝为了建功立业，又在周边地区连续发动了八次战事。乾隆帝曾连同前此进行的对蒙古准噶尔部和对大小金川藏族进行的两次战事，自诩为“十全武功”。乾隆帝第二次对准部作战，轻信阿睦尔撒纳，以致降而复叛，使清朝耗费了大量兵力。战胜准部、回部使天山南北路局势得以稳定，对各族民众的残酷镇压则只能加剧民族间的矛盾。对大小金川的两次战事，本因当地纠纷而起，战争并非不可避免，最后还是以清军的事实上的失败而告终。对于藩国安南和缅甸的战争，实为对外侵略，连遭失败。对廓尔喀之战，获胜后深入境外，又退军言和。进军台湾是镇压农民起义，更无功绩可说。综观乾隆帝所谓“十全武功”，实际上是有功有过，过大于功，败多于胜，不只损耗了大量兵力，也使国帑虚费，加深了财政危机。

在这段时间里，西方资本主义国家正在相继兴起。科学技术得到迅速的发展和应用。英国工业革命促使西方的机器工业包括军事工业的发展进入了一个新时期。由盛而衰的清朝越来越落在西方诸国的后头，陷于大而不强的境地。

第三阶段是清仁宗嘉庆帝统治时期。

嘉庆帝初即位，诛杀和珅，整顿吏治，有志于振作，但他即位之年即爆发了规模巨大的川楚白莲教农民起义。这次起义实际上是乾隆朝长期积累的社会矛盾的大爆发。但嘉庆帝却不能不以九年的时间，以主要的兵力与财力去镇压起义，以维护清王朝的统治。白莲教起义之后，东南沿海又爆发了蔡牵领导的海上起义和直隶、山东、河南等地林清、李文成领导的农民起义。作为前朝长期腐败统治的后果，各地人民相继举行武装起义和清王朝为维护统治而对起义人民全力镇压，构成为这一阶段历史发展的主要内容。

第四期，衰落与灭亡时期。道光以下五朝。1820—1912 年，共九十二年。

清王朝从衰落到灭亡的历程，拟划分三个阶段。

第一阶段自清宣宗道光帝即位到 1864 年太平军起义失败。最重大的历史事件是西方资本主义国家的武装入侵与各地农民的武装起义。

1840 年英国武装侵略中国的鸦片战争，开始了西方国家侵华的历史。兵力衰弱的清朝，以割地赔款换取妥协并不能阻止西方国家侵略的深入。

1850 年开始于广西的太平军农民起义，以推翻清朝为目标，在长江流域迅猛发展，前后持续十五年之久，其他地区的农民起义也相继兴起，冲击着清朝的腐朽统治。清王朝不得不依靠汉人地主武装并借助外国的支持镇压起义，度过了一次严重的危机。

由此开始，清王朝面临着外国入侵和人民反抗两重威胁。中国人民则从此肩负起反抗外国侵略和反抗清朝腐朽统治的两大历史任务。

第二阶段，从太平天国败亡到 1894 年中日战争。清王朝相继镇压捻军和苗族、回族等各族人民的起义后，不再有大规模的农民起义发生，清朝因而曾自称为“中兴”。

这一阶段历史发展的主要内容是：（一）汉人军阀集团的兴起和所谓“洋务”的兴办，海军的建立。（二）帝国主义国家侵略的深入。清朝对日作战失败，宣告了北洋海军的覆灭。

清王朝赖以镇压太平天国的汉人地主武装发展成湘军、淮军等汉人军阀集团。这个集团进而引进外国机器，兴办效法西方的机器工业并兴建西式的海军以救亡图存。以曾国藩、李鸿章、左宗棠等人为代表，既掌握军事力量，又控制新建的工业，形成为“三藩”以后从未有过的强大的汉人势力。以慈禧太后为首的满族皇室不能不继续依靠这个新兴的势力以维护清朝的垂危统治，又不能不对之时加防范和限制。汉人军阀官僚不能不标榜效忠清朝，又不能不极力维持各自集团的实力以求自保。满族皇室与汉人官僚的深刻矛盾时隐时现。清王朝在重重矛盾中遭到帝国主义的入侵。

1884 年的中法战争在军事不败的情况下由清王朝自认失败。1894 年的中日战争，清王朝惨遭失败，北洋海军全军覆没，使多年经营的海军建设毁于一旦。

第三阶段，自 1895 年签立《马关条约》到 1912 年清朝宣告灭亡。这短短的十几年里，历史的发展显示出急剧的变动。

1895 年清王朝被迫签立《马关条约》，割让台湾，丧权辱国，不仅震动了朝野上下，也唤醒了整个中华民族。

以康有为、梁启超为代表的汉人文士，企图扶持光绪帝，借鉴外国政治体制，改造清王朝的统治，结果在慈禧太后的镇压下遭到失败。

以义和团为代表的农民群众企图以自发的武装斗争，“扶清灭洋”，结果是八国联军的入侵和清王朝的屈服。

接踵而来的日俄战争，在关外满族故地划分势力范围，再次敲起了民族存亡的警钟。

历史的经验昭示给人们：在清王朝统治下，借助西方科学技术兴办工业，并不能抵制外国的侵略；借助外国的政治体制，变法维新，只能陷于失败；依靠农民群众的英勇斗争，也不能抗拒外国的入侵。历史的发展，越来越清楚地表明：只有推翻清朝满族皇室的腐朽统治，才有可能挽救中国的灭亡。

但是，国内外的形势，都不可能再出现以旧式农民战争实现朝代的改换。以孙中山为代表的革命党人肩负起推翻清朝同时也推翻专制帝制的双重历史任务。革命党人以反满为号召，以西方资产阶级共和国的模式为依据，提出“建立民国”的目标，终于宣告了清朝的灭亡和封建帝制的结束。

以上所说，只是我个人关于清史分期问题的一些极其粗浅的想法和分期的主要理由，并没有对各个时期丰富的历史内涵作出全面的分析，更不是对一些历史事件和人物的全面评价。这些想法反映了我和我的同事们正在编写的《中国通史》清代部分的基本思路。在这里提出来，向与会的各位专家请教。期望得到诸位的指正和批评。

原载《清兵入关与中国社会论文集》，
沈阳，1996 年

大清国建号前的国号、族名与纪年

1636年清太宗皇太极建号大清国称帝，由此上溯到1616年清太祖努尔哈赤在赫图阿拉建国，凡历二十年之久。对这二十年，近世史家习称为“后金”。“后金”是努尔哈赤自立的国号还是史家的追称？皇太极定族名为满洲之前是否另有族名？努尔哈赤及皇太极即位后为何不称帝而称汗，抑或曾经称帝？努尔哈赤于何年建元以及是否建元等等，这些关于满族早期国家制度的基本史实，历来存在多种歧解。这是由于：明朝和朝鲜的有关记载，多是依自己的传统观念记录努尔哈赤建国的传闻，使历史的真相蒙上了一层纱幔。清代编修实录的史臣又依汉文明对早期满汉文献加以文饰和篡改，使历史的真相蒙上了又一层纱幔。汉族正统的封建王朝观掩盖了满族氏族部落制和早期国家制度的史实，使人们难于从扑朔迷离的记载中看清历史的本来面目。

台湾黄彰健先生曾先后发表《奴儿哈赤所建国号考》、《清太祖建元天命考》、《论清太祖于称汗后称帝清太宗即位时亦称帝》等多篇论文[①]，详考其事。海内外史家的有关著述，或参据黄著，或别申己见，互有异同。近年来，满汉文献和文物的发现，为探讨这些问题提供了新的依据。本文拟就此重新考索，以与黄先生及海内外学人共作商讨。

---

① 见黄彰健：《明清史研究丛稿》，台湾商务印书馆1977年版。

一　金国与后金

《清太祖武皇帝实录》及《高皇帝实录》均记清始祖布库里雍顺时，已建国号为满洲，这显然是实录编者的臆说，不足为据。后金作为国号，初见于万历四十七年(1619年)朝鲜所录努尔哈赤来书及明人的奏报。黄著《国号考》从而认为，后金国号乃努尔哈赤自称而非史家追称，并进而考订："在万历四十四年时，仍沿建州国号，并未另定新名，其改称后金，则在万历四十七年己未三月，其改称金则在天启元年辛酉。""金与后金非同时所用国号，近代史家论奴儿哈赤所建立的国号，即忽略此。"按此说的主要依据是《朝鲜李朝实录·光海君日记》万历四十七年四月记，努尔哈赤来书上钤有"后金天命皇帝印"。黄著《国号考》说："在这以前，他用的印系建州左卫之印，及改称后金国汗，通书与朝鲜，就需要另铸新印了。"倘若此印的印文果为"后金天命皇帝"，则努尔哈赤建号后金之说，自无可疑。

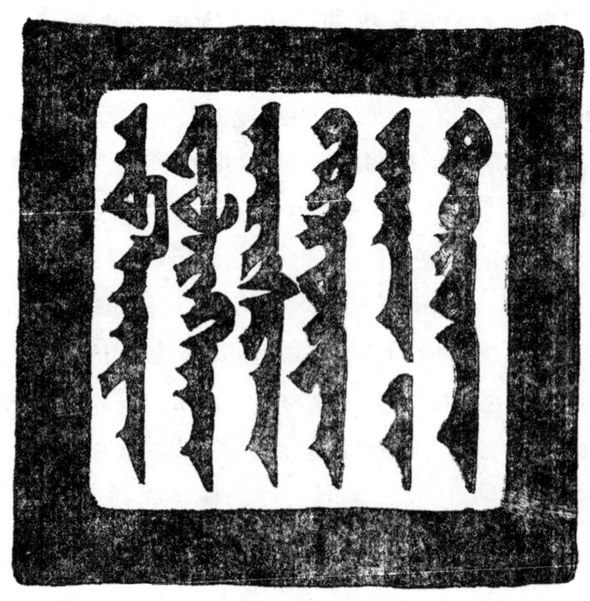

天命金国汗之印(满文)

黄著《国号考》定稿于1966年，八年之后，《明清档案存真选辑》二集出版①，其中收有清太祖、太宗旧档上的老满文印一方，印文自左至右行，今为译释如次：

abkai	fulingga	aisin	gurun	han	i	doron
天	命	金(爱新)	国(国伦)	汗	之	印

本书编者李学智先生在解题附录中曾注意到此印即《光海君日记》中所说的"后金天命皇帝"印，并订正云：

> 这里所说的篆文番字印之后金天命皇帝印，事实上或由于当时朝鲜的通事原系蒙〔古〕学通事，因此其所解释的后金天命皇帝七个字似乎颇有问题。由于近数年来在本所内阁大库残档中曾得见清太祖、太宗时的旧档上，尚存有此一早期的满文印玺，其满文是 abkai fulingga aisin gurun han i doron 七字，而其字义应为天命金国汗之印，并不是后金天命皇帝七个字之篆文番字印也。而此一老满文印，或许是清人最早的一颗印玺。

李氏自旧档中检出此印并对《光海君日记》予以订正，是一个重要的发现。文中说此印见于清太祖、太宗时旧档。其实，在《明清档案存真选辑》初集中②，此印已不仅一见。沈阳故宫藏有清太祖时的信牌，也钤有此印。惟因钤于木质牌面，印文不易细辨。以旧档之印与其互证，可知是同一印玺。

此印之铸造，清太祖、太宗实录俱不载。朝鲜李民寏《栅中日录》己未年(明万历四十七年，1619年)三月十三日记："闻奴中方草通书，铸成印颗云。"斯时李民寏被俘于金，所记通书即努尔哈赤是年致朝鲜国王书，所谓"铸成印颗"当即此印。另据程开祜编《筹辽硕画》卷十二载，万历四十六年十月兵科给事中薛凤翔题本内称：

---

① 李光涛、李学智编，台湾中研院历史语言研究所专刊之三十八，1973年版。

② 李光涛编，台湾中研院历史语言研究所专刊之三十八，1959年版。

“再见于生员回乡之禀，则云先抢某处，起号天命元年，要来辽阳建都矣。”此事又见于同书卷十一所载大学士方从哲题本，称系“回乡广宁生员孙弘祖禀帖”，“内言在虏寨时，闻说要先后犯抢清河叆阳等处，且僭称年号，要来辽阳建都。”孙弘祖也是金国的俘虏，逃回后据见闻禀报。他所说“起号天命元年”，虽未必可信，但“天命”二字不会虚构。据此可知，当时似已有天命金国汗之称号，铸印或在此前。

据此印文，可以确证：至迟在万历四十七年三月，努尔哈赤已称天命金国汗。黄著《国号考》云此年始称后金国汗，三年后改称金国汗，实难以成立。这里的问题是：《光海君日记》并记努尔哈赤的这封来书，称“后金国汗谕朝鲜国王”。黄著《清太祖建元天命考》引录朝鲜赵庆男《乱中杂录·续录》[①]一书，收有此信，作“后金国汗奉书于朝鲜国王”。此外，《栅中日录》又补记为“后金国王敬达朝鲜国王”。朝鲜的这三种记载，均为转录或追忆，用语各不相同，但都记为“后金”。这可有两种解释。一种可能是：金国起草书信的汉人，因前代有金朝，故依惯例将金国汗写成了后金国汗。另一种可能是：来书原作金国汗，朝鲜人因前代有金朝，故在自己的记录中写成为后金。无论是前者还是后者，都是出自文人之手，不能据以否定满文汗印，也不能作为立有后金国号的依据。

关于满文天命金国汗印被朝鲜误译的经过，《光海君日记》留下了一段难得的记录。书中当年四月壬申条，记述了光海君与臣下议论如何向明朝奏报的情形：

> 传曰：奏文中后金汗宝以后金皇帝陈奏，未知如何？令备边司因传教详察以奏。回启曰：胡书中印迹，令解篆人申汝櫂及蒙学通事翻译，则篆样番字俱是后金天命皇帝七个字。故奏

① 见黄彰健：《明清史研究丛稿》。本文引用之《乱中杂录》，均转引自黄著，不再另注。

文中亦具此意矣。今承圣教，更为商量，则不必如是翻译，泛然以不可解见之意删改宜当。敢启。传曰：允。

努尔哈赤此次致书朝鲜国王，意在联络朝鲜，共击明朝。朝鲜光海君则依违于两者之间，希望“不拂天朝，又不挑虏怨”[①]，因而在向明朝奏报时，为避免误解他承认“后金皇帝”，故传谕改译。由此可知，朝鲜对满文汗印印文的翻译，系出自“解篆人”和“蒙学通事”，只求略知大意，并不要求忠实于原文。甚至可根据需要，任意改译。那么，他们把“汗”译为“皇帝”，把“爱新国伦”译为“后金国”，也就不足为奇了。

明廷在此年得知努尔哈赤建国称汗，实来自朝鲜的咨报。王在晋编《三朝辽事实录》卷一，万历四十七年五月条记：“朝鲜咨报，奴酋僭号后金国汗，建元天命。”此事并见沈国元《皇明从信录》。明廷于五月间得此咨报，系在朝鲜答复努尔哈赤来书之后。原来朝鲜误泽的“后金天命皇帝”，在咨报中，“天命”改报为“建元”，“皇帝”改称为“汗”。这大概就是前引“回启”中所说的“删改宜当”了。只是“爱新国伦”误译为“后金国”却未加删改，“后金”一词遂由此传入了明朝。

一年之后，万历四十八年（1620 年）五月，努尔哈赤在辽东张榜招降，辽东巡抚熊廷弼将榜文内容秘密呈报。《明神宗实录》是年六月记：“经略熊廷弼奏：奴贼招降榜文一纸，内称后金国汗，自称曰朕，皆僭号也。”此后，朝臣纷纷上书请战。《筹辽硕画》卷四四、四五载诸臣题本，指榜文自称金国或自称后金，说法不一。如通政使姚思仁题本说榜文“中间称金称国，称汗称朕”。兵科给事中薛凤翔题本说是“自称后金，例我衰宋”。户科给事中杨琏题本作：“妖称后金天祐，辱我皇上以徽钦。”湖广监察御史刘有源题本说：“自奴酋号金称朕，张榜招降。”努尔哈赤的榜文，当出自汉族文人之手，原文今不得

① 《朝鲜李朝实录·光海君日记》十一年四月丙寅条。

见。黄彰健先生以“后金”为可信,认为“称金”是省略了后字。今有天命金国汗印为证,题本中所谓“称金称国”也未必断然无据。

《满文老档》中只有辛酉年(1621 年)三月二十一日致朝鲜国王书,曾出现过“后金(amaga aisin)国汗”[①]。正如黄先生所说:“在满文老档里后金国号仅此一见。”依当时通例,此类文书原件为汉文,满文档系据汉文译存。这里的后金,是拟稿的汉人沿用了朝鲜习知的称谓,还是有意附会先朝金朝,无以确证。北京图书馆藏有金国印制的汉文檄文一件,援引前代事,作为对明战争的宣传,文笔及内容均甚粗劣[②]。文中不见“后金”称号,但有“我本大金(指前朝)之裔,曷尝受制于人”等语。准此,当时草拟文书的汉人,既可臆称前朝“大金之裔”,在文中拈出“后金”一名,也不是不可能的。即使有此情形,也只能视为金国汉人的附会宣传,不能作为建立了正式的后金国号的证据。

天启元年三月以后,明朝、朝鲜和金国的文献中都不再有“后金”称谓。《乱中杂录·续录》所收天启元年五月李永芳致朝鲜边官书,即自称“大金国驸马王”。此后至 1636 年清太宗建号大清国以前,满文老档中只有“金国汗”称谓而绝无“后金”。辽沈地区现存文物,如沈阳故宫云版、辽阳旧城门额及沈阳大金喇嘛法师宝塔碑等,也都称大金。黄彰健先生所论,天启元年以后国号称金不称后金,当无异议。

依据以上的辨析,可作出如下判断:约自 1619 年前后努尔哈赤铸造满文“天命金国汗之印”行用,到 1636 年皇太极建号大清以前,一直沿用金国这一称号。汉文文献或称“大金”,乃是习惯性的称颂。至于“后金”一名,既不是努尔哈赤自建的国号,也非出于后世史家的追称。它初见于朝鲜,又由朝鲜传到了明朝。金国草拟文书的汉人也不无可能偶用“后金”之称,但并非正式的国名。依据名从

---

① 《满文老档》Ⅰ,第 293 页,日本东洋文库本。本文所引,均据此本。

② 引自潘喆等编:《清入关前史料选揖》第一辑,中国人民大学出版社 1985 年版。

主人的通例，我们把努尔哈赤的国家称为金国，当更符合历史的实状。

二　国号与族名

历史上汉族王朝建立国号，是要大书特书的重大事件。但金国的建号却没有留下任何记录。这是因为在努尔哈赤等满人看来，所谓国号似不如汗号那么重要，甚至国号的概念也很模糊。前人既误信努尔哈赤曾建号后金，遂解释此国号乃源于十二世纪女真族建立的金朝。既然"后金"一名并非自建，那么，努尔哈赤又为何号称金国？要回答这个问题，就需对金国的含义重新加以探讨。

据现存清太祖、太宗朝满、汉文档案所见，在皇太极定族名为满洲之前，"爱新"或"金"一名实际上已成为一个新的族名，用以称谓海西、建州女真诸部。

《满文老档》太祖朝天命八年癸亥正月初一日档，载抚西与石乌里所持信牌称：

Lii fuma ere dain be dade aisin han

李 驸马 此 战 原 爱新(金) 汗

deribuhekū nikan han deribuhe

非始 尼堪(汉) 汗 始

此文大意是：李驸马，此战原非起于爱新汗，而为尼堪汗肇始[①]。此件下文曾出现爱新国伦，有金族人或金国人之义。但在此处，爱新汗不作金国汗，且与尼堪汗对举，明显地是用为族称，意为金人的汗与汉人的汗。

日本市村瓒次郎《支那史研究》所收《清朝国号考》，引据所见崇谟阁藏天聪五年太宗汉文上谕称："敕谕金、汉、蒙古官员知悉"云云，将金与汉、蒙古并举，更是十分明显地用为族名，而非国名。

---

① 《满文老档》Ⅱ，第621页。日译此句作"金皇帝"、"明皇帝"，今为重译。

清太祖、太宗朝上谕多经后人润饰修改,原件存留不多。但太宗朝官员的汉文奏稿,多见于崇谟阁所藏《奏疏簿》,曾由罗振玉题为《天聪朝臣工奏议》刊布。奏疏中金汉并举、用为族称之例,所在多有,今不避烦琐,条录于次:

高鸿中陈刑部事宜奏(天聪六年正月):"一、金、汉另审。先年金、汉同在一处审事,汉人事多有耽延。……尽因金官多、汉官少,不得公同,不审,以致前件延迟。若一稽查金人事审之速,汉人事审之迟,汉官之罪又将何辞?合无金官审金人事,汉官审汉人事,事无大小,金、汉官互相说知,再回贝勒大人话,以听分剖。如有金、汉人互告者,金、汉官同审。或有偏私不公,迟误审断者,各应其罪,夫复何词?伏乞上裁。"

胡贡明陈言图报奏(六年正月二十九日):"又想皇上谕金、汉之人都要读书,诚大有为之作用也。但金人家不曾读书,把读书极好的事,反看作极苦的事,多有不愿的。"

胡贡明谨陈事宜奏(九月二十七日):"皇上必曰:我原是金人,如何把汉高祖来比我?殊不知汉高祖但能如是做事,所以成了一个汉高祖。"

杨方兴条陈时政奏(十一月二十八日):"一、书房中当用贝勒。……臣遍观金、汉中,无人当此大任,亦不敢当此大任,皆恐日久生嫌。""一、编修国史。……我金国虽有榜什在书房中,日记皆系金字而无汉字。皇上即为金汉主,岂所行之事,止可令金人知,不可令汉人知耶?……乞选实学博览之儒公,同榜什将金字翻成汉字,使金汉书并传,使金、汉人共知。"

罗绣锦请安服新人以便旧人奏(七年四月十三日):"臣有一愚见以陈,不若计算我国金、汉、蒙古官生军民,各项买卖匠人、衙役……"

以上奏疏,均出于金国汉官,自不能自外于金国。金为族名,历历可见。奏疏中所谓金人汉人、金官汉官、金字汉字,实际上即是后来所说的满人汉人、满官汉官、满字汉字。可见,金或爱新作为族名,已在官员中普遍应用,为人所习知,并无歧解。

作为族称的爱新或金，当然不会是沿用前朝的国号。此名当源于努尔哈赤所从出的族姓爱新觉罗。努尔哈赤的建国，并非基于部落间的联盟，而是基于对周邻诸部的征讨。按照收养氏族成员的惯例，被征服或归降的各部，均被视为收养（ujihe），而努尔哈赤则被尊为汗父。那么，作为被收养的原属各部的成员，以汗父的族姓为共同的族称，就是理所当然的了。此点虽无明确记载，但度之当时情势，似可求得通解。

汉译金国之“国”，满语为“国伦”（gurun）。此为女真语系中的一个古老的词汇，曾见于金代女真字碑文[①]，以及明四夷馆所编《女真译语》。在老满文档册中，“国伦”有部族之义，也可用为族人或国人。如照此解释，天命金国汗本义只是爱新部的首领或爱新族人的领袖。不过，努尔哈赤于1616年在赫图阿拉加上汗号时，已征服诸部并建立起统治机构，即具备了我们所说的作为阶级压迫机关的国家的特征。故史家以此年为建国之年，“国伦”已具有国家的意义。当时的明人和朝鲜人，也依据自己的观念，指责努尔哈赤僭号称国，不再视为一部。但是，从努尔哈赤说，未必有明确的国家观念，也并不认为必须像汉人那样建立国号。金国的国号即是族称，或者说族名即视为国名，两者并无二致。

族名与国号的统一，在我国北方民族的历史上，乃是习见的现象。突厥、回纥建国时，都只是加上可汗的尊号，并未另建国号。突厥、回纥等族名，也就成为了他们的国名。成吉思汗建国时，也只是奉上尊号，而无另建国号的记载。蒙古族名便自然地成为“大蒙古国”的国名。只是在元世祖忽必烈采用汉制后，才取《易经》“大哉乾元”之义，建国号为“大元”。元朝亡后，明代兴起于大漠南北的蒙古诸汗，又恢复了以蒙古族名为国号的传统。努尔哈赤建国称汗之后，蒙古察哈尔部林丹汗的来书，也还自称为“蒙古国主”。以爱新

---

① 参阅金光平、金启孮著：《女真语言文字研究》，文物出版社1980年版。

族名为国号的金国，与蒙古国的这一传统相同。

由此可知，努尔哈赤之称金国与十二世纪时建立的金朝，并无名号因袭关系。《乱中杂录·续录》所收万历四十七年努尔哈赤致朝鲜国王书，曾两次提到往古的大金："昔大金、大元，吞并三吴，意欲独存，到底其后无永也。"昔大金世宗皇帝时，朝鲜赵住罢〔应作：位宠〕以四十余城投至，世宗却之。……今我亦念两国自前和好之情……"这里将金朝称为"昔大金"。"昔大金"如何，"今我亦念两国"如何，作为历史的借鉴，今昔并举，并不包涵任何承袭之意。《武皇帝实录》摘录此信内容时，改为"先朝大金帝"、"昔先金大定帝"，当是出自汉人手笔，有意比附。至于旨在招降安民的汉文文字，任意附会于前朝，去金国建号的本义更远了。

由此也可推知为什么皇太极在建号大清国之前，改定族名为满洲。据《三朝实录采要》天聪九年（1635 年）十月辛丑条记："谕众于朝曰：国名称满洲。其各旗贝勒人员，称为某旗贝勒家诸申。"这里所说的"国名"，当出自满语国伦，实际意义应是族名。在此以前，爱新或金已兼用为族名和国名，皇太极改取汉制，以汉语"大清"为国号，既不能再称金族又不能改称清族，依据本族的传统另定新的族名，遂成为客观的需要。源于女真的新译"诸申"一词，早已失去作为族称的意义。皇太极明确规定作为八旗贝勒所属人员的称谓，只是承认了业已存在的事实。此后，曾被明人泛称为"女真"的诸部人，便以新定的满洲作为共同的族称，为后世所沿用。

由此还可以推知，为什么清太祖、太宗实录中出现了满洲国号。既然原来的族名即是国号，族名改定为满洲后，前此的国号也相应地作了修改。不过，这乃是《实录》编者任意妄改，并不是历史的事实。

三　汗号的由来

按照汉族的传统，一个王朝或国家的建立，必须建国号、年号和皇帝的尊号。大抵自汉代以来，就形成了这样一种完整的观念和模式。明朝和朝鲜也正是以这样的传统观念来看待努尔哈赤的称汗建国，因而出现了各种比附的记录。但事实上，努尔哈赤建国时，并没有具备这些观念，也没有依仿汉族的传统模式，而是采取了蒙古立汗的方式。

汗的称号，可以追溯到古代的柔然、突厥、回纥和蒙古。在国家建立以前的氏族、部落制时代，汗只是部落长的称号。各部落形成联盟后，联盟长称可汗，统领诸部，即所谓"汗中之汗"或大汗。汗或可汗都不能是自称，而是由所统领的氏族、部落奉上。在他们看来，汗号比国号更为重要，因为奉上汗号才表明服从于他的统领。当国家机构建立后，汗或大汗即成为国家的最高统治者。努尔哈赤原曾接受明朝授予他的建州卫都督签事的官职，万历二十三年（1595 年）又加号龙虎将军[①]。他最初拥有汗号，是在万历三十四年（1606 年），由蒙古五部喀尔喀向他奉上，称"淑勒昆都仑汗"。《武皇帝实录》省作"昆都仑汗"，并注云："即华言恭敬之意。"这当是依据满语的 kundu。但尊号称恭敬汗，意有未合。《高皇帝实录》译淑勒昆都仑为"神武"，当是依据蒙古语义，于义为近[②]。这个汗号的意义，只是表明蒙古五部喀尔喀对努尔哈赤的臣服。当时努尔哈赤尚未征服海西诸部。对于后来被称为满洲的内部关系来说，这个汗号并没有什么严重的意义。

努尔哈赤依仿蒙古立汗之制，正式确立作为最高统治者的汗号，是在万历四十四年（1616 年），即他在赫图阿拉建国之年。这时，只有叶赫部尚未降附，原来被明朝泛称为女真的建州、海西和东海诸部已先后被攻灭，并分别编入八旗牛录。诸部人的涌入和奴隶制的

---

① 参阅孟森：《清太祖由明封龙虎将军考》。见《明清史论著集刊》，中华书局 1984 年版。

② 蒙语"淑勒"有威武之义。"昆都仑"一词疑亦出于蒙语，汉译"神"，当有所本。存以备考。

发展，促进了统一的统治机构的建立。《满文老档》和《高皇帝实录》都详细记录了这年正月元旦八旗贝勒大臣共上汗号的仪节。这次郑重奉上的满语汗号的全称是：

abka geren gurun be ujihini seme sindaha
天 诸 国伦 养育 授任
genggiyen han
英明 汗

直译为：天授养育诸国伦英明汗。

“天授”与前述印文之“天命”意义相近，犹如汉族所谓“受命于天”。古代蒙古汗号称“长生天的气力里”。在蒙古和满族的萨满教中，天是主宰一切的神。托言天授，自是崇高的称谓。《满文老档》太祖朝天命四年七月初八日记：“受天命而生的庚寅汗说：天爱护我们，给与权柄(doro)。”

此处“国伦”一词的实际含义是部，诸国伦即指被征服的诸部。《明史·张学颜传》：“海建诸部皆建国称汗。”《武皇帝实录》中兀喇、辉发、哈达等部也都称为国，即国伦。“养育诸国”当指被征服的海、建诸部，编入八旗收养。按照古老的氏族收养惯例，均被视为同族。《武皇帝实录》译此称号为“列国沾恩明皇帝”，《高皇帝实录》译为“覆育列国英明皇帝”。这表明，他已不同于由各部落长共同尊奉的可汗或大汗，而是收养各部为一族的最高首领，是比可汗更高贵的汗。这一称谓不仅是努尔哈赤的最崇高的汗号，也是北方民族史上罕见的尊称。

努尔哈赤在立汗号的同时所建立的国家统治机构，在许多方面也采取了蒙古的制度。不仅无圈点满文是依据蒙古文字，作为国家机构重要组成部分的司法，也采用蒙古官制，称扎尔固齐。此外，如文官称巴克什，武将号称巴图鲁，以及达尔汉、台吉等称号，也都源于蒙古。关于金国制度中的蒙古成分，需另作专文探讨。这里需要说明的是，努尔哈赤采用蒙古立汗制称汗，并非孤立的现象，而是由于受了蒙古文明多方面的影响。努尔哈赤在建州起兵，西有蒙古，南有明朝和朝鲜，朝鲜又依附于明，他只有向蒙古去吸取先进的文明。《武皇帝实录》载，早在甲午年(1594 年)，即建国前二十余年，蒙古科尔沁部和五部喀尔喀即遣使往来。努尔哈赤于 1612 年纳蒙古科尔沁部女为妃。其子代善、莽古尔泰、德格类等也都娶蒙古扎鲁特部女。以后，还陆续收降了一些蒙古的文士和武将。蒙古文明经由多种渠道传给满族。努尔哈赤在赫图阿拉建国时，不像历史上的辽太祖、金太祖建国时那样，有汉人文士为之谋划仪制，只有通晓蒙古文明的额尔德尼、噶盖等在他的周围。他废弃明朝的封授，建国称汗，表示彻底摆脱明朝的控制，因而不会沿袭明朝的制度和模式。在这种情况下，蒙古式的汗国便成为他借鉴的楷模。

努尔哈赤于 1626 年(丙寅年)八月病死，诸贝勒聚议，推举皇太极继承汗位。这使人联想到蒙古忽里勒台选汗会议的传统。但这次选汗并未留下奉上汗号的记录。《满文老档》自天聪元年(1627 年)正月起，称他为淑勒汗(sure han)，满语淑勒为聪睿之意。但这显然并非他的汗号的全称。汉文文献称为"天聪"，天字当有所本。他是否继承了努尔哈赤"天授覆育列国"的称号，只是把"英明汗"或音译的"庚寅汗"改称为淑勒汗，还是淑勒汗之前另有尊称，现有史料并不能作出确切的说明。这可能是由于他后来建号大清国称帝，帝号为人们所称用，而原来的汗号则不复详录。在天聪年间的满汉文献中，他继续沿用"金国汗"的称号。满汉臣僚的奏疏，称他为"汗"或"皇上"。但在建号大清前，从来未正式采用汉语"皇帝"的称号。

太宗朝文献继续钤用"天命金国汗之印"，这表明此印如同后来铸造的"大清受命之宝"一样，乃是清太祖、太宗通用的国玺。"天命金国汗"乃是通用的称谓而非太祖或太宗的专称。

黄彰健先生曾著有《论清太祖于称汗后称帝、清太宗即位时亦称帝》一文，提出如标题所示的见解。论清太祖称帝，主要是依据《乱中杂录 · 续录》所记："丙寅(1626 年)夏五月奴酋致书毛文龙云，大金国皇帝致书于毛大将军麾下……"此信内容又见于《满文老档》，但无"大金国皇帝"称号。《乱中杂录》所记，即使无误，也只能解释为起草书稿的汉人译汗为皇帝，不能作为努尔哈赤正式改号的证明。论清太宗即位时称帝，主要是依据袁崇焕的塘报和天聪三年(1629年)十一月的上谕。这需要对满汉人观念的不同，略作分析。

皇太极即位后，曾致书明辽东巡抚袁崇焕，请求议和，《三朝辽事实录》卷十六载天启六年(1626年)十二月袁崇焕的题本说："(金使)跪投夷禀一封与臣，如以下申上体式，独其封上称臣为老大人，而尤书大金国，踵老酋之故智，臣即以原封还之。"同书又载袁崇焕塘报称：金使"投递汉文夷禀，将向时僭称皇帝二字改汗字，如虎酋之称，而仍彼伪号"。袁崇焕前后所报，只能说明，皇太极的来书系自称"金国汗"。《清太宗实录》作"满洲皇帝"，乃是实录编纂者的臆改。此信的底稿尚存，影印件刊于《明清档案存真选辑》初集，原文作"汗致书袁老先生大人"，而己巳年(1629年)另一书稿作："金国汗奉书袁老大人"。与袁崇焕所记相同。不过，袁崇焕所说"将向时僭称皇帝二字改汗字"，却只是不明情事的自我解嘲。在明人看来，明朝皇帝自是天下的皇帝，帝号高于汗号。努尔哈赤称汗尚可，称帝则不可容忍。但是在努尔哈赤看来，汗号与帝号，只是蒙号与汉号之别，并无高低之分。满文文书中称明朝皇帝也作万历汗、天启汗。努尔哈赤不采汉制帝号而用蒙古汗号，更可显示脱离明朝而独立的意志。袁崇焕指汉译的皇帝为"僭称"，以"改汗字"为退让，是不了解"夷情"的管见，并不足以作为皇太极曾称帝的证明。

天聪五年(1631年)皇太极领兵至通州扰掠，曾发布谕旨，传谕明朝官民。此旨已载入《清太宗实录》，内称："尔天启皇帝、崇祯皇帝仍加欺凌，使去满洲国皇帝号，毋用自制国宝。我亦乐于和好，遂欲去帝称汗，令尔国制印给用，又不允行。以故我复告天兴师，由捷径而入，破釜沉舟，断不返旆。"此件又见《满文老档》，原作"金国(爱新国伦)皇帝之号"。"满洲"二字，显然是《实录》编者的妄改。这时，皇太极周围已聚集了不少汉人文士。这道谕旨显然出自汉人手笔，是依据汉族的传统观念，为皇太极的侵掠强作辩解。大抵明朝自得知努尔哈赤铸造"天命金国汗"后，即指斥他称国称帝是僭逆。这里所谓“遂欲去帝称汗”本属莫须有，只是利用明廷不明情事，将错就错，强作遭受欺凌、被迫兴兵的借口，自不可信以为据。事实上，皇太极在采用汉制建大清国号和皇帝尊号以前，一直称为淑勒汗或金国汗，从未更改称号。

四　所渭“建元”

大清国建号以前，清太祖、太宗的所谓“建元”，也是需要重新探讨的问题。

前引《筹辽硕画》所收万历四十六年十月薛凤翔题本内称：据“生员回乡之禀”，努尔哈赤已“起号天命元年”。《皇明从信录》记万历四十七年五月据朝鲜咨报“奴酋僭号后金国汗，建元天命”。但《武皇帝实录》、《高皇帝实录》及《满洲实录》都记万历四十四年丙辰正月，即努尔哈赤建号英明汗的同时，“建元天命”。《高皇帝实录》更明确地说：“建元天命，以是年为天命元年。”明人与清人记录“建元天命”之年份不同。但两者所记，都不可信。如前所论，所谓建元即是建立年号，这是汉人传统的建国观念和模式，而努尔哈赤建立汗号时，并不具有这样的观念和模式。

要考察这一问题，不能依据明人和朝鲜人的传闻，也不能依据大清建号后改修过的《实录》，只有依据努尔哈赤在位时的原始文献和文物。现存太祖朝满文老档，均用十色加十二属纪年，汉译用干支，但未见满文“天命”为年号的记录。现存的只有满文丙寅年诰命，末尾署汉字“天命丙寅年月日”旁译满文[①]。此外，金国的汉字文献，以“天命”纪年的，还有以下几例：

辽阳博物馆藏东京城汉字“内治门”门额，旁书“大金天命壬戌年”。

沈阳故宫博物院藏云版，铸有汉字“大金天命癸亥年”等字。

---

① 见《明清档案存真选辑》初集。

《乱中杂录·续录》卷一所收李永芳与朝鲜边将书，末署“天命辛酉五月”。

同书所收大金国皇帝致毛文龙书，末署“天命丙寅五月日”。

现存刘学成奏稿，署“天命辛酉拾月”[①]。

努尔哈赤时期，署有“天命”的文献，可知可见者，寥寥无几。但可证当时确有天命纪年。值得注意的是，以天命纪年不见于满文档案，只见于汉字文献。金国建立后，不用明朝年号，即所谓“不奉正朔”。汉人历来有以年号纪年的传统，于干支前署以“天命”二字，意指天命金国汗某年，此外别无年号。清太宗时汉文文献以天聪纪年，满文档案中例作“淑勒汗的某年”，可以为证。另一值得注意之点是：以天命纪年的汉文文献中，也只书干支，而不记年序。这正说明了原无所谓“建元天命”、以某年为天命元年之事，故无从标年序于“天命”之后。

黄彰健先生在所著《清太祖建元天命考》中，引据《乱中杂录》所收前引万历四十七年钤有汗印的致朝鲜国王书，认为《光海君日记》所说：“称以天命二年后金国汗谕朝鲜国王”，系后来史官的追记，不可信据，这是很正确的。但又以为《乱中杂录》所记此信末署“天命三十六年月日”为可信，并据此向上推算，认为努尔哈赤是追认万历十二年(1584年)为天命元年，这就难以使人信服了。此信之末署天命三十六年，为他处所未见。朝鲜李肯翊《燃藜室记述》曾记有此事[②]，当出于《乱中杂录》，未必另有所据。现存清太祖朝文献均以干支纪年，此信独记年序，已甚可疑。且天命金国汗印于是年刚刚行用，更不可能径称三十六年。前引《明清档案存真选辑》初集所刊丙寅年诰命，末署汉字“天命丙寅年月日”，可知当时有末署年月日的格式，但诰命只书干支纪年，未填月日。我怀疑《乱中杂录》所抄录的“天命三十六年月日”或是“天命三月十六日”的误录。致朝鲜书，计日

---

① 黄彰健：《清太祖建元天命考》影印，见《明清史研究丛稿》。

② 见《清入关前史料选辑》第一辑。

可达，故未填干支纪年。李民寏《栅中日录》记是年三月十五日："彦加里、大海等持其文书来示"。二十一日又记："奴酋以前日所示文书，令差胡小农耳持往我国。"《武皇帝实录》也记是年三月二十一日遣使致书朝鲜，并见太祖朝《满文老档》。可知李民寏所记月日为可信。此信稿本曾于三月十五日出示李民寏，三月二十一日正式送出。如果三月十六日由巴克什填写月日呈阅用印，时日正好相合。当然，这只是一种推测。不过，仅此一见的所谓"天命三十六年月日"，必是传录误写，应是无疑问的。

皇太极即位后，如前面所提到的，满文档案中系以汗号纪年，称淑勒汗的某年。汉文作天聪某年。皇太极即位时，已较多地接受了汉文化的影响，纪年已改为年序与干支并用。如元年，满文档案作 sure han i sucungga fulahūn gūlmahūn aniya，即淑勒汗的第一、丁（原意浅红）卯年。二年作淑勒汗的第二、戊辰年。汉文则作天聪元年丁卯，天聪二年戊辰。这可能是表明，皇太极即位后，就已确定以汗号纪年的方式，改用淑勒汗号，故可逐年纪序。这与汉人的以年号纪年，更为接近了。

在 1636 年建元崇德以前，全国文献只是以汗号纪年，实际并无年号。《清实录》以太祖建国称汗之年为天命元年，太宗即位之年为天聪元年，治史者如用其为年号以引史叙事，自有其便利处。但《实录》所谓以某年"建元天命"，某年"建元天聪"，则是编纂者附会汉制之作，当为史家所不取。

五　皇太极建号改制

皇太极于 1636 年依照汉族王朝模式建号改制，是满族早期历史上的重大事件。该年四月，他在经过多方准备之后，率领诸贝勒大臣祭告天地，正式建国号为大清，年号崇德，并正式采用"皇帝"称号，上尊号为宽温仁圣皇帝。这不是简单的名号改易，而是标志满族国家制度和统治思想，从采纳蒙古文明到采纳汉文明的历史性的转折。

大清国号的含义,没有留下明确记录。学者或有所推测,似不烦强解。可以肯定的是:它不再是像金国那样,以族名为国名,加“大”字以称颂。而是像“大元”那样,以汉语“大清”二字,不可分割地合组为国号,满语音译为 daicing[①]。

皇太极的帝号宽温仁圣皇帝,显然也是继承了汉文明传统。虽然满文文献中此后仍然保留着“汗”的称渭,但“皇帝”一词已不再是“汗”的汉译,而是诸王大臣奉上的正式称号。皇帝的尊号称“宽温仁圣”,由汉人文臣注入了传统的儒家观念和统治思想,它和蒙古五部喀尔喀奉上努尔哈赤的尊号“神武”,形成显著的对比。皇太极称帝后,仍追尊努尔哈赤为“承天广运圣德神功肇纪立极仁孝武皇帝”。

崇德年号的制定,《清太宗实录》称为“改元”,实际上是满族历史上第一次正式建元。“崇德”一词也明显地带有儒家思想的色彩。

皇太极在立国号、帝号的同时,并命汉人文臣编修《登基议定会典》,制定礼仪制度,又依仿明制对国家制度作了多方面的改革。这些不是偶然的。努尔哈赤时期,金国已攻占了辽东广大汉人居住地区,俘掠了大批的汉人为奴隶。皇太极在征服漠南蒙古的同时,也不断在汉地俘掠,甚至深入到明朝京畿地区。古老的收养氏族的旧制,日益不能符合历史发展的要求。皇太极曾把被征服的蒙古人和汉人军兵,分编为蒙古八旗和汉军八旗,以组成新的军事力量。但是,随着地区的扩大、汉族人口的增加和汉人军将的降附,蒙古旧制和满族八旗制都已不能适应对汉地和汉人统治的需要。皇太极久已注意从俘虏中录用汉人文士。沈阳人范文程、辽阳人宁完我及明诸生王文奎等相继被拔籍入文馆供职,成为皇太极的谋士及汉文明的传播者。早在天聪五年(1631 年),皇太极已采用明制,设立吏、户、礼、兵、刑、工等六部,分

---

① “大清”当为汉语国号,清代文献中两字均联用,文人或简称为“清”。《东北地方史研究》1986 年第 2 期载马越山;《满洲族名与大清国号释义》,以为“清”字系满语,即庚寅汗之“庚寅”(genggiyen)似嫌论据不足。

管政务，并实行科举取士，录用蒙汉文职官员。总之，在大清国建号以前，金国统治制度已经沿着依仿汉制的道路逐步演变。满族统治者在征服汉族的同时，日益被汉族的文明所征服。被征服的漠南蒙古诸部在皇太极称帝后，曾奉上蒙古汗号，称“博格达彻辰汗”。皇太极娶蒙古后妃数人并陆续收降了一批蒙古军将和官员。在大清国的统治机构中，蒙古贵族在许多方面依然起着重要作用。但就国家总体制度来说，却由依仿蒙古汗国制转变到依仿汉族王朝的体制。皇太极的建号乃是这一转变的重要标志。

这一转变，也标志着对明关系的变化。如果说，努尔哈赤废弃明朝授予的官称，依蒙古制建国称汗，是表示背明自立的意志，那么，皇太极的改蒙古汗制，采用汉制建号称帝则是显示取代明朝的意向。天聪九年（1635 年）皇太极征服蒙古察哈尔部后，群臣上奏说：“各处蒙古，俱已归降，与我为敌者唯明而已。”[①]建号改制正是灭明的制度准备与舆论准备。

归结本文所考诸事，要点如下：

一、努尔哈赤于 1616 年建国称汗，号“天授覆育列国英明汗”，采蒙古汗制，以示背明自立。

两三年后，铸造满文天命金国汗之印行用。努尔哈赤所从出的族姓爱新（金），成为海、建诸部共同的族称，并用为国名。“后金”一名系由朝鲜传入明朝，并非努尔哈赤自建的国号。

纪年用干支，无年号。汉文文献以“天命金国汗”汗号纪年，称天命某年。

二、皇太极于 1626 年即位，至 1636 年建号大清前，号淑勒汗，汉译天聪汗。

族名与国名仍为爱新或金。继续行用天命金国汗之印。

纪年并用年序与干支。满文称淑勒汗某年，汉文作天聪某年。

---

① 《清太宗文皇帝实录》卷二三。

三、1635 年皇太极改定族名为满洲。

1636 年改采汉制，建国号大清，年号崇德。正式采用皇帝称号，尊号宽温仁圣皇帝。

原载《历史研究》1987 年第 3 期

一八六七年台湾高山族的抗美卫国战争

美国蓄谋侵略台湾，并不是什么突然的事，早在日本帝国主义侵占台湾的二十几年以前，他们就已开始阴谋着对台湾的侵略了。根据他们侵略中国的经验，当时他们并不在意懦弱的清政府。但是，出乎他们的意料，碰到台湾高山族人民的英勇反抗。

在我们叙述这段事实之前，无妨把以前美国侵略台湾的阴谋，大略地回忆一下。

自从1842年英国侵占香港之后，美国就有些眼红，他积极想找一个相当于香港的根据地，来做他的贸易站和海军港[①]。1847年起，他们就跑到台湾去做一些“测量”和“调查”。1848年，美国的资本家爱衣（Grdeon Nye）更公然喊出了侵占台湾。在这年的10月，从香港出发的英国船只尔比（The Kelpie）走到台海近海沉没。在这船上，有爱衣的哥哥汤姆士（Thomas Nye）和一个英国人汤姆士史密斯（Thomas Smith）。据说这两个人逃到台湾，被当地的高山族俘虏了。于是，在美国驻华代理公使伯驾（Peter Paker）的同谋和支持之下，爱衣就向美国政府建议，占领台湾高山族的住居区[②]。这个建议虽未能立即实现，但成为后来美国侵台的指南。

1853年，美国海军部送给伯驾为一个公文，特别提醒他注意台湾东南部的一个小岛红头屿。他们认为这个地方是中国与加利福

---

① Tyler Dennett: *Amerleans in Eastern* Asia, p. 182.

② J. W. Davidson: *The lsland of Formosa*, Past and Present, pp. 171-172.

尼亚之间,上海和广州之间商业航路的要冲,美国必须占有,并在此殖民,好用做美国商船的停泊地[1]。

这个红头屿是个什么地方呢?黄叔璥的《台海使槎录》里说:"红头屿番在南路山后。由沙马矶放洋,东行二更至鸡心屿,又二更至红头屿。小山孤立海中,山内四围平旷,旁岸皆礁。大船不能泊,每用小艇以度。"[2]

这个红头屿正是高山族的住区,并不能停泊大船。大概美国只在地图上看到它地理上位置的可爱,便大起贪心,对当地的情况毫不了解,就想侵占做他的停泊地。

1853 年,美国大选,民主党上台。第二年 6 月,任命哈利(Townsend Harris)为驻宁波总领事。这位先生,并没有全力执行他的领事的任务,而在到处搜集有关台湾方面的资料。他看到当时的德国法国都已渐渐地注意到台湾,而美国又不能诉诸武力,就向美国政府献了一计:想趁中国外患频仍,财政凋敝的时候,由美国拿出些美金来收买台湾[3]。不久之后,他去日本任总领事,这个荒唐的建议,也未能实行。但是,用美金收买、侵略中国领土的政策,确是美国的一贯作风,在不同的时间内,或明或暗地执行着。

1845 年 6 月,以阿鲍特(Capiain Abbot)为舰长的马其顿人号(The Macedonian)和以新克赖尔(Lieutenant Commander Sinciair)为舰长的供应号(The Supply),奉了远东舰队的伯雷司令(Commodme Mathew Calhraith Perry)之命,向台湾行使。美国海军部给伯雷的训令,是叫他到台湾搜索以前失踪的美国人的下落。可是骨子里的真正任务,是看到台湾藏煤量甚多,可以供给将来美国商船使用,命

---

① J. W. Davidson: *The lsland of Formosa, Past and Present*, p. 172.

② 黄叔璥:《台海使槎录》,番俗六考。(自余文灿等纂《台湾府志》卷一四页一八上转引)

③ J. W. Davidson: *The lsland of Formosa, Past and Present*, p. 172.

令他们去矿地调查。[①] 这两个美舰，在 6 月 21 日抵达基隆，舰内同行的，还有一位负责调查煤矿的"牧师"乔治琼斯（George Jones），和他的两位助手——航海士威廉（Williams）和候补海军少尉布瑞士（Breese）。他们从 7 月 10 日开始，到同月 23 日的十四天内，继续不断地进行煤矿调杳，发现了大量的矿藏[②]。另外，在基隆停泊期间，阿鲍特奉命进行港内测量，并由琼斯帮助他绘制测量图[③]。

伯雷的使命完成之后，就辞了他的司令官职务，而由"立功"的阿鲍特继任。伯雷回国后，发表了一篇论文，在文内指出："这个美丽小岛（按指台湾），名义上为中国的一州，其实独立。中国不过稍行其微乎其微的权力而已。大部地区都为一些独立民族所占有。"[④] 看他得意洋洋的语气，对于这些少数民族毫不在意，而以清政府的鞭长莫及为幸。没想到，后来打败他们的，不是清政府，而正是这些他们毫不在意的高山族。

在伯雷建议美国侵占台湾之后，1856 年 12 月，在中国"传教"已久的伯驾公使更想乘着英法联军开始侵略中国之后，趁火打劫，坐收渔人之利。他向美国政府建议[⑤]：强迫中国订约承认列强要求，由法国占领朝鲜，英国占领舟山群岛，美国占领台湾。这个分赃阴谋，他们特别看中了台湾，这正因为他们一向认为"台湾关系于人道、文化、航海和商业利益"，美国政府就不能退避不前！

这个建议成为泡影之后，第二年（1857 年）的 3 月 10 日，伯驾有

---

① F. L. Hawks: *Narrative of the Expedition of an American Squadron to the China Seas and Japan*, p. 498.

② Com. M. C. Perry: *Narrative of the Expedition of an American Squadron to the China Seas and Japan*, Vol. Ⅱ. pp. 153-163.

③ F. L. Hawks 前引书，p. 501。

④ 吉国滕吉译，德人 Dr. Riese 著《台湾岛史》，147—148 页。

⑤ P. H. Clyde: United States Policy Toward China, Diplomatic and Public Document, 1839-1939, pp. 35-37. Ideas on Treaty Revison. Peter. Parker to Secretary W. L. Marcy, Macao, December 12, 1856.

写给美国国务卿莫西(Secretary W. L. Marcy)一封公函①。在这封信里,他首先根据在华多年的资本家洛必纳(W. M. Robinet)的报告,贪婪而重复地叙述了台湾煤矿和农产的大量财富,以及在航海、商业和政治各方面对美国的重大利益。他更举出了去年出口货物数字一百六十五万四千金元,来诱惑美国资产阶级的政府。

伯驾又无聊地说明大英帝国已经在大西洋、地中海、红海、印度洋都有了适当的殖民地,并已占有中国的香港,总该以此为满足,而不应再对美国占领台湾加以反对。另一面,他也着重地申述英国驻香港总督和海军将领们业已动情于台湾,用以刺激美国政府及早下手!

在他发信前的2月27日,就曾在华和美国的海军舰队司令亚门司龙(Commodore Amstrong)商谈,阴谋侵占台湾。他在信里把这件事情报告了美国政府,并夸示美国已有足够的海军,大可胜任!

然而,当时的美国政府还没有发展到狂妄无知的阶段,它还知道自己力量的薄弱,这个阴谋也就无法立即实现。

1867年3月9日,美船罗福号(The Hover)北航。据说是因为暴风飘流到台湾近海,在七星岩②地方触礁沉没。船长洪特(Hunt)与其妻等驾舢板逃到台湾南岸,在琅峤尾龟仔角鼻山地方登陆。这里正是高山族的一支科亚尔族(Koaluts)的住地,他们勇敢地捍卫着祖国的领土,对这些突如其来身分不明的外国人,毫不客气地加以

---

① P. H. Clyde: United States Policy Toward China, Diplomatic and Public Document, 1839-1939, pp. 37-38. Fromosa as an American Outpost. Parker to Secretary W. L. Marcy, Macao, March 10, 1857.

② 七星岩,英文书写作 Vele Rete Rocks,或名七星山。清王瑛会等纂《凤山县志》卷一页十九上:“七星山在县东二十里……七岸错落,圆秀如星,故名。”

射击。十三个美国人被捉被杀，只放走了一个随行的中国人[①]。这个中国人后来随货船去到高雄（当时称为打狗或打鼓），船主因为他原来是外国货船的随从，就把他交给高雄的英国领事。这时，正好有英舰考谋阮号（The Cormoran）在这里停泊。3月26日，舰长布绕德（Broad）即伴同英领事赴美人被杀处亲察。这个舰上的人员上陆窥探，也同样遭到科亚尔族的射击，二名水兵受伤，船棹被折[②]，狼狈地败兴而返！

他们回到高雄后，一面由英领事致函台湾道吴大廷，一面英公使也将此事转告美国公使。

4月，美使不顾中国方面的劝阻，即命令美国驻厦门领事李仙得（Genera Le Gendre）率领阿树罗号（The Ashuelot）向科亚尔族住地急行，想藉口侵占该地。但这回他们还是和先前一样受到科亚尔族的抗拒，无法得逞，只好再度引还！

被高山族人民打得三番两次的败北后，他们不免有点老羞成怒。于是在6月间，美国政府就命令柏尔（Admiral Bell）领率正向日本航行的哈梯佛得（The Harthord）和卫明（The Wyoming）两军舰改道直航台湾，“驱逐蕃族，占领该地”[③]。以前爱衣和伯驾等人的侵略阴谋，在这里要用武力来实现了。

这两只美舰在6月6日从高雄拔锚，在夜里从南岬西部到琅峤湾。当时军中的一位翻译官毕克林（Pickering）曾向柏尔建议，拿金元来收买一些当地的高山族，做他们的向导，然后把军队分成两半，

---

① 关于这次逃脱的中国人，见 W. A. Pickering: Pioneering in Formosa, p. 176。说是有两个人。但是，J. W. Davidson: *The Island of Formosa, Past and Present*, p. 115 和 E, H. House: *The Japanese Expedition*. p. 3 都说只有一个人。考《同治朝筹办夷务始末》卷四十九页四十三上及卷五十页十一上所载台湾道吴大廷等的奏折节录英使买禄公函内，都说是“仅余华人水手一名”或“仅存一人”，应该算是比较可靠的原始史料。所以我采取了这个说法。

② W. A. Pickering: *Pioneering in Formosa*, p. 179; J. W. Davidson: The Island of Formosa, Past and Present. p. 115.

③ W. A. Pickering 前引书，p. 180.

一半从科亚尔族的背后，一半从海滨夹攻。

第二天，天还不亮，美舰就悄悄地开到以前美人被杀处投锚。柏尔命令参加过南北美战争的老将马肯基(Lieutenant Mackenzie)和柏克纳浦(Captain Belknap)率领一百八十余名陆战队员登陆。崎岖不平的道路和到处布满的岩石杂草，使得他们的行军受到极大的困难。但他们登陆后四处搜寻，并未发现任何居民的踪影。

在距海一里左右的地方埋伏着的科亚尔族人民军，出其不意地向美军射击了。这些个美国侵略者，在炎热的气候生疏的环境里到处奔逃，弄得疲弊不堪。于是，科亚尔暂时停止了射击。等到美军得暇休息时，他们再从另一个地方出来，美国兵们又是一阵慌乱的躲藏①。

科亚尔族人民军就是这样利用熟悉的地理环境，巧妙地展开游击战。所谓"四出屠杀，败则窜入山，据险莫破"②。"穿林飞箐，如鸟兽猿猴"。"盖'生蕃'所行之处必林木丛茂，荆榛芜秽，可以藏身。遇田园平国，则缩身而返"③。一向欺侮惯了中国人的美国侵略者，这次只能等着挨打，挨了打后还不知道打他们的人在哪里。

马肯基被弄得毫无办法时，就采用了以前毕克林的建议，设法找到了几个高山族的居民。以为可以利用他们指示行军路线而大举进攻了。在美军走到山上时，他们就向毕克林借了几根火柴一起吸起烟来。轻烟缕缕，飘向上空，正做了给科亚尔族人民军的信号，他们向这里集中开枪了。忽然，这位南北美战争中的老将马肯基手指前胸，高喊军医，经过一阵苦叫后"与世长辞"。侵略者得到它应得的下场！然而，这支残兵败将仍然没有发现科亚尔族的足迹。柏克纳浦率领败兵急忙后退，科亚尔族从后面追过来，直把美军打到

---

① W. A. Pickering 前引书，p. 181.

② 连雅堂《台湾通史》卷一四，外交志，页四五九。

③ 王瑛会等纂《凤山县志》卷三，番社风俗。(案本文所引据北京大学图书馆藏本，此页抄补，缺页数。)

海里去。他们仓惶地向柏尔报告后,丢盔弃甲逃回了[1]。

当时台湾总兵刘明灯和台湾道吴大廷奏报这件事情说:“探得花旗国轮船于十二日到台,即赴傀儡山之龟仔荳社内。有二等带兵洋官一员,洋兵一百七八十名,被‘生蕃’诈诱上山,从后兜拿,因路径狭窄,带兵官受伤毙命,洋兵被伤者数十人。”[2]这场大战,美兵的伤亡人数,在清官员的两次奏报里都说是“数人”。只有台南知府唐赞衮的《台阳见闻录》里说:“同治六年五月十二日,有花旗国轮船前进傀儡山之龟仔荳社。有二等带兵洋官一员,洋兵一百七八十名登岸,被‘生蕃’诈诱上山,从后兜拿,因路径狭窄,带兵官受伤毙命,洋兵被伤者数十人。”[3]这部书的写作,自较吴大廷当时的奏折为晚。但二者的字句全同,只是把“数人”变成“数十人”了。这场鏖战虽然激烈,可是高山族的战略好像只在击毙美国的主帅,并不注意那些小兵。唐书既在吴氏奏折之后,我觉得还是以“数人”为可信。可惜记载此事的史料甚少,毕克林的从军日记里也没有详细记载伤亡人数。不过一百几十人的军队里如果有数十人伤亡,毕氏就总该大书特书,而不致屡次说“幸无大损失”了。

美国大败之后,就由美使向北京清政府交涉。但他们仍是以请求查办罗福船事件为词,对这次惨败的侵略战争却讳尔不言。[4] 当时清总理各国事务衙门怕美国藉口滋事,就命令闽浙总督台湾镇道会同查办。

同年的 9 月 4 日,闽浙总督所的汽船乌隆替尔号(The volunteer)交给李仙得开赴台湾。台湾总兵刘明灯以下的将士伴随着李仙得直往琅峤。

那时的高山族一共有十八族(经过了日帝的残酷屠杀,据说,现在只剩下七族了)。每族自有头目,各族间形成一个联盟,以卓其笃

---

① W. A. Pickering 前引书,p. 182。

② 《同治朝筹办夷务始末》卷四九页四四下至四五上。又同书卷五页一二上略同。

③ 唐赞衮:《台阳见闻录》洋务,见五。

④ 《同治朝筹办夷务始末》卷五〇页一二上。

(Took-e-tok)为领袖[①]。当时刘明灯曾劝阻李仙得不要与这支组织坚强勇敢善战的高山族交战。李仙得对高山族本已有些畏惧,便乘机提出几个条件作为要挟。这几个条件的大意是:一、“蕃人”须表示反悔,并对将来情形提出保证。卓其笃以下十八族头目须与李会见。一、琅峤至头泗埔间的汉人及“熟蕃”须保证“恭顺”。一、要求“蕃人”赔偿毕克林因领回洪特夫人遗骨所受之损失,并将遗存于“蕃人”手中之洪特船长遗物要回。一、在本岛南湾设立附有堡垒之气象台[②]。刘明灯为了暂时避免战争,就口头上答应了这些条件,但未给李正式的文书,虽然李仙得三番五次地索取回文。

以卓其笃为首的十八族头目,应了刘明灯之邀来到保利阿克(Poliac)地方等待会见。李仙得以不接回文即不会见为要挟,但又怕高山族的代表们被激怒返山,就在10月10日那天带领翻译和向导出发了。他们会见于岛东南海岸的旧火山地方,这里正是高山族居住区的中心。他们见面后谈到上次的事,卓其笃说明过去白人曾来侵略台湾,杀害了高山族同胞三人,他们这次的正义行为正是正当的报复和自卫。当李仙得问到将来当如何相处时,卓其笃正确地反映了高山族人民的意志。他对美国的代表们说:“如果你们将来还要战争,我们就一定起来坚决地反抗。反之,我们则愿意保持一个永久的和平”!这种正义的回答不仅代表了高山族人民的意愿,也正是一直被继承下来的中国各族人民对待美国的态度,我们需要和平,但我们也绝不怕反侵略的战争!

高山族这次抗美卫国的胜仗,打得美军落花流水。但它更重要的意义,是对侵略者打了迎头一棒,让他们吃了苦头,得到教训。这个纸老虎被戳穿了,他们就不得不改变一下侵略的策略。主要的不再是由军队直接进攻,而是利用和勾结日本,从旁渔利。这样就使

---

① J. W. Davidson 前引书,pp. 117-122. Mr. Le Gendre's Report to the United States Minister at Peking。

② J. W. Davidson 前引书,pp. 117-122. Mr. Le Gendre's Report to the United States Minister at Peking。

得后来的日本帝国主义得着机会，捷足先登。

可是，美国并没有因而放弃侵台的野心，而是在一旁等待机会。1950 年美国发动侵朝战争，第七舰队进占台湾，充分表现了一百年来对于中国领土的野心。他在朝鲜，遭到朝鲜人民军和中国人民志愿军的痛击。在台湾将来也会受到台湾人民的教训。

1951 年 2 月，北京大学

原载《进步日报》史学周刊第八期 1951 年 3 月 2 日

西藏问题的过去与现在

英国帝国主义对西藏的侵略，已经有了将近一百八十年的历史。他们这样长期侵略的目的，并不限于西藏的局部，而是要把西藏当作侵略全中国的基地，控制了这个“后门”，再逐步地向内地扩张，进而侵占整个长江流域。配合着东南沿海的侵略，从中国南部的东西两方，伸出两只魔爪，渐向中国内部集中，以至吞并整个中国大陆而后止。西姆拉(Simla)会议时，英国所提出的把四川青海的一部划归西藏自治的计划，就是他们企图向内地伸展的一个明证。

二次大战以来，老大的英帝国逐渐依附美国，对西藏的侵略也就形成了一个英美集团。

由于中国人民的胜利，帝国主义者侵略中国的计划已随之破产，但在它们垂死挣扎之际，和侵略东南的海岛台湾一样，也不放弃对康藏高原的侵略。英国人早就把西藏看成“防止赤化”的屏障①。1949 年以来，更加紧地用着各种各样的策略，来阻扰西藏的解放。

但是，如果我们留心一下英国侵略西藏的历史，就不难看出：这些策略不过是英国侵略西藏的老套，现在又搬出重演而已。

英帝国主义者侵占尼泊尔等地，窥伺西藏

还是在鸦片战争六十五年前的 1774 年，被英人誉为“眼光敏锐”的孟加拉省长哈斯丁斯(Warren Hasting)命波格尔(Bogie)窥伺

---

① Charles Bell：*Tibet*，*past and Present*. P. 179.

西藏之后，英国就开始注意到作为藏印间壁障的三个小国——布丹、哲孟雄和尼泊尔。1814 年，英国派出了三万四千大兵进攻中国藩属尼泊尔[①]。当地的廓尔喀人经过了两年的艰苦抗战，终于被英兵所败，订了萨各里条约，将南疆的太来区域，西境的大芒、卡华二省及西姆拉地方割让于英，而尼泊尔的内政外交从此都受英国监视。接着，1865 年，更派兵攻入布丹，掠为己属。1888 年，格累谟(Generae Graham)率领大军进占哲孟雄[②]。1910 年，英布签约，布丹正式沦为英人保护[③]。同年 12 月，驻北京英使就通告中国政府：尼泊尔、布丹均已"独立"，不属中国。

这三个小国的获得，扼住了印藏的大路，就可畅行无阻的入藏了。1902 年，荣赫鹏(Francis Young husbsnd)的进军，实以此为其先决条件。大宗的英货、印币和大批军火，也都由此路输入。1924 年起，英国更经由尼泊尔派军入藏。到了 1930 年，英国指使藏军大举内犯时，英印在藏的军队已直五万余人了[④]。由此可见，藏属的这三个小国，尤其是尼泊尔，虽然面积不大，但实为英国对西藏进行军事和经济侵略的重要基地。

他们之所以向西藏输入大量军火和训练大批藏军，除了准备内侵外，还有另外的一个目的。他们特别害怕西藏僧侣人民的反帝运动，而它们觉得这些大寺院的"横暴"，就只有用训练有素的大量军队来"治服"[⑤]！

让我们记住这些过去史实，再来看一下现在的情势。

去年 11 月 6 日，当解放军向西藏进军时，尼泊尔首都加德满都

---

① 尼泊尔自清乾隆五十七年(1792)为福康安征服后，即称藩于清，每五年入贡一次。事见《清经世文编》卷八十一，福康安《藏内善后事宜疏》及《清史稿》福康安传。又北京大学文科研究所藏有尼泊尔贡表三幅，表皆上半梵文，下半波斯文。其一前经考订为道光十三年(1833)。

② Franis Younghusband: *India and Tibet*, P. 49.

③ Charles Bell: *Tibet, past and present*, pp. 99-106.

④ 华企云:《西藏问题》，页 143 引当时新闻报成都通讯。

⑤ Charles Bell: *Tibet, Past and Present*, p. 180.

突然发生了一个"政变",首相拉纳赶走了国王克拉华姆,另立了一个三岁的王孙。这个政变的发生,就使我们很自然地回想起:1947年7月,美帝与尼泊尔曾订过一个友好商业协定。这个"协定"过后,加德满都就出现了大批的美帝特务活动。

政变之后,接着来的是大批的美制式武器和军火,得到尼泊尔政府的同意,陆续输入西藏,以抵制解放军和镇压西藏人民!

正如印度民族报所说:"第二次世界大战后,美国独占资本家就已承认尼泊尔在反对苏联、中华人民共和国和人民民主国家的战争中有特别重要的军事战略意义。"

无知的英美帝国主义者,竟把当年英国的故伎,拿来对付今天的中国!

对西藏拉拢挑拨,阻扰代表来京

1904年,荣赫鹏的军队打到拉萨城下,和三大寺的代表订了"城下之盟"的条约[①]。1906年,中英缔结印藏续约,并把1904年的条约附入。1909年,达赖自内地返藏。1910年2月,清廷赵尔丰的军队进攻拉萨,达赖逃往印度,又给英国一个绝好的机会。

在达赖留印的两年期内,英国一面尽力拉拢和挑拨,一面更乘机窥探西藏政治的宗教的内幕。时常派人避去左右和他密谈[②]。我们不知道在这些密谈当中,他们捣些什么鬼,不过其间必定有些道理。说不定后来的西姆拉会议就是在这时候布置好了的。至少,在深入的窥探后,也奠定了一些基础。

当清政府邀达赖来京商谈时,英国就又千方百计地加以阻挠,使达赖不能成行。他们自供说:"若果行之,则达赖及英国在藏势力之末运至矣。"[③]

我们在这里稍微回忆一下:去年2月西藏地方当局曾派出代表

---

① Feancis Younghusband: *India and Tibet*, p. 251, 262.

② Charles Bell: *Tibet, Past and Present*, p. 123.

③ Charles Bell: *Tibet, Past and Present*, pp. 113-114. 译文引自宫廷璋译本,页75。

团来京谈判，这个代表团在 4 月里就到达印度，而直到我们进军时，仍然留在那里不能起程。在这段期间，有没有人来和他们“避去左右密谈”，我们不太清楚。不过拉拢和挑拨，恐怕是在所难免。

虽然印度政府的照会里，否认有外界阻挠，但历史的经过告诉我们：这也正是因为“若果行之，则英国在藏势力之末运至矣”。

乘机制造事变，策划“独立”

1912 年，辛亥革命的消息传到拉萨，英国就嗾使藏军驱逐了清政府的驻藏官员，高喊：“西藏独立，西藏自治，不驻汉官，不扎汉兵。”这些藏军，实际上都是由英国训练和供给军火。当汉军被围，粮饷断绝，英国就又以伪善者的姿态出面调停。1913 年，把这些汉军缴械后，由印度海道送回上海。同时，西藏更出兵堵住川边东路，不准汉人往还。进而攻陷嘉玉桥、硕督、襄塘，当地官兵仓皇逃窜[①]。不久，西康全省除康定等十一县外，全被藏军攻陷。

这段史实，我们不能把它看作西藏人民的革命战争，相反的，是英国在幕后操纵指使，想乘着辛亥革命的机会，趁火打劫。使得革命军不能因驱逐清军而入藏，也使清朝驻藏的官兵无法起义。乘机把西藏从中国分化出去，策划“独立”，更进而向内扩张，以便压迫和剥削更多的中国人民。

这和 1948 年 7 月 8 日，英美帝国主义在西藏制造的“事变”，驱逐了所有在藏的汉人和国民党驻藏官员，然后宣传“独立”，前后如出一辙！

1912 年 7 月，蔡锷、井昌衡等出兵反攻西藏，分路进军，克服数地。英使朱尔典(John Jordan)就向袁世凯提出抗议，并附有五项无理要求。更趁着民国成立之始，声言如果不答应就不承认民国[②]。当时袁世凯为了急于得到列强的承认，以逐步满足他称帝的野心，

---

① 关于当时官兵逃窜的情形，我最近得到一本那时在硕督做正理事的杨氏的日记稿，记载较详，可惜在这里不能详细介绍。

② 当时的外交部政务司编：《藏案纪略》页 14。

就“不能不勉如所请”。于是有 1913 至 1914 年的西姆拉会议的召开。这次会议的草约,虽由中国代表签字,终因中国政府没有批准,不能成立,以致无结果而散[①]。但这却给予英国日后侵略西藏藉口,屡屡纠缠不休。

欧战结束,华盛顿会议开幕,中国原想向大会提出解决西藏的悬案。但西藏地方政府忽然直接向会议声明:如无西藏代表和英人贝尔(Charles Bell)出席,就不能讨论西藏问题。这已很显然地暴露出英人在背后指使,阴谋把西藏弄成一个“国际问题”。

去年西藏的摄政达扎更向联合国“呼吁援助”。又出来一个中美洲的小国萨尔瓦多向联合国正式提出“西藏问题”。

进行对藏的经济文化侵略

英国的老套,居然由美帝国主义和它的仆从国家承继了。

另外,从一开始,英国就在注意到它的对藏“贸易”。1890、1893、1904、1906 年的各条约和 1908 年的通商章程里,都规定了经济方面的各种利益。英货入藏,甚至可不纳进口税。它们就陆续输入了大批的奢侈品和麻醉品。这些货物,直接卖给贵族,间接地剥削着西藏人民。更重要的,它们垄断了一般藏民的日用必需品——茶。压倒了原有的中国内地茶业。并进而操纵和控制了全藏的邮电和矿业。西藏的大宗出产羊毛、羊皮、香料等又被它们低价抢走。此外,更把持着西藏的金融、输入印币,使西藏金融陷于混乱[②]。

它们这种经济侵略,实际上就是侵略疆土的另一面[③]。

在文教方面,英国也在进行活动。欧战期间就劝诱了西藏贵族子弟四人去英留学。它们的目的,并不是使这批青年去学得什么科学技术,而是为了训练一些亲英分子,好做他们侵略西藏的内应[④]。

---

① 当时外交部编:陈专自报告。

② 华企云:《西藏问题》页 153,引民国十八年(1929)4 月 16 日时事新报通讯,内记藏币贬值数字甚详。

③ 成吉安辉:《藏英交涉始末》。

④ Charles Bell: *Tibet, Past and Present*, p. 184.

此外，又计划在西藏设立英国学校，由英人做校长[①]。这计划未付诸实现，但其用心不可谓不深。

这些经济和文化的侵略政策，也都被今天的英帝和美帝继续采用或更变本加厉。英货的输入和受英美式教育的学生都逐年加多了。

侵略者必然失败

史实证明，虽然时移势易，对象不同，性质不同，而今天英帝美帝的侵略政策仍然沿袭着当年的故伎。时间过了一百多年之久，世界变了，中国大大地变了，帝国主义者一贯的侵略作风并没有变。

尽管这些侵略政策在过去可以用来欺骗和剥削西藏人民，可以挑拨民族感情，可以恐吓和威胁封建反动政府，从而获得若干利益，但拿来对付今天的中国，就注定了它的必然失败，这并不是他们政策本身的今不如昔，而是中国变化了。

1951 年 2 月 16 日

原载《进步日报》史学周刊第六期

---

① Charles Bell: *Tibet*, *Past and Present*, p. 185.

关于“黄祸论”的历史考察

“黄祸论”是十九世纪末二十世纪初西方帝国主义者侵略中国、镇压中国人民革命的一种极反动的谬论。本来早已不值一提了。可是，现在似乎又成为一个时髦的东西。帝国主义者纷纷叫嚣人民中国是“新的黄祸”，是“黄色帝国主义”①，说什么“白种人受到黄、棕、黑三方面的攻击”②，“德皇威廉第二曾经常常谈起黄祸，现在他正称得上是一位伟大的预言家”③。因此，对“黄祸论”作一个历史考察，剖析一下它的反动本质，是很有必要的。

德皇威廉第二的“黄祸论”

十九世纪末二十世纪初，西方资本主义列强相继进入了帝国主义阶段，展开重新瓜分世界的激烈斗争。在东方，老大的中国是他们掠夺的主要对象。日本帝国主义兴起后，也把它的侵略矛头指向了中国。1895 年中日战争之后，它依据《马关条约》抢先侵占了中国的台湾、澎湖和辽东半岛。这使得一些西方列强受到极大的刺激，展开了同日本帝国主义争夺中国的斗争。所谓“三国干涉还辽”是这个斗争的高潮。“黄祸论”就是在这个斗争高潮中，由德皇威廉第

---

① 见美《时代》周刊 1959 年 10 月 12 日《机器人》一文。

② 见罗素接见丹麦《政治报》记者就《战争与和平》问题的讲话。

③ 见美《民族》周刊 1962 年 6 月 16 日社论《黄祸》。

二首先唱起来的。

德、俄、法三国胁迫日本以向中国索取“赎金”为条件退还中国辽东半岛，当然这并不是出于像他们所吹嘘的要“帮助中国”，也不是由于它们比日本帝国主义少一些侵略性，而是各有其侵略目的。沙皇俄国当时正在贪婪地注视着中国的蒙古和东北，和日本帝国主义有着直接的利益冲突。沙俄最积极地“干涉还辽”正是为了要取代日本，进一步侵略中国。和俄国结成同盟的法国，支持俄国参加干涉，也是打算乘机掠夺中国，从中渔利。至于德国之所以参加进来，则是出于两个方面的动机。

一方面德国是借以把沙俄的视线从欧洲转移到远东，以缓和它在欧洲所承受的威胁。按照威廉自己的说法：“是为了尽可能地减轻我们东部边境上的压力。……把俄国引向它的真正使命所在的东方。”①

另一方面，当时的德国正在力图侵入亚洲，野心勃勃地想在中国沿海掠取在亚洲的商业据点和海军基地。1895 年 3 月，德国首相何伦洛熙在给威廉第二的奏折中说：“肯定地，在中国海岸线上取得足供我们舰队与商业为根据地的土地，我们当考虑为头等地位的利益。”②威廉第二在批语中对这个意见很表赞成。接着，他也完全赞同了前驻中国公使巴兰德的建议：“和俄国共同行动，我们或者可能从感激我们的中国——当然必须使它如此——得到一块地方，作为我们海军停泊或囤煤之所。这地方不拘割让或租借，因为实际上两者完全相同。”③说得很明白，德国参加俄国行动的目的，就是乘机向中国讹诈，侵占中国的领土。

---

① 《德国外交文件》（*Die Gross Politik der Europäischen Kabinette*，1871—1914），柏林，Deutsche Verlagsgesellschaft für Politik and Geschichte M. B. H. 1927 年版，第九卷，第 268 页，第 2240 号文件。译文参据孙瑞芹译《德国外交文件有关中国交涉史料选译》第 1 卷，商务印书馆 1960 年版，有所修改。下同。

② 《德国外交文件》第九卷，第 254—255 页，第 2227 号文件。

③ 《德国外交文件》第九卷，第 266 页，第 2238 号文件。

威廉第二也正是为了这样两个目的,在“干涉还辽”过程中,向沙皇尼古拉第二唱起“黄祸论”来。

1895年4月26日威廉第二写信给沙皇说:“我一定要竭尽全力保持欧洲的平静,并且防护俄国的后方,以便没有人妨碍你在远东的行动。因为教化亚洲大陆,捍卫欧洲使它不致被庞大的黄种人侵入,显然是俄国未来的伟大任务。……我将有兴趣地等待我们行动的进一步发展,并且希望,正像我乐于帮助你解决俄国终将吞并某些领土的问题一样,你也能亲切地使德国能在不‘妨碍’你的某个地方获得一个港口。”[①]

同年他又写信给沙皇说,他把他的思想形象化了,并且请来一个据他说是“第一流画家”的教授先生按照他的草稿画了一幅“黄祸图”送给沙皇,“作为对沙皇和俄国的热烈而真诚友谊的纪念品”。他说:“这幅画显示出欧洲列强以它们各自的守护神为代表被上天派下来的天使长来加勒召集在一起,联合起来抵抗佛教、异端和野蛮人的侵犯,以捍卫十字架。重点特别是放在一切欧洲列强的联合抵抗上”[②]。在这幅“黄祸图”的下端有威廉本人的如下的亲笔题字:

欧洲各国!保卫你们的神圣的财产!

I. R. 威廉[③]

这里所说的“野蛮人的侵犯”就是指的日本和中国对欧洲的“侵犯”。明明是为了侵略中国,却倒栽赃地抬出抵抗中国的“侵犯”作

---

① 列文(L. D. Levine):《威廉致沙皇信札》(*Letters from the Kaiser to he Czar*),纽约,Frederick A. Stokes Co. 1920年版,第9—10页。按此信原书误作四月十六日,今据盖尔拉赫(H. V. Gerlacn)编德文本 *Briefe and Telegramme Wilhelms* Ⅱ *an Nikolaŭs* Ⅱ(维也纳,Meyer & Jessen,1920年版)第2页校改。

② 列文:前引书,第17页。

③ 参看戴奥西(Arthur Diósy):《新远东》(*The New Far East*),伦敦,Cassell and Co. 1900年第3版,第334—335页。

幌子，真是没有什么谎言比这种谎言更虚伪的了。法国驻华公使施阿兰后来回忆说：“在德皇威廉第二过早的想像里已经孕育并出现了黄祸的幽灵：他看到了中国已被征服，其后又受到日本的教育、训养，因而两个亚洲国家联合起来对抗欧洲。他立即和尼古拉二世取得联络，并且毫不犹豫地向后者提议采取共同行动。……德国政府就这样和俄国政府接近，结果也接近了法国政府。”①侵略者们正是利用“黄祸”这种谎言相互勾结、狼狈为奸，进行着掠夺中国领土的罪恶活动。在“三国干涉还辽”后，德国得到沙俄的默许，1897 年侵占了中国的胶州湾；接着，沙俄得到德国的支持，攫取了中国的旅顺口。两个帝国主义就这样完成了宰割中国的政治交易。

最早一次的“黄祸论”就是这样出现，这样收场的。

应该指出，威廉第二之所以利用这个种族主义的“黄祸论”，并不是一个偶然的事。十九世纪末的德国，正在大肆宣扬种族歧视，培养种族仇恨，用以欺骗人民，为帝国主义者对非洲和亚洲“野蛮人”的侵略制造理论根据。只要举出《泛德报》上的一个例子就够了。这家报纸写道，“种族生物学的世界观告诉我们，有治人的种族和治于人的种族。政治历史不外乎是治人的种族间的斗争的历史。尤其是侵略常常是治人的种族的事业。……这一类人能够侵略，可以侵略，应该侵略！而他们也应该是主人，他们做主人乃是为了他们和别人的福利！”②“黄祸论”之类的种族论就正是这样一种为侵略者作辩护的“理论”。

1904—1905 年，日本和沙俄两个帝国主义国家在中国境内进行了争夺中国东三省的罪恶战争——日俄战争。这次战争的结果，日本帝国主义从沙俄手里夺去了侵略“南满”的利益，并且进一步加深

① 施阿兰(A. Gérard)：《使华纪》(*Ma Mission en Chine*. 1893—1897)，巴黎，Plon-nourrit et Cie，Imprimeuséditeurs. 1918 年版，第一卷，第三章，第 42 页。译文引自《中国近代史资料丛刊——中日战争》，新知识出版社 1956 年版，第 7 册，第 419 页，略有修改。

② 引自库钦斯基(J. kuczynski)：《关于德国帝国主义历史的研究》(*Studien znr Geschichte des deutschen Imperialismus*)，柏林，Dietz Vetrlag，1952 年版，第 2 册，第 36 页。

了对中国的掠夺。战败的沙俄被迫退转到所谓“北满”。战争过后，威廉第二在同尼古拉第二会见时，又以反对“黄祸”作为他们谈话内容的一部分。

威廉第二对沙皇说：“如果俄国人自认为是欧洲文明国家的一员，他们就必须做好准备，共同反对黄祸，保卫这些文明国家。”[①]

沙皇回答说：他和他的家族都是欧洲人，他的国家和俄罗斯人一定要同欧洲靠在一起。他将“把保卫欧洲免受黄种人侵犯看做是一件光荣的事”[②]。

很明显，威廉第二趁着沙俄败于日本的机会，再次叫嚷“黄祸论”，还是为了转移沙俄的斗争目标，以便从中得利。他在后来被赶下皇位后所写的《1878—1918 回忆录》里也毫不掩饰地供认，他当时向沙俄宣扬反对“黄祸”，是“力求利用沙皇尼古拉第二对于日本日益强盛的忧虑”[③]，来为德国谋利益。

沙皇附和“黄祸论”，并且在此前后，沙俄的大臣们，例如驻华公使喀西尼、陆军大臣库罗巴特金等也都跟着叫喊起来，这只能有一个解释，就是他们从侵略中国的需要出发，鼓吹同日本帝国主义争夺中国的殖民地。所谓“黄祸”，所谓“保卫欧洲免受黄种人的侵犯”，不过是一个骗人的烟幕，实际内容是日本帝国主义对中国的侵略妨碍了他们侵略和掠夺中国。

仅仅两年后，沙皇俄国就以它的行动把它自己所宣扬的“黄祸论”戳穿了。1907 年，沙俄和日本成立了《日俄协定》，并在密约中规定：日本承认中国的“北满”和外蒙古为俄国的势力范围；俄国承认朝鲜和中国的“南满”为日本的势力范围。原来大喊大叫反对“黄祸”的沙俄，当它同日本划定了在中国的势力范围后，便成了日本帝

① 威廉第二（Wilhelm Ⅱ）：《1878—1918 回忆录》（*My Memoirs* 1878—1918），伦敦，Cassell and Co. 1922 年英译本，第 76 页。

② 威廉第二：前引书，第 77 页。

③ 威廉第二：前引书，第 77 页。

国主义的盟友。

这样，这次“黄祸论”叫嚣的结局，又是两个帝国主义国家完成了宰割中国和远东的政治交易。

第一次世界大战期间，日本帝国主义参加了协约国一方，并且从德国手里强占了胶州湾。威廉第二于是又弹起“黄祸论”的老调。

威廉第二在他的《回忆录》里写道：

如果日本毅然加入了德奥一方，“如果日本在它的对外政策中采取这样的方针，并且像德国那样地利用和平手段来谋取它在国际贸易和国际活动中的利益，那么，我就会把所谓‘黄祸’扔在一边，愉快地欢迎日本民族——‘东方的普鲁士’加入和平国家的行列。我比任何人都感到遗憾的是，当发生 1914 年的危机时，‘黄祸’还没有失去它的意义”①。

这不是说得很明白么！德国帝国主义和日本帝国主义原来是一丘之貉。当他们站在一起时，“黄祸论”也就被丢在一边了。“黄祸”谎言的“意义”，只是在于日本侵犯了德国帝国主义的利益，侵犯了德国侵略中国的殖民地利益。在这里，威廉第二也已经把他当年所玩弄的这个把戏的就里，完全说破了。

综上所述，德国和沙俄前后高唱的“黄祸论”，固然是西方帝国主义者用来相互勾结利用、勾心斗角，但又都是和对中国的掠夺相联系，都是借以对抗日本、侵略中国。日本受“黄祸”之虚名，中国遭宰割之实祸。威廉第二所首唱的这个“黄祸论”原来就是西方帝国主义者争相侵略中国领土、掠夺中国人民的一阵自欺欺人的叫喊！

英国赫德等的“黄祸论”

在威廉第二的“黄祸论”流行的同时，英帝国主义者又对它作了

---

① 威廉第二：前引书，第 78 页。

新的发展。

和十九世纪末才开始侵入中国的德帝国主义不同，英国此时早已在中国领土上攫取了广泛的权利，成为西方列强对华侵略中获利最大的国家。它的对华基本政策是维护和扩大在中国的侵略利益。它的最大障碍，则是中国反帝运动的兴起。因此，伴随着中国的觉醒，英帝国主义者把“黄祸论”的叫嚣，直接地指向了不断反抗他们的中国人民。

早在 1893 年，英国的皮尔逊就已提出过所谓黄种人和黑种人的威胁。他写道：“我们自己之间正在一个我们认为注定应属于亚利安民族和基督教信仰的世界上，进行着争夺霸权的斗争。……我们将醒来发现：我们鄙视为奴仆并认为应该永远服从我们需要的那些民族，会把我们推开、挤开以至排除。”①

皮尔逊这帮殖民主义、种族主义者和威廉一样，在他们看来，黄种人和黑种人都是所谓“劣等民族”，理应承受“优等民族”白种人的统治。这也就是说，一切被压迫民族注定都是西方帝国主义的奴仆。不过，这个皮尔逊有一点是说对了，即一切被压迫民族、被压迫人民总有一天要起来革命，把帝国主义、殖民主义者“挤开”和“排除”。因此，他向帝国主义者提出了忠告：必须及早防止和压制被压迫民族的觉醒。皮尔逊的这些言论曾被认为是“黄祸论”的先声。

1898 年 11 月，英国的远东问题专家戴奥西发表了《新远东》一书。书中指出：威廉所说日本和中国侵犯欧洲的那个“黄祸论”，只是无根据的臆想，是不值得重视的。作者的意见是，如果被侵略的中国一旦觉醒，那才是“真正的黄祸”。他写道：“有一种真正的‘黄祸’，需要我们注意和研究，并且应该竭力准备应付。……要是我们只关心自己的利益……我们就应该虔诚地祈祷天朝能永远继续保

① 皮尔逊(Charles Henry Pearson)：《民族生活与民族性：一个展望》(*National Life and Character, A Forecast*)，伦敦，Macmillan and Co. 1893 年版，第 85 页。

持昏睡状态。”①

戴奥西把皮尔逊的“理论”具体应用到中国，不是偶然的。这时被侵略的中国正在觉醒。中国农民群众纷纷组成了“反洋教”的团体，展开了反对帝国主义侵略者的英勇斗争。这一年失败了的变法维新运动也显示了中国民族资产阶级反帝救亡的要求。中国正处在一个反帝革命风暴的前夕。戴奥西直接地把中国的觉醒叫做什么“真正的黄祸”，正是反映了帝国主义者对中国人民革命的敌视和恐惧。

正像戴奥西所担心的那样，1900 年，中国人民自发地举行了轰轰烈烈的义和团运动。千百万农民群众从四面八方联合起来向着帝国主义侵略者展开了英勇的冲击。帝国主义强盗们正是把这个自发的伟大的反侵略斗争，说成是“黄种人反对白种人、反对欧洲人”的战争。

义和团运动遭到帝国主义强盗镇压而失败后，在中国担任“海关总税务司”的英帝国主义分子赫德，就已预感到中国人民的反帝斗争不会就此中止，鼓吹制止“黄祸”的再临。

1900 年 8 月，赫德写道：“将来还会遇到一个‘黄’的或许是黄‘祸’问题，这是像太阳明天还会出来一样的肯定。”②

这个“黄祸”是什么呢?

赫德回答说：这就是中国人民聪敏勤劳，人口众多，资源丰富，“它曾经长久地酣睡，可是它最后终于醒过来了。它的每一个成员，都震荡着中国的感情：‘中国是中国人的，把外国人赶出去！’”③

怎么防止“黄祸”的再起呢? 赫德的设想是：“如果列强能够一致同意立即瓜分中国，……这样就可以把黄祸从人类的未来消除掉。或者，尽管官方反对，人民愤怒，如果大力推进基督教事业，使

---

① 戴奥西：前引书，第 337 页。

② 赫德(R. Hart)：《中国问题论集》(*These from the Land of Sinim – Essays on the chinese questions.*)，伦敦，Chapman & Hall. 1903 年版，第 50 页。

③ 赫德：前引书，第 51—52 页。

基督教在这片土地上传布如此之广，以致把中国改变为友好国家中最友好的国家和对和平亲善有益的一切事物的最大保护者，这也可以刺穿义和团气球，把毒气散掉。”①

可是，遗憾得很，这两种美妙的办法，都不容易彻底实行，很少有成功之望。于是，赫德又提出一种在他看来比较实际可行的制止“黄祸”的办法，即大力扶植中国最腐朽的封建反动势力，“接受现存的王朝作为一个实行统治的王朝，并且，一句话，竭力利用它！”②

这样，英帝国主义的“黄祸论”到了赫德的手里，就形成了一套完整的内容。

这个“黄祸论”的形成，把帝国主义者的险恶用心和盘地托了出来。原来他们大声疾呼反对黄种人的“黄祸”，只是针对反抗他们的革命人民。至于黄种人中的中国反动势力，那是他们利用的对象，应该“接受”和支持，是不用反对的。利用清朝的统治来消除人民革命的“黄祸”，这正是当时帝国主义列强所共同奉行的殖民统治的政策。

赫德这个“黄祸论”提出后，立即引起了广泛的反映。1901 年 2 月，香港立法议会议员怀特海德向英国的资本家说：“这个运动（指义和团运动——引者）无疑地而且很自然地是从反对外国侵略的情绪中产生的。如果由于外国的不法行为的结果，中国人民发生了爱国心，并且联合起来保护他们的领土和共同利益，那么，欧洲就要再度面临‘黄祸’。”③此后的几年里，英国的《泰晤士报》和其他一些报刊也不断刊登文章，大加鼓吹敌视中国人民觉醒的“黄祸论”。

英帝国主义者提出的这个“黄祸论”，在美帝国主义者中间也得到了广泛的传播。

---

① 赫德：前引书，第 53—54、50 页。

② 赫德：前引书，第 53—54、50 页。

③ 怀特海德（T. H. Whitehead）：《在华贸易的扩展》（*The Expansion of Trade in China*），伦敦，Effingham Wilson，Royal Exchange，1901 年版，第 19—20 页。

例如,曾经担任美国国务卿和李鸿章"顾问"的科士达,1904 年在他所著的《美国在远东的外交》一书里,提到"黄祸已经为研究远东问题的作家和政治家所广泛讨论"。他引赫德的话,论证了他自己的意见。大意是:列强虽然已经镇压了义和团,强迫清政府签订了《辛丑条约》,可是,中国人民仍然存在着"仇恨外国人的情绪","只要种族仇恨控制着中国人民,世界和平就有危险。因为这个国家的命运是和全世界所有列强的利益密切联系在一起的。美国获得菲律宾后,对美国来说,其利害关系也并不比其他最有关系的国家少一些。"[①]

科士达虽然用的是晦涩语言,但他的意思十分清楚,所谓"种族仇恨"就是中国人民对帝国主义侵略者的仇恨。在帝国主义者看来,中国人民这样仇恨下去,就会再度起而反抗,帝国主义奴役中国的"和平"就有危险,世界所有列强和美国的侵略利益也就有了危险。

同年,美国普林斯顿神学院的教士勃罗温在《旧中国的新力量》一书中,对于这一点,说得更明白。他说:

> 有些作者在说明"黄祸"问题时,把它说成只不过是惊异幻想中的妖魔而已。……无论如何,在最近的将来,事情可能是,人口那样庞大、人民那样勇敢有为的中国,看来不会永远受外国人统治。……作为政治机体的中国可能陷入分裂局面,但是中国人民仍将存在。他们是亚洲最勇敢、最勤劳、最孜孜不倦的民族,如果获得适当的指导,还可能变成未来世界的强国。[②]

---

① 科士达(J. W. Foster):《美国在远东的外交》(*American Diplomacy in the Orient*),波士顿,Houghton Mifflin and Co. 1904 年版,第 334 页。

② 勃罗温(A. G. Brown);《旧中国的新力量》(*New Forces in Old China*),纽约,Fleming H. Recell Co. 1904 年版,第十五章,第 305—319 页。

沙皇俄国从来最积极宣扬“黄祸论”。当中国人民纷纷组织义和团,掀起如火如荼的反帝运动的时候,沙皇大臣们宣扬说,这是“黄种人敌视白种人”,“中国人仇视欧洲文化和文明”,“盲目仇视外人”。

现在,可以看到,赫德等人所宣扬的“黄祸论”原来就是西方帝国主义者对中国人民实行种族歧视、镇压人民革命的一阵喧嚣。

“黄祸论”的实质

在近代史上,帝国主义者对“黄祸”虽然有过两种不同的说法,但本质却是一个,那就是借口“反对黄祸”来推行他们的侵略政策和殖民政策。当他们遇到了日本帝国主义同他们角逐,便用来对抗日本。当他们遇到了中国人民的反抗,便用来鼓吹镇压中国人民的反帝革命。两者的实际目的,都是掠夺和奴役中国人民、瓜分中国和世界。英帝国主义分子濮兰德,后来也不得不供认:“德国皇帝和赫德爵士的言论”,同样是“别有用心”[①]。

所谓中国是“黄祸”、中国的“威胁”、“种族仇恨”、“黄种人敌视白种人”等等,其实就是中国的觉醒,就是中国人民对帝国主义、殖民主义的反抗,就是中国人民对那些来到亚洲和中国的侵略者的英勇斗争,就是中国人民“发生了爱国心”,“保护他们的领土和共同利益”。这个斗争的日益高涨,使得帝国主义侵略政策的推行受到阻碍,横行霸道的帝国主义分子受到威胁,最后还要被“赶出去”。对他们说来,这岂不是一场大祸!

正当沙俄针对中国人民的义和团反帝运动叫嚣“黄祸”的时候,列宁依据马克思主义的阶级观点,对这种叫嚣作了深刻的揭露。列宁说:

> 主战派硬说,“这是由黄种人敌视白种人”,“中国人仇视欧洲文化和文明引起的”。是的,中国人的确憎恶欧洲人,然而他

① 濮兰德(J. O. P. Bland):《李鸿章》,伦敦,Constable and Co. 1917 年版,第 90 页。

们究竟憎恶哪一种欧洲人呢？并且为什么憎恶呢？中国人并不是憎恶欧洲人民，因为他们之间并无冲突，他们是憎恶欧洲资本家和唯资本家之命是从的欧洲各国政府。那些到中国来只是为了大发横财的人，那些利用自己的所谓文明来进行欺骗、掠夺和镇压的人，那些为了取得贩卖毒害人民的鸦片的权利而同中国作战（1856 年英法对华的战争）的人，那些用传教的鬼话来掩盖掠夺政策的人，中国人难道能不痛恨他们吗？欧洲各国资产阶级政府早就对中国实行这种掠夺政策了，现在俄国专制政府也加了进去。我们通常把这种政策叫做殖民政策。[①]

当时对帝国主义还没有清楚认识的孙中山，在 1904 年也已经看出，所谓"黄祸论"的实质，就是西方列强"尽其可能地压抑阻碍中国人"[②]。

还应进一步指出，帝国主义者、殖民主义者编造出这个种族主义的"黄祸论"，不仅是用来鼓吹镇压中国人民革命，并且也用来鼓吹镇压一切殖民地人民的反帝革命，鼓吹掠夺亚洲、非洲和拉丁美洲的被压迫人民和被压迫民族。

这一点，曾经担任沙俄陆军大臣的库罗巴特金说得很清楚。他在《俄国军队和对日战争》一书里谈到日俄战争时说："仅仅最近才预见到将要出现的'黄祸'问题，现在已成为现实。"他接着又说："欧洲大陆上的发展余地已经不多，没有广阔的世界市场，欧洲就没有办法生存。'美洲是美洲人的美洲''亚洲是亚洲人的亚洲''非洲是非洲人的非洲'，这些呼声对欧洲有严重的含义。这种危险就要临头，而且如此紧迫，以致迫使欧洲各列强不能不消除彼此间的分歧，团结起来，抵制这些年青国家把古老的欧洲赶回老家，赶回因它的发展而早已容纳不下它的那个狭壳里去的企图。"[③]

---

① 《中国的战争》，《列宁全集》第四卷，人民出版社版，第 335 页。

② 《中国问题的真解决》，《孙中山选集》上卷，人民出版社 1962 年版，第 61 页。

③ 库罗巴特金（Kuropatkin）：《俄国军队和对日战争》（*The Russian Army and the Japanese War*），纽约，E. P. Duton and Co. 1909 年英译本，第二卷，第 195—196 页。

原来欧洲的帝国主义者为了保持他们在亚洲、非洲、拉丁美洲的殖民地利益，控制“广阔的世界市场”，就必须“团结起来”，抵制日本帝国主义的兴起，镇压一切被压迫民族被压迫人民的反帝革命。这不是说得很明白吗？

欧洲的帝国主义者、殖民主义者散播“黄祸论”还有一个不可告人的用心，就是通过制造“黄祸”的恐惧，在本国人民中煽动种族仇恨心理，转移他们的革命视线，借以掩盖他们国内的阶级矛盾，制止和镇压本国人民和欧洲人民的革命斗争。

威廉第二宣扬“黄祸论”，一方面是用以转移沙俄对欧洲的视线，另一方面也是用以转移德国人民革命的视线，以维护他的反动统治。正如他对沙皇所说：“这种抵抗（指抵抗所谓‘黄祸’——引者）对于我们国内的共同敌人无政府主义、共和主义和虚无主义，也是必要的。”①

英国最先提出敌视中国觉醒的“黄祸论”的戴奥西，很露骨地说过，如果这种“黄祸”“能使西方工人正确理解，那么，西方的资本家和劳工就会停止他们相互毁灭的斗争”。如果这种“恐惧”“促使西方把自己的工业机构整顿得井然有序，那么，‘黄祸’反而是一桩变相的好事了”②。

沙皇俄国也曾想用“黄祸论”来达到这样一个可耻的目的。列宁曾经一针见血地揭穿了那些“在报刊上大肆攻击中国人，叫嚣黄种人野蛮”的人，那些“拚命在人民中间煽风点火，挑起对中国的仇恨”的人。列宁说：“凡是不得不经常压制或遏止人民愤怒的政府，都早就懂得一个真理：人民的不满是无法消除的，必须设法把这种对政府的不满转移到别人身上去。”③

原载《内部未定稿》1964年第1期

---

① 列文：前引书，第17页。

② 戴奥西：前引书，第338—339页。

③ 《中国的战争》，《列宁全集》第四卷，第337—338页。

卷三

评介存稿

评介《中国历史概要》

人民出版社最近出版的《中国历史概要》一书，是在中国史学会主持下，由翦伯赞、邵循正、胡华等负责编写的。史学会曾把本书的初稿广泛地印发给从事历史研究和教学工作的同志征求意见，并由编者参考这些意见作了修改。

本书是一本概括性和通俗性的中国通史。如“引言”中所说，“本书编写的目的在于简要地介绍中国历史，从而看出中国社会发展过程的轮廓”。

读了这本书，我觉得它有以下几个显著的优点。

首先，本书虽然只有十一万多字，但它包括了古代、近代和现代的整个中国历史。这看来是很平常的，但这样完整地编写中国通史在我国目前的史学界却还是第一次。我们知道，一部完整的中国通史应该包括从远古直到现在的整个历史时代。但现在流行着一种似是而非的错觉，好像中国通史只能是鸦片战争以前的历史，而此外另有近代史和现代史。这样，就从中国通史的领域里阉割了近代现代史，并把近代现代史和通史的概念对立了起来。这是没有科学根据的。但是，到目前为止，我们出版的通史性的历史读物还都是鸦片战争以前的历史。在这个意义上来讲，《中国历史概要》可以说是第一部时代完整的中国通史。

一部完整的中国通史，还应该是包括政治、经济、文化等各方面的综合性的历史。但是我们的一些历史学家往往忽略了这一点。有些通史方面的著作对社会经济状况特别是对历代文化发展状况叙述得很少，或者是很简单。没有对经济史和文化史作认真的研究，企图以政治史代替通史的倾向，在我们的历史学界还是存在的。《中国历史概要》的编者适当地注意了这一点，每个时代都用了一定的篇幅分别地但也是有联系地对政治经济文化等各方面作了说明。本书虽然还没有完全做到令人满意，但这样做法是正确的。

第三，《中国历史概要》虽然是一本通俗性的书，但它是建筑在科学研究的基础上的。直到现在，我们有些人还对编写通俗的一般性的书籍存在着不正确的认识。他们认为，写这样的书就可以轻而易举地缀合现成材料甚至抄袭别人的现成词句。可以看出，《中国历史概要》的编者并不是这样对待他们的写作的。一般来说，编者是掌握了比较丰富的资料，吸取目前研究成果并经过自己的研究后，才提出对一些问题的看法的。当然，本书所涉及的许多问题不少还有待于史学界进一步研究和讨论；不过，这些看法并非编者率意而谈，而是有其一定的根据的。从这一点来说，本书不仅是一般读者的一本好书，而且也会使历史工作者从中获得不少启示。

本书也是有缺点的。对这样一本概括性的书，我不想把其中的某些具体问题提出讨论，而只想一般地指出以下几点。

本书分为古代、近代和现代三个部分。三个部分的配合还不够好。从分量上说，古代部分共三万五千多字，近代部分只两万一千多字，而五万三千多字的现代部分则占了全书的一半。现代史写得详细些是必要的，但和其他部分相比，就显得详略失宜。此外，各部分也还缺乏统一的编写体例。这从各章节的标题就可以看出来。古代史以朝代为叙述单位，各节的标题只是朝代名称。我们知道，科学的标题应该是各节基本内容的概括的反映。以朝代为标题就不能做到这一点。近代现代史部分又和古代不同。近代史按照年代次序分节，各节标题标示本节的中心问题，现代史中华人民共和国成立以前部分基本上是以几次革命战争为标志分做几个阶段。全书体例不一，使人不容易看出清楚的脉络来。

其次，作为一部完整的中国通史，它不只是汉民族的历史，而且还应该包括我国各兄弟民族的历史。本书编者对这一点还没有予以充分的注意。比较来说,古代史部分曾注意叙述了在历史上活动较多的某些民族的历史,近代史部分就写得很少,现代史部分则完全没有把兄弟民族提出来叙述。这样,就使人无法知道古代活跃在中国历史舞台上的一些民族的后来发展状况。中华人民共和国成立后的一节没有以足够的篇幅叙述党的民族政策的伟大胜利,没有以具体事实说明各兄弟民族政治经济地位的历史的变革和民族团结的加强,也是不妥当的。

再次,本书缺少必要的参考地图和文物插图。我国古代学者有"左图右史"的说法,可见他们已认识到历史地图的重要。读历史必须辅以参考地图,才能对过去的发展形势获得清晰的认识,不致流于"纸上谈兵"。文物插图可以使人对历史人物和事件,对古代人的生产和生活获得具体的形象知识,从而加深对历史的理解。多印些插图还可以激发人们学习历史的兴越。如果说《中国历史概要》是一本写给广大读者的概括性的历史书,那么,增加一些地图和插图就更是必要的了。可惜本书自始至终连一张图也没有。应该指出,这种现象在我们目前出版的历史书中还是相当普遍地存在的。改变这种现象,不仅是作者的责任,也是出版工作者的责任。广大读者要求多出版些既有精美插图,价钱又不太高的好书,我们的作者和出版者有责任努力满足这个要求。

原载《读书月报》1956 年第 6 期

《西藏地方历史资料选辑》序言

一

本书是我国西藏地方历史资料的选辑，是由在北京的一些历史工作者共同编辑的。本书开始编辑，是在1959年夏季，那还是刚刚平定了西藏反动集团叛乱的时候。中国人民平叛的胜利刺痛了帝国主义和外国反动派。他们到处造谣诽谤、混淆视听，组织起反华大合唱，一时显得很是嚣张。两年多来，西藏的情况有了更大的变化。西藏人民在清扫了叛乱集团这一堆垃圾后，进而打碎了农奴制的枷锁，获得了解放，分到了土地，热情洋溢地建设着幸福的新生活。西藏人民在胜利的道路上大踏步地前进着。帝国主义、外国反动派的失败是无可挽回的。但是，他们并没有甘心于这个失败，而还在卵翼着一小撮逃亡的叛匪，还在千方百计地利用所谓西藏问题来反对中国人民，还在四处散播谎言，歪曲历史，指望蒙蔽些不明真相的人，捡一些意外的便宜。本书出版的目的，在于使关心西藏但不太了解西藏或者没有机会接触西藏历史材料的人，从这些确凿的材料里进一步了解西藏历史的真面目，在于使西藏人民和全中国人民在取得了胜利的今天，切记住历史的经验和教训，更加坚决地和帝国主义侵略者作斗争。

西藏民族和各兄弟民族一样，在祖国经济文化缔造和发展的过程中，曾经作出过光辉的贡献。千百年来，西藏人民从事生产斗争和阶级斗争的历史是丰富而多彩的。本书选录的材料并没有包括西藏历史的各个方面。这些材料所记录的是唐代以来历届中央政权对西藏地方的历史关系和近百年来帝国主义侵略西藏的史实。

二

西藏地方从来就是中国的一部分。十三世纪四十年代正式归入中国的版图,成为中央政府直接统辖的一个行政区。当时西藏地方的领袖萨斯迦班智达向驻扎西凉的蒙古皇子阔端商请归附"随土纳贡"。元朝授权萨斯迦派的宗教领袖八思巴管理西藏政事,西藏地方"作为一省委付于八思巴"。和内地各省一样,元朝也派员到西藏地方清查户口、确定赋役、任命官职。

西藏正式归入中国版图是在元朝军队到达时确定的。但正如阔端所说,这和"畏慑来服"的情况迥然两样。这并不是仅仅由于一时的军事的或者其他的什么偶然原因,而是长期以来历史发展的必然结果。

如本书资料所表明的,早在七、八世纪时,唐朝的文成、金城公主就曾前后出嫁给吐蕃王。通过唐朝和吐蕃王室间的通婚和频繁的使臣往来,建立起极其密切的政治关系,"虽曰两国,有同一家"。唐朝和吐蕃王朝在差不多同一个时期里先后瓦解,陷入了割据的局面。然而,历史上形成的密切联系,并不曾由于五代十国的混战和藏族的诸侯纷争而隔绝,而是继续得到保持和发展。宋朝统治时期,一些藏族部落"献地内附",呈纳贡赋,并请求派遣管理各地的官员。宋朝封授唃厮罗为"团练使"和"节度使",此后唃厮罗的子孙也世世代代由宋朝任命官职。这实质上已是确立了中央和地方之间的政治上的统属。

从唐朝到元初这六百多年间,随着政治关系的发展,汉藏民族间也加强了经济的和文化的交流。唐朝公主和大批随员、工匠的入藏,带来了内地的物产和生产技术,帮助藏族人民新建了手工业、改进了农业。唐朝的天文、历算、医学、儒学逐渐为藏族所吸收,哺育了以汉文化为内核而具有藏民族特色的西藏文化的发展。一千三百年来西藏广泛流传着有关文成公主和唐蕃经济文化交流的传说。这些传说不免包涵着人们的润色和想像,但它反映出古代汉藏民族的亲密交往,在世代的藏族人民中留下了深刻难忘的印象。

西藏地方在元朝正式归入中国版图,就像瓜熟而蒂落那样,乃是六百多年来历史行程的必然归宿,也是藏族和各民族发展利益的共同要求。

从元朝开始,七百年来中国的封建王朝有过更替,社会状况有过重大的变化,国体和政体也有过几次的更改,然而,历届政府对自己的领土西藏一直行使着完全的主权。

历届政府都把西藏地方划定为一个行政区域。元朝视如一省,和其他行省一样地作为宗王封地。明朝施行于云南、贵州、四川等少数民族区的地方行政、军事制度也推行于西藏。朵甘、乌思藏设行都指挥使司,受西安行都指挥使司统辖。西藏地方的行政区划、户口、赋役详细地载入纪录清朝版图的《大清一统志》里。本书所收的大量材料证明:清朝从多方面加强了对西藏地方的管理。民国政府成立之初,即宣布西藏地方和其他地区一样,是中国领土的一部分。北洋政府和国民党政府统治时期,西藏也一直是一个地方行政区。

自元朝以来,西藏地方的各级官员都由中央政府任免。八思巴的历代继承者,以至万户长等基层官员由元朝直接封授。明代,自都指挥使到千户、寨官、巡检等各级官员概由朝廷决定他们的更替和升迁。分驻各地的宗教首领,明朝敕封为“王”和“法王”,赋予地方职权,统一于中央。清朝建国之初,封授达赖、班禅以宗教的和地方行政的职权。达赖、班禅的承袭,依据宗教惯例,是通过所谓“转世”而实现的,但必须得到清朝的册封。乾隆以后,历代达赖、班禅的转世以清朝颁发的金本巴瓶掣签决定,并由驻藏大臣代表朝廷主持“坐床”。这虽然带着宗教迷信的色彩,但表明清朝政府行使着任免西藏地方官员的全权。这种权力，后来历届的中央政府一直承继了下来，当十四世达赖转世时，国民党政府派员赴藏主持了他的“坐床”。至于噶伦以下各级大小官员的任命，清朝均由驻藏大臣会同达赖奏报朝廷拣放，统一规定品级，他们只是在清朝封授后，才正式成为一员命官。

自元朝任命八思巴为“国师”以来，历代也都有西藏官员接受册命，在中央政府任职。

不仅行政官员的任免，而且西藏地方政权组织、行政制度的规定，也都是出自历届的中央政府。元朝规定：西藏“设官分职而领之于帝师”，“帅臣以下，亦必僧俗并用，军民通摄”。明朝的制度是：王和法王各有封地，分别治理。清朝对西藏地方政权制度的规定，包括达赖、班禅的地位和职责的规定，比前代更加完备、更加具体，并且确立了法律形式的规章——乾隆“钦定章程”。民主改革前的西藏地方政治制度基本上还是依照着这些规定。

历届中央政府，作为西藏地方制度的制定者，当然也完全有权对之随宜变改。元朝确定的制度，明朝作了改革，清朝又改革了明朝的制度，建立起新制度。清代制度的确立也经历了它自己的发展变化过程。例如乾隆初年，清朝曾在西藏地方设立“郡王”制度，封颇罗鼐为郡王，兼管前后藏政务。但当颇罗鼐的继承者敌视达赖、阴谋叛乱被诛灭后，清朝即取消了郡王制，规定“噶隆事务，不可一人专办”，设噶隆四人在噶沙公所“公同办事”，“遇有紧要事务，禀知达赖喇嘛与驻藏大臣，遵其指示而行”。这就是西藏地方噶伦制度的由来。清朝末年，西藏查办事务大臣张荫棠和驻藏大臣联豫曾先后向朝廷建策对西藏地方的各项制度进行多方面的改革。这些建议虽然并不曾全部实行，但清朝拥有实行改革的全权，则是无可怀疑的。

有如乾隆“钦定章程”开头第一条所规定的：“自噶布伦以下番目及管事喇嘛，分系属员，事无大小，均应禀命驻藏大臣办理。至札什伦布诸务，亦俱一体禀知驻藏大臣办理。”这里所说的“事无大小”

包括一切内部事务，当然也包括对外事务。章程另条规定，“廓尔喀、布鲁克巴、哲孟雄、宗木等外番部落，如有禀商地方事件，俱由驻藏大臣主持。其与达赖喇嘛、班禅额尔德尼通问布施书信，俱报明驻藏大臣译出查验，并代为酌定回书，方可发给。至噶布伦等，不得与外番私行发信”。章程条文的规定只是实际状况的纪录。在此以前，西藏地方政府即从来没有自行办理过对外事务，在此后的1901年，英国的印度总督曾直接写信给达赖，但正如英国蓝皮书所记载的、达赖原封未动地退回了原函，并且严正声明：“没有和驻藏大臣及噶厦商议，他就不能和任何外国政府通信。”

像对待我国其他地区一样，中央政府对西藏地方也负有维护地方统治秩序、保卫疆土不受侵犯的责任。元明两朝都把西藏地方纳入全国的军事系统。清朝在西藏常川驻军，遇有必要，由朝廷另调大军入藏。例如康熙五十九年（1720年），清朝派兵击退了准噶尔对西藏地方的骚扰。乾隆十五年（1750年）“与达赖为仇”的藏王珠尔默特举行叛乱，清朝派策楞、岳锺琪率军剿平。乾隆五十四年（1789年）和五十七年（1792年），清朝的大军两次击退了廓尔喀的入侵。

封建时代的中国，各省区、各地方要向中央政府交纳一定的贡赋，西藏地方也不例外。元朝作为宗王的封地，驿站制度也推行到西藏。明朝历年有大批官员晋京贡纳方物，并规定有定额的马赋。西藏人民还要负担明朝的征发和驿站的赋役。清朝的“钦定章程”对西藏的赋税和财政制度作了全面的规定。西藏地方政府一切财务出纳均需呈报驻藏大臣查核。西藏农奴主“大族人户”不得免差和私用乌拉。西藏地方的对外贸易也必须经由驻藏大臣批准发照。清朝还改革了西藏地方的旧币制，铸官钱行使。

中国从来就是一个地区广大民族众多的国家。像各地区各民族各有其自己的特点一样，西藏地方也有其政治的和经济的特点。然而，这丝毫也不妨碍西藏地方是中国的一个行政区域，中国政府对西藏地方拥有完全的主权。

西藏七百年来一直是中国的不可分割的领土，从来就是世界所公认、连外国侵略者也无法否认的事实。早在 1903 年英国印度事务大臣汉弥尔顿在他给印度总督的训令中就明白指出,对于西藏地方"仍然必须承认是中国的一个省分"。俄国驻英大使也曾向英国表明"俄国视西藏为中华帝国的一部分"。至于我们的亚洲的邻邦,几百年来,对于有关西藏地方的通商、边界事务也一直是同中国中央政府交涉,而从来没有任何国家直接和西藏地方政府建立过什么"外交关系"。事实正像印度总理尼赫鲁在 1954 年所曾经说明的那样:"在已往数百年当中,我就不知道在任何时候,任何一个外面的国家曾经否认过中国在西藏的主权。"

是的,中国在西藏地方的领土主权,是任何人也否认不了的。大量材料纪录了的历史事实是客观存在的,是任何人抹杀不了也涂改不了的。

三

近百多年来,帝国主义者千方百计地企图破坏中国在西藏地方的主权,侵占中国的这块领土。近代史上所谓"西藏问题"、所谓"西藏独立",无非是帝国主义者所制造的侵略阴谋,是侵略者所玩弄的可耻的把戏。

早在鸦片战争前,英国侵略者就已开始了对西藏的侵略活动。鸦片战后的 1847 年,英国政府向清朝提出在克什米尔和后藏地方通商划界的要求,遭到了拒绝。第二次鸦片战争使英法侵略者从天津条约和北京条约中取得到内地各处游历、传教、通商的特权。1876 年,英国又胁迫清朝在烟台条约中订立"西藏专条",取得所谓入藏探路的特权,但由于西藏人民的坚决反抗,英国侵略者始终无法踏上西藏的土地。在鸦片战后这半个世纪里,英国对西藏的侵略主要是通过和清朝政府签订条约而攫取权利。这期间,并不曾发生中国在西藏地方的领土主权问题。

1888 年,英国借口边界纠纷挑起第一次武装侵略西藏的战争。

通过中英会议签订的藏印条约，攫取了占西藏属部哲孟雄为保护国和开亚东为商埠的利益。1904 年，英国再次借口边界纠纷发动了规模更大的侵略西藏的战争，侵略者野蛮地屠杀了英勇反抗的西藏人民，打到拉萨城下，强迫西藏地方当局在他片面拟就的约稿上签押。但是这个所谓“拉萨条约”随即遭到清朝政府的拒绝。西藏地方是中国的一个行政区，没有中国中央政府签字的约文自然是非法的、无效的。这一点侵略者自己也很明白。正由于此，英国一再向清朝要求签约。1905 年，清朝派唐绍仪去印度和英国代表举行谈判，重议新约。就是在这个会议桌上，英国代表提出什么中国对西藏的“宗主权”，这当然是没有任何根据的。中国对西藏的主权不会由于侵略者信口一说而消失，所谓“宗主权”的臆造也不会因此而成立。唐绍仪当即给予严正的反驳。经过谈判，中英两国政府在 1906 年签订了《中英续订藏印条约》。英国虽然从这个条约里得到了许多侵略利益，但依然不能不在事实上确认中国在西藏地方的主权。

所谓“西藏独立”的阴谋是帝国主义者在辛亥革命前后制造的。此时的西藏地方政府特别是地方军队里已由英帝国主义者培植起了它的一批走狗。他们趁着辛亥革命推翻清朝政府的时机，在英国的策划和支持下赶走了清朝的驻藏大臣并进而向四川、西康地区进犯。当民国政府的军队为恢复失地而击溃叛乱的藏军时，英帝国主义即公然出面干涉，提出“中国不得干涉西藏内政”等无理要求，并声称以此作为承认中华民国的条件。1913 年的所谓“中英藏西姆拉会议”，就是北洋政府在这样的压力下被迫同意举行的。英国在会议上提出了所谓解决西藏问题的西姆拉条约方案。妄图一举把西藏地方变为它的殖民地。中国代表当即拒绝在条约上签字。北洋政府和以后的历届政府也一再声明不承认这个条约。这样，由英国片面提出而没有中国政府签字的所谓西姆拉条约，自然不具有任何效力，而只是作为帝国主义侵略西藏纪录的一张废纸。

帝国主义、外国反动派和西藏的叛匪们曾经妄想以此为依据，叫嚣什么辛亥革命以后西藏就一直是个“独立国”。这是枉然的。

历史事实充分地证明，在此后的年月里，由于帝国主义丑恶面貌的日益暴露，西藏地方和中央政府的关系，不是疏远，而是更为密切和加强。

1919 年，全国人民掀起了反对帝国主义侵略西藏的怒潮，北洋政府再次拒绝了英国所提就“西姆拉条约”重行开议的要求。十三世达赖向北洋政府入藏的人员表明“亲英非出本心”，“余誓倾心内向，同谋五族幸福”。次年，英国即赶忙派贝尔入藏，企图向达赖“解释种种情况，并竭力挽回信任与友谊”，但是西藏广大人民和地方当局把贝尔赶出了西藏。随后，英帝国主义者即决心支持它的走狗擦戎举行政变，从达赖手里夺取地方政权。这个阴谋由于达赖的发觉而被粉碎，这就使得帝国主义的真面目更加清楚地暴露在西藏人民和达赖的面前。1928 年，达赖派员和新建的南京国民党政府取得联系。1930 年，达赖又向入藏的南京政府人员声明“英人对吾确有诱惑之念，但吾知主权不可失”。1930 年以后，西藏地方当局并派员常驻在南京。

十三世达赖逝世后，热振管理藏政的八年间，西藏地方和中央政府的关系又进一步有所增强。国民党政府派员赴藏，致祭达赖，并批准热振“综摄全藏政务”，给以册封。此后，蒙藏委员会并设办事处于拉萨，作为中央政府的常驻代表。1940 年国民党政府依据西藏地方当局的报告，颁布了十四世达赖的任命，并派员去拉萨主持了他的继任典礼。

西藏地方政权落在一伙西藏最反动的大农奴主的手里，是从 1942 年开始的。包括今天的许多叛匪头目在内的这个反动集团迫使热振辞职，终于把他逮捕处死。1941 年，他们在英国和美国帝国主义的支持下，非法地成立所谓“外交局”，要求国民党政府和该局发生联系，但由于国民党政府的反对，这个阴谋并没有能够得逞。在此后的几年间，帝国主义和它的走狗虽然暂时地控制了西藏地方政府，然而，西藏地方依然是中国的领土，中国政府依然保持着在西藏地方的主权。所谓“西藏独立”，即使在这个短暂的时期里，也是不曾有过的。

1949 年,中国人民民主革命取得了伟大的胜利。美英帝国主义者并没有就此收起侵略西藏的野心,反而是加紧制造侵略阴谋,妄想乘机侵占这个地区作为在中国垂死顽抗的最后的一隅。现在看得很清楚:中华人民共和国成立前后,帝国主义者和外国干涉者所玩弄的几乎完全是辛亥革命时期的一套故技,妄想重演四十年前的那段历史。1949 年 7 月,帝国主义者指使西藏地方当局制造了所谓“驱汉事件”驱逐了国民党政府的驻藏官员,并组织非法“使团”向英、美、印度等国演出所谓“表明独立”的傀儡剧。当中国人民解放军向西藏进军时,美英等国的宣传机器发出狂妄的叫嚣,印度政府也经由外交途径进行无理的干涉,并且公然提出这对中国在联合国的代表权问题“将会引起严重后果”。可是,帝国主义者和外国干涉者忘记了站在他们面前的已不是昏弱的北洋政府而是强大的中华人民共和国。胜利了的中国人民一个又一个地揭露和驳斥了这些谤言和恫吓,在 1951 年,由中央人民政府和西藏地方当局达成了“关于和平解放西藏办法的协议”。西藏人民终于在全国人民的支持下,越过了外国侵略者和干涉者所设下的重重屏障,回到了祖国各族人民的大家庭。

本书所收资料到 1951 年西藏和平解放为止,因为它在西藏地方的历史上成为一个重要的关键。它标志着近百多年来一切侵略西藏的帝国主义势力的严重的失败,标志着西藏人民和全中国人民反帝斗争的伟大胜利,标志着西藏人民历史的一个新开始。

编者 1962 年 1 月

附记:《西藏地方历史资料选辑》是范文澜同志组织在北京的几位历史工作者合作编辑的。参加资料收集和编辑工作的人员有王忠(唐代)、聂崇岐(宋代)、邵循正(元代)、郑昌淦(明代)、齐思和、张芝联(清代)、李新(民国时代)等同志。1959 年夏季平定西藏乱事后开始工作,1963 年三联书店出版。范老主持本书的编辑工作,确定编辑方针是用选编的史料显示西藏地方与祖国的历史关系,使广大读者都能理解。全书选编史料三十万字左右。依朝代顺序分编章节,各附提要以便阅读。工作开展后,范老因患心脏病及忙于《修订本中国通史简编》第三编的工作,不能兼顾,交付我担任全书的编辑工作并撰写了这篇序言,经他审阅定稿。

《黑龙江少数民族简史》鄂温克族章读后

鄂温克是1957年才确定的族名。历史文献上并无此名称，因而编写鄂温克族的历史，不能不是一个具有特殊难度的课题。

清代文献中的“索伦”，包括现在的鄂温克族在内，但并不即等于鄂温克族，而还有时泛指其他民族。编写鄂温克族一章，似仍可以“索伦”的史料为主要依据，同时向读者说明：历史记载也有时包有其他民族。做出这样的交待，似更便于编写，也较为稳妥。

文中似应注意，不要把鄂伦春、达斡尔等邻近民族的史事混入鄂温克，而应有所区别。作为《黑龙江少数民族简史》，鄂伦春、达斡尔当各有专章，倘若鄂温克章混入其他民族，则各章之间即不能不出现矛盾、重复，使问题更加复杂，读者也更难于理解。因而，鄂温克章的取材，似宜尽量严格，宁缺勿滥，内容少而准确，更有学术性。

现称为鄂温克族居住在呼伦贝尔盟海拉尔河流域的一部分，1957年以前，曾被称为“通古斯人”约五百人左右。1950年，我曾前往调查，他们自称为“喀木尼堪”。此名曾屡见于清代文献，或称为索伦别部。但这一部分人自称，乃是1917年十月革命以后，自贝加尔湖以东迁来呼伦贝尔地区。“通古斯”一名系俄人对他们的泛称，故曾一度沿用。清代历史文献上并无此称谓。

“雅库特”一名，在1957年以前，原指兴安岭山中从事狩猎的少数人，解放初期只有二百人左右。他们并非苏联境内操突厥语的雅库特族，而是与鄂伦春族同操通古斯语的狩猎民，清代仍应属索伦部,故划入鄂温克族。可能是由于他们曾往来于雅库特族地区,故曾被误称为雅库特。清代文献中的雅库特,乃指苏联境内的雅库特族,与这一部分鄂温克人并非一事。为免纠葛,文中似可不必出现雅库特一词。

清朝建立后,索伦兵多被征调作战。清代边疆战事,情形较为复杂。似不宜一概称为"反对分裂,维护国家统一"。清朝镇压人民起义的战争中,也曾调集索伦兵参加,似宜全面考虑。

鉴于鄂温克乃是现代确定的族称,编写此族的历史,难点颇多,行文叙事,似宜力求严谨,以免引起不必要的争议。

原载《黑龙江民族丛刊》1992 年第 2 期

内蒙古呼伦贝尔地带各兄弟民族的语文概况

去年暑假，得到一个机会，到内蒙古呼纳盟的呼伦贝尔一带去了一趟。当时所做调查工作的主要对象，并没有把语言调查正式列入，因而这方面的工作也就没能很好地展开。至今思之，犹觉遗憾。

不过，在工作当中个人偶尔抽出工夫来就尽可能地记录一些语汇，但因时间仓促和住地时常迁移的关系，只有达呼尔和索伦两族记录的比较多些。当然，这也还远不够科学的标准，只是一个初步的参考而已。

至于这个区域里各兄弟民族的分布、语言系属和文字概况，在随时随地的留心后，倒还得到了一个初步的了解。现在就把这个大略的轮廓介绍出来，一以备遗忘，一以供大家进一步调查研究时的参考。

内蒙古的呼纳盟是原来的呼伦贝尔盟和纳文慕仁盟合并的。它的面积约有四十一万四千余平方公里，相当于四个浙江省。我们去的地方是呼伦贝尔一带，也就是以前的呼伦贝尔盟。它的西和西南与蒙古人民共和国交界，北和西北与苏联交界，是国际交通的重要孔道。在这个区域里有索伦、陈巴尔虎、东西新巴尔虎等旗，除了海拉尔、满洲里两市及一小部草地里住有汉人外，主要的都是兄弟民族。其中有陈巴尔虎蒙古族、新巴尔虎蒙古族、布利亚特蒙古族、索伦族、通古斯族、额鲁特蒙古族、达呼尔族、鄂伦春族和雅库特族。陈巴尔虎蒙古族约有四千四百余人，住在陈巴尔虎旗。新巴尔虎蒙古族约有一万六千余人，住在东西新巴尔虎旗。布利亚特蒙古族约有三千三百人，通古斯族约有五百余人，都住在索伦旗的锡尼克索木。索伦族约有三千余人，额鲁特蒙古族约有六百余人，都住在索伦旗的伊敏索木。达呼尔族约共两万一千余人，大部住在旧纳文慕仁盟的东三旗，只有一小部约一千六百余人住在索伦旗的南屯附近巴彦托海与巴彦嵯岗两索木内。鄂伦春族约一千二百余人散居于北部兴安岭山区。雅库特族仅二百人散居额尔古纳旗北部兴安岭山内。

这个区域里的民族有一个共同的特点，即差不多都是清代才从外面各地迁来的，在这里的历史并不太长。来得最早的如陈巴尔虎蒙古族、达呼尔族、额鲁特蒙古族、索伦族等都是在清雍正十年(1732)前后才由黑龙江松花江一带迁来，新巴尔虎蒙古族稍晚由外蒙古桑贝子一带迁来，最晚的如布利亚特蒙古族、通古斯族等在十月革命前后才从苏联境内迁来。这些兄弟民族的原住地及其来源既不统一，语言的情况也比较复杂，但我们如按照他们的语言系属归纳起来，还都是属于阿尔泰语系的。其中雅库特一族因远在北部额尔古纳族的山林之内，我们没有来得及亲往调查。雅库特语当属于突厥语族，要算本区域里特别的一个。此外各族，都分属于蒙古语族与通古斯语族。布利亚特蒙古族属蒙古语族的布利亚特语支，巴尔虎蒙古族则为介于布利亚特语支与喀尔喀蒙古语支之间的一种蒙古方言，额鲁特蒙古族属于蒙古语族的喀尔玛克语支，索伦、鄂伦春、通古斯都属于通古斯语族。

关于达呼尔语的系属问题，前人的意见很不一致，有的说应当属于蒙古语族，有的说应当属于通古斯语族，大家议论纷纷，始终还没有得到一个定论。不过说它属于通古斯语族的意见却是始终占着优势的，一些权威的语言学家也大都这样相信。根据我这次所得到的一些材料，我个人的意见却与此恰恰相反，而怀疑它是属于蒙古语族的。这个意见曾和当地的一些达呼尔族学者谈过，他们也都很同意。当然，仅靠这一点还并不能解决问题，这个意见要在学术上建立起来，还需要将来把所得的材料整理研究之后，另撰专文向专家们请教，讨论商定。在这里，我只举出几个达呼尔语基本词汇的例字来，和蒙古语族与通古斯语族做一比较，以见一斑①：

达呼尔语	蒙古语	索伦语
天 t´ənkər	t´ənkər	pok´aŋ
地 katsar	katsar	pu'aw
日 nar	nar	ɕukoŋ
月 sarur	sar	peik
黑 xar	xar	xorteilin
白 tɕ´ikan	tɕ´akan	kət´əlin
红 ulan	ulan	olrin
黄 sar	sir	sinelin
人 k´u	xu	pu'ie
水 us	usu	mu
火 kali	kal	t´ok
云 oulən	ule	t´uxəs
雨 xuar	xuar	oton
好 sain	sain	'ai
坏 mo	mo	əru
兄 axa	axa	axa
弟 tu	tu	noxun
一 nək	nək	'emun
十 arpa	arpa	'eis

① 本文注音采用国际音标（I. P. A.）。

我们只根据上面的几个例字，当然还不足以说明一种语言的系属，对它的基本词汇和语法结构还需要更精密的综合与分析。不过从这几个基本的最常用的例字里，也已可看出它与蒙古语关系的密切，与通古斯语关系的疏远了。此外，也有些达呼尔语的词和现代蒙古语有别，倒和古代蒙古语一致。这些事实都可说明达呼尔语与蒙古语有不可分的血缘关系，所以我怀疑它是蒙古语的一支。至于它是否属于现在的一支或另外自成一支，我想在把它的语音和语法详密的分析研究之后，必能找出它一定的规律来回答这个问题。

现在根据我们的意见，把这区域各兄弟民族的语言系属列表如下，以便观览。

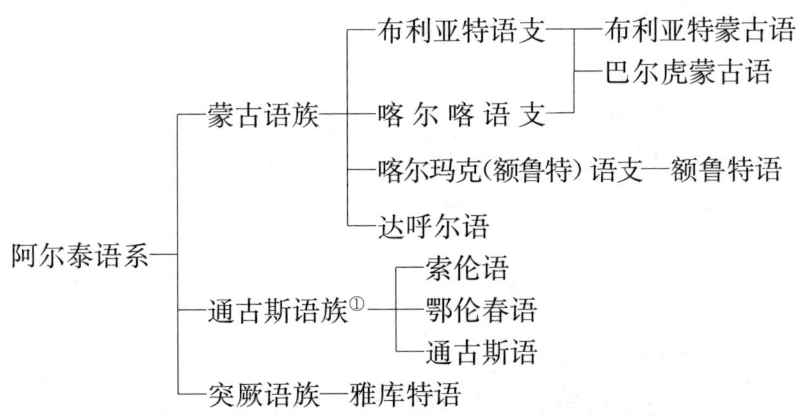

从上面的表里，已可比较清楚地看出这个区域里的各兄弟民族是分属于阿尔泰语系的不同的语族和语支。但我们还须指出一点，即现在他们各族间的语言大都可以相通，除了深居山林的鄂伦春族和雅库特族外，属于通古斯语族的各民族也都会说而且经常的在使用着蒙古语了。在海拉尔和满洲里两市里的各兄弟民族的居民，绝大部分能听懂或能说汉语。在牧区草地里，情况就正好相反，除去极少数人外，一般的都不通汉语，只通蒙语。

① 关于通古斯语族的分支，诸家意见尚未一致，本表暂不详细划分。

在这一方面，达呼尔族却是例外，不但住在东三旗与汉人杂居农业生产的都通汉语，就是住在索伦旗南屯牧业生产的也大多数精通汉语。这个民族自清朝以来就有好多人参加政治活动，由于和清朝统治者必须接触的原因，很多人又都学会了满语。今天，达呼尔族的青年们都不会满语了，但一些老年人还能精通。以前外国人把他们算作通古斯语族，或者就是由于在作调查工作时把他们当时精通并使用着的满语和达呼尔族本族的语言混淆了。

现在呼伦贝尔地带各民族所通用的文字也和通用的语言一样，无论是蒙古语族或通古斯语族，一般的都使用蒙文。

这种文字起源于十三世纪的初叶。1204 年，成吉思汗灭了乃蛮部，得到一个维吾尔人塔塔统阿，就叫他用古代维吾尔文的字母拼写蒙语教给蒙古的皇子。后来，这种拼音文字逐渐普遍，经过了不断的发展与改良以后，就成为今天所使用的蒙古文字[①]。

在以前清政府和沦陷期间日本帝国主义统治时代，蒙古族并没有机会发展他们自己民族的蒙文，反倒被强迫着学习满文和日文。解放以后，民族的语言文字得到充分的发展，各地的学校也增多了。呼纳盟这一个盟在解放前只有学校七十三所，学生六千八百余名。现在已有学校三二七所，学生三万三千余名（汉人在内），差不多增加到五倍。其中蒙古籍同学（包括蒙古语族与通古斯语族）已有五七九五名。另外，鄂伦春族也有了四十二名青年入学。学校之外，草地里更普遍地设立了识字班，组织家庭妇女和成年男人在业余识字。我们所去过的索伦旗的南屯、锡尼克索木、伊敏索木，以及东西新巴尔虎旗都已普遍地有了识字班的组织。西新巴旗自动参加识字班的人数，已达全人口的 65%。南屯达呼尔族入学校的人数，占当地全族学龄儿童的 95%左右。从这里我们可以

---

① 请参看拙作《从蒙古文字的起源说到新蒙文的推行》（1950 年 11 月 18 日北京《光明日报》《新语文》第 24 期），本文不再细述。

看出解放了的内蒙古人民是怎样热爱着自己民族的语言文字，热情地学习文化。

1951 年 6 月

原载《科学通报》1951 年 9 期，

又见《国内少数民族语言文字概况》，1954 年

功在当代　利在千秋

——祝贺《中国藏西夏文献》出版

非常感谢宁夏大学邀请我参加这个盛会，我主要是来祝贺《中国藏西夏文献》出版的，讲一点自己的感想。

面对这二十册文献，我马上联想到三十年前我们编写《中国通史》"西夏史"这一章时的情况。过去通史里面以宋、辽、金为主，西夏占得很少。当时我考虑把这一编分成宋、辽、西夏、金四章。这个想法大家都赞同，但是做起来十分困难，除了我们水平能力有限外，主要是没有材料。因为前人留下的成果很少，主要是《西夏书事》、《西夏纪》等书，记载比较简略，对于西夏内部的状况，如社会制度、经济文化都不太清楚。想搭一个架子，画一个轮廓是很难的。当时能见到的西夏文资料很少，我们只好从国外的研究成果中转引，这样才勉强地画出了一个轮廓，现在看来，当然很肤浅了。回想起当年的情况，我深切地感到三十年来，我国西夏学、西夏史的研究取得的成绩非常大，甚至可以说，和这三十年的中国历史学的各个领域比较起来，西夏的文献整理和西夏学研究的成绩，应该是最显著的领域之一。过去四川的吴天墀先生写过一部西夏史，我写文章作过介绍，那很不容易。其他就没有了。所以比较起来说，三十年前几乎是空白的这样一个领域，经过三十年的艰苦努力，现在出版的各种专著、论文，我没有作过统计，可能有上百种。特别值得称道的是《俄藏黑水城文献》和现在的《中国藏西夏文献》的出版。西夏能有这么多文献传下来，这也是历史上的一个奇迹。因为和西夏同时的辽朝有契丹字，金朝有女真字，元朝有蒙古文字，但这三朝都没有这么多民族文献传下来，现在所能看到的，只是一些零散的碑刻和文物。像西夏能有这样大量的文献传世，这可能与西夏的印刷术发达有关。《俄藏黑水城文献》出版后，又把中国藏的西夏文献出版，这是一件功德无量的大事，功在千秋。这些文献分散在几十个单位，有的保护状况不尽如人意，万一有个天灾人祸，都有可能损失。现在我们把它相继印出来，真正保留下来了。这不仅仅是贡献，应该是功德了，这对推动西夏的研究，意义不可估量。这是第一个感想。

我的第二个感想就是这部书的出版，体现了我们学术界一种团结合作的奉献精神。我看到这个通知以后，知道这部书的主编是史金波同志和陈育宁同志，他们两位都是我的老朋友，过去都合作过，或者准确地说，过去我都得到过他们的支持和帮助。所以，我看到他们两位合作共同主编出版，非常高兴。同时看到这部书里面的编委，这么多的专家，这么多同志来参加，而且更重要的是收藏这些文献的单位，都能够奉献出来，这也很不容易。过去有的单位一件东西都不愿拿出来，刚才金波同志介绍，把全国各地收藏的文献，甚至是零散的文物，都通通地拿出来，为了一个共同的目标，出好这部书，这样一种团结合作的奉献精神是非常值得称道的。我们现在要建设和谐社会，和谐社会也包括和谐的学术界，在学术界也要建立一种和谐的关系，团结合作，才能够完成大规模的编纂工程。当然，这部书的成功还应该感谢有关领导、部门的支持，特别是出版部门的支持，用这么大的力量来出版，是各方面协作的结果。昨天晚上有一个好消息，嫦娥一号进入了月球轨道，取得了成功，这是件大事。这件事有上万人参与，很多学科协同作战，不是简单的物理学、力学的问题，涉及天文、气象、地球科学、测控等等，由多学科协作才能完成。《中国藏西夏文献》的出版，为学术界不分地区、不分单位、不分学科通力合作提供了一个范例，很值得大家学习。当然我也想提一点希望，希望这个团结合作还可以扩大，就是说我们的西夏学专家，也还需要和相邻的一些领域，辽史、金史、宋史、藏学、蒙古学等等，实现更大范围的协作，使我们出版的文献，得到更充分的利用，取得更大的成绩。

原载《西夏学》，2008 年 7 月

《戊戌变法史述论稿》中的一处误解

清华大学出版社 2001 年出版的蔡乐苏、张勇、王宪明著《戊戌变法史述论稿》有七十二万余言，是一部资料翔实的学术专著。著者在撰著此书之前，曾主持编辑《戊戌变法文献资料系日》一书，收编中外史料多至二百余万字，1998 年以清华大学历史系名义出版。《述论稿》在广泛搜罗资料的基础上编撰成书，因而叙述周详，持论有据，受到学术界的重视。

我阅读了《戊戌变法史述论稿》这部专著，从中获得不少新知，也发现了一处误解。

《述论稿》第三章第六节"京沪强学会的组织与宣传"称"康有为竭尽全力想以翁同龢作为突破点，通过翁来说服皇帝，开创全国变法维新的局面。但是，与翁同龢接触的结果，却使他有些失望。他开始意识到，光绪是一个没有实权的皇帝，翁同龢也不是一个像汉代的张俭那样敢作敢为的大臣"①。随后，全文摘录了《康有为自编年谱》中关于康、翁交往的一段记事。照录于下：

> 时常熟以师傅当国，憾于割台事，有变法之心，来访，不遇，乃就而谒之。常熟谢戊子不代上书之事（指康有为 1888 年第一次上书被拒——引者）谓当时实未知日本之情，此事甚惭云。

---

① 蔡乐苏等著《戊戌变法史述论稿》，321 页。清华大学出版社，2001 年 4 月。

乃与论变法之事，反复讲求，自未至酉，大洽，索吾论治之书。时未知上之无权，面责常熟力任变法，推见贤才。常熟乃谓“与君虽新见，然相知十年，实如故人，姑为子言，宜密之。上实无权，太后极猜忌。上有点心赏近支王公大臣，太后亦剖看，视有密诏否。自经文芸阁召见后，即不许上见小臣。即吾之见客，亦有人窥门三巡数之者。故吾不敢见客，盖有难言也”。吾乃始知宫中事，然未知其深，犹频以书责之，至谓‘上不能保国，下不能保身’。常熟令陈次亮来谢其意。然苟不能为张柬之之事，新政无从办矣。

《述略稿》著者在引述这段文字后，作了如下的解释和发挥：

康有为所说的张柬之，即张俭，后汉山阳高平人，汉赵王张耳的后裔，汉桓帝延熹八年（165 年）被任命为东部督邮。时中常侍侯览在防东（今山东金乡县南）残暴百姓，谋为不轨，张柬上书参劾其罪恶，请诛之，但其上书被侯览阻绝，无法上达。侯又使人告发张俭与同郡二十四人结党。朝廷诏令逮捕，张俭不得不逃亡在外，望门投止，无不重其名行，破家相容。后党案解，张俭被任命为卫尉。翁同龢既不是张俭那样敢作敢为、义动天下的人，想从政府中枢推动变法，势必极其困难。

《述论稿》释“康有为所说的张柬之即张俭”显系误解。康氏所称张柬之之事，即唐宰相张柬之与右羽林卫大将军李多祚等迫令武后（则天后）退位，拥立太子显（中宗）事。康氏自翁同龢处得知宫中事即太后与皇帝间事，遂有“苟不能为张柬之之事，新政无从办矣”的感叹。《述论稿》误释唐朝的张柬之为东汉的张俭，进而认为康氏记事是指责翁同龢“不是张俭那样敢作敢为、义动天下的人”，误解过甚了。

张柬之其人,《旧唐书》卷九十一列传十一、《新唐书》卷一二〇列传四十五均有传。两传都只说"诛二张(易之、昌宗)也,柬之首发其谋",不详载废后立帝事。有关记事散见于两书武后纪及李多祚等传。《资治通鉴》综考其事,记叙过程甚晰。摘录如次:

> 神龙元年(705)春正月:"太后疾甚,麟台监张易之、春官侍郎张昌宗居中用事,张柬之、崔玄暐与中台右丞敬晖、司刑少卿桓彦范、相王府司马袁恕己谋诛之。柬之谓右羽林卫大将军李多祚曰'将军今日富贵,谁所致也'(略)遂与定谋。""时太子于北门(玄武门)起居,彦范、晖谒见,密陈其策,太子许之。""癸卯,柬之、玄暐、彦范与左威卫将军薛思行等帅左右羽林兵五百余人至玄武门,遣多祚、(李)湛及内直郎、驸马都尉安阳王同皎诣东宫迎太子。""同皎扶抱太子上马,从至玄武门,斩关而入。太后在迎仙宫,柬之等斩易之、昌宗于庑下,进至太后所寝长生殿,环绕侍卫。"彦范进曰:"昔天皇以爱子托陛下,今年齿已长,久居东宫,天意人心,久思李氏,群臣不忘太宗、天皇之德,故奉太子诛贼臣,愿陛下传位太子,以顺天人之望。"
>
> 甲辰,制太子监国。
>
> 乙巳,太后传位于太子。
>
> 丙午,中宗即位。
>
> 丁未,太后徙居上阳宫。
>
> 戊申,帝帅百官诣上阳宫,上太后尊号曰则天大圣皇帝。[①]

上引《通鉴》纪事颇为详明。武后退位,还政于李氏,自是唐代历史上的一大事件。《通鉴》纪事足供检索。

前录《戊戌变法述论稿》所引《康南海自编年谱》康有为与翁同

---

① 《资治通鉴》卷二百七,唐纪,中宗神龙元年正月。

龢谈话的纪事,《年谱》原系于光绪二十一年乙未之五月,时在光绪二十四年戊戌四月宣诏变法的三年之前。此段记事表明,康氏早在此时已萌发除后拥帝的构想。三年后付诸谋划时,又曾对所谓“张柬之之事”作过明确的说解。

近年发现的毕永年日记《诡谋直记》戊戌年七月二十九日条曾记康有为对他谈及此事:

> 夜九时,召仆至其室,谓仆曰:“汝知今日之危急乎? 太后欲于津大阅时弑皇上,将奈之何? 吾欲效唐朝张柬之废武后之举,然天子手无寸兵,殊难举事。吾已奏请皇上,召袁世凯入京,欲令其为李多祚也。”①

康有为的这段谈话,把他所说的“张柬之之事”,解释得很清楚,即效法唐朝废后之事,策划废慈禧后拥光绪帝,并说已奏请皇上召袁世凯为李多祚,领兵废后。原来构想的谋划,此时已付诸行动了。

毕永年《诡谋直记》八月初三日又记袁世凯入京后,康梁进而谋划刺杀慈禧后,向毕永年试探。当日日记称:

> 午膳时,钱君(维骥)告仆曰:“康先生欲弑太后奈何?”仆曰:“兄何知之?”钱曰:“顷梁君谓我云:先生之意,其奏知皇上时,只言废之,且俟往颐和园时,执而杀之可也。未知毕君肯任此事乎,兄何不一探之等语。然则此事显然矣。将奈之何?”我曰:“我久知之彼欲我为成济也,兄且俟之。”

此记事资料曾由杨天石先生自日本外务省档案中检出刊布,受到学

---

① 《诡谋直记》,载《近代史资料》总63号,中国社会科学出版社,1986年12月。

术界的重视。所说成济，是三国时谋杀魏帝曹髦的刺客。毕氏说知道康梁要他做刺客，他的答复是“兄且俟之”，并未明白允诺[1]。次日晨谭嗣同告毕昨夜访袁世凯，袁对废后事意在推托。毕永年慨叹说“事今败矣”，不愿一起遭难。次日即离京南下。可见杀后密谋，只是康梁谭等对毕的试探，并未获得承诺。康氏之意“奏知皇上时只言废之”，可见杀后密谋，光绪帝并不知情。慈禧后发动政变后对此事也不知情，甚至不知有毕永年其人。所以，杀逐群臣缉拿人犯时并没有毕永年在内。毕氏得以幸免于难，逃亡日本。

唐朝张柬之、李多祚等领兵围宫，迫使武后退位，事前曾密奏太子显（中宗），得到许诺。光绪帝虽不知康梁密谋杀后，但对康梁策划围颐和园废慈禧后的密谋，不容不知。毕永年日记七月二十九日记康有为还曾对他说：“且吾已奏知皇上，于袁召见时，隆以礼貌，抚以温言，又当面赏茶食，则袁必感激而图报矣。”八月初一日记谭嗣同对他说，“此事（废后）甚不可，而康先生必欲为之，且使皇上面谕，我将奈之何！我亦决矣”，同日又记康有为说“至袁统兵围颐和园时，汝则率百人奉诏往执西后而废之可也”。初三日前引梁启超转达“先生之意，奏知皇上，只言废之”。袁世凯《戊戌记略》记谭嗣同夜访曾出示奏稿，请付袁世凯朱谕杀荣禄，代为直督，率所部入京，派一半围颐和园，一半守宫。袁问：“围颐和园欲何为？”谭答：“不除此老朽。国不能保，此事在我，公不必问。”[2]有关记事说明，康梁密谋围园除后并非是背着光绪帝举行政变而是策划奏知皇上奉诏谕行事。光绪帝召见袁世凯即是策划中的一个重要的环节。可以说，光绪帝实际上已参与了这一谋划。

八月初四日，慈禧后乘朝中无备，突然自颐和园回宫。初六日宣布训政，一举夺取了光绪帝的皇权。十三日，以皇帝名义颁谕，将已逮捕的康广仁、谭嗣同及四京卿等六君君子以大逆不道罪处斩。

---

① 杨天石：《康有为谋围颐和园捕杀西太后确证》，载 1985 年 9 月 4 日《光明日报》。

② 中国史学会编《戊戌变法》资料第一册，袁世凯《戊戌日记》。

不经审讯，不录口供，不分轻重，即日斩首。次日颁谕解释说“若稽时日，恐有中变”，“倘语多牵涉，恐致株累”[①]。所谓“语多牵涉”主要是怕牵涉到皇帝。慈禧后虽贵为太后，但此际已还政于帝。倘供出皇帝谕旨，将难于处置。即日处斩，即无从追究。

此上谕命各省缉拿康梁，将围园劫后事公示于众。谕中说：“康有为乘变法之际，隐行其乱法之谋，包藏祸心，图谋不轨，前日竟有纠结乱党谋围颐和园劫制皇太后，陷害朕躬之事，幸经觉察，立破奸谋。”以光绪帝名义发布的这个诏谕，在围园劫后之后，加上“陷害朕躬”一语，意在表明光绪帝不知其谋，是康有为陷皇帝于不义。但这个回护之词不免“此地无银三百两”，正好暴露了光绪帝并非全无牵涉。

综观康有为策划废后拥帝密谋与所谓“张柬之之事”极为相似，但慈禧后并非卧病的武后，袁世凯也不是李多祚。慈禧后先发制人，一举夺取皇权，康有为策划的“张柬之之事”未及施行便彻底失败。慈禧后没有立即废帝另立，而是以训政名义掌控全权。保留光绪帝，以皇帝名义颁诏，是鉴于当时国内外形势的权宜的选择。训政体制确立后，次年即立溥儁为大阿哥，徐图废立，遭到国内疆臣和外国使臣的抵制。八国联军入侵，帝后出逃，清廷垂危，又不得不更正前命，废大阿哥，标榜“母子同心”以重建清廷的统治。垂危的清朝在慈禧后与光绪帝母子的明争暗斗中走向灭亡。

《戊戌变法史述论稿》将戊戌政变一节题为“扑朔迷离的政变过程”。变法过程中，慈禧后与光绪帝相互猜忌，各自在暗中策划翦除对方，夺取全权。只是这些策划都是在亲信人员中秘密进行，不可能笔之于书，更不可能留有纪录。事过之后，当事者编造谎言，掩盖真相，记事者得之传闻，也不免以讹传讹，以致有关文献模糊歧互。考据家各就所见，对一些具体情节作出各种推想，自可百家争鸣，愈辩愈明。但康氏所谓“张柬之之事”系指废后拥帝，应无疑义，不容

---

① 《光绪朝东华录》光绪二十四年八月十四日。

误解。

《戊戌变法史述论稿》一书资料详赡，用力甚勤，史事的述论也多经独立思考。个别史料的误解自是疵不掩醇。我由此得到的启示是，从事专题研究，不仅需要广泛搜罗有关资料，也还需要博览群书，扩展视野。古人所谓由博返约，大概就是这个意思。

2007 年 3 月

原载《牟安世先生纪念文集》，

中华书局，2008 年

附录

答问三篇

关于《中华史纲》答问

“洗尽铅华呈本色”，吕叔湘先生诗中的这句话，蔡美彪先生喜欢，为人治学写书，他都追求这样的境界。“文章写就供人读，何事苦营八阵图。洗尽铅华呈本色，梳妆莫问入时无。”吕老的诗句，面前八十五岁的蔡先生，竟脱口而出。

得知蔡美彪先生新作《中华史纲》由社科文献出版社出版，我就辗转表达了想采访先生的意愿。传回来的信息，是蔡先生委婉的拒绝：“书，读者还没看到，先听听读者的意见。”

先生的低调与读者的热烈形成了鲜明的反差。一个月内，《中华史纲》销售已经近万册。这，成了我走进先生办公室的理由。

问先生：“《中华史纲》写作中，您的考虑，追求的境界？”

“这本书，是写给时间不多的读者的。希望他们花不多的时间，对中国历史发展有个概括的了解。写作时的指导思想，是全心全意为读者服务。我时时提醒自己，写这本书，不同于写学术著作，不是为了发表自己的新观点写论文，要避免表现自己。追求的境界，首先是读者拿到书，要看得下去，而不是看几页就不想看了。为此，从书的框架、写什么不写什么、文字表达等诸多方面，我都尽量为读者着想，希望写出的书，通俗易懂，俗不伤雅，读者愿意看，能够看，能看得明白。为此，写作时只能从实际出发来斟酌。”

将中华民族五千年的文明史，浓缩在不足三十万字的《中华史纲》中，蔡先生说，有两个文学家归纳的写作方法，对他有影响。

一个是清初戏剧家李渔。他总结写剧本的经验，是“去枝蔓，立主脑，脱窠臼，贵浅显”。“写考据文章，不厌琐细，写《中华史纲》这种书，则要去枝蔓，使主干明显。要摆脱流行的各种写法、观念，不管窠臼是什么，不要受束缚。为读者着想，尽量浅近易懂，不要故作高深，不要赶时髦，学术界流行的一些新概念，我没有沿用。”

另一个是当代作家赵树理。“赵树理是解放区著名的小说家，他的作品，识字不多的工农兵非常欢迎。他的两句话让我记了几十年，就是‘有交代，有着落’。对写作中涉及的一个人、一件事……都要有交代，有着落。写出因果，写出内在联系。有头无尾，有尾无头的叙事，都应力戒，这也是中国史书的传统。看了上卷想看下卷，历史小说做到的，历史书也要做到。”

蔡先生说，李渔、赵树理都不是历史学家，但写书不仅要学习前辈历史学家的写作经验，文学家、哲学家、经济学家的写作方法都要广泛地学习，这样有好处。“杜甫诗云‘转益多师是汝师’。活到老，学到老，生活就是学习。这确实是我治学的体会，一生的体会，也是写《中华史纲》的体会。只是沿袭历史书的旧写法，转不出新的格局。”

《中华史纲》我还没有读完。对读过的部分，已有了点点心得。请教先生：开头一节“原始遗迹”，一千多字，把新旧石器、彩陶文化、黑陶文化几个历史时期讲过，寥寥几笔，但却并没有忽略细节，凸现的细节，让我形象地记下了每个时期的分期特征，细节用得何止精当，简直是精妙。

先生作答：“这里边，当然有历史观的问题，也还有研究方法的问题。作为这样一本普及性、综合性的书，我在分清主次时，写什么不写什么，要在写前面时考虑到后面，写后面时考虑到前面。写事情的发展，不是孤立地看待每一个朝代发生的事件。好让读者自然想到历史事件的内在联系。”

研究工作和表述是完全不同的两回事，以为有材料有观点就可以写，不行。要用一半的时间来考虑表述，舍不得花工夫不行。叙事是很难的事。我们学术界受西方影响。认为叙事不算学问，考据、论说才算学问，这是不对的。中国传统史学是以叙事为主，叙事是历史学的基本功。清代章学诚认为历史学有几类，有史纂，有史考，有史评。最后说："叙事最难。"这是他的原话，也是他的经验之谈。因为，在考据和分析的基础上，才能叙述清楚。叙事清楚，读者才能看明白。不故作高深，不追求时尚，根据事情的发展脉络，叙述力求平实简要，文字则要平易畅达。"

"写这本书前，我把近代的通史书大致翻了一下。近代历史学较之乾嘉时代，在研究方法、表述方法上确实有了很大进步。但是回过头来看，也产生了一个问题，就是新造的概念过多。为了写书，我访问了一些中学生。他们告诉我，上了一年历史课，脑子里记的都是一些概念，老师考的也是这些。我写作时，想把近代以来关于历史的概念清理一下。当然，我知道这不是我这本书可以解决的，但做了这样的努力。"

对现代史学中的某些流行概念，蔡先生采取了三种办法：一类是别人都用的，他不用，力求恢复历史原貌，把历史家的概念清理一番，如春秋战国分期、五胡十六国概念，但作出解释；再一类是别人都用的一些概念，他只得沿用，但交代知识，给予说明，澄清谬误，如皇帝的谥号、庙号、年号等；第三类是近年一些考古学家、历史学家自制的、从国外引进的不稳定、不确切的概念，则一概不用，不赶时髦，以免使读者费解。

"不随风倒，不迎合时尚，从实际出发，具体分析具体事务"，这就是先生的历史唯物主义态度。先生说，"搞历史，有两种路子，一种是用历史的事实来证明马克思主义的原理，另一种是用历史唯物主义的立场观点方法去研究历史、解释历史。我的叙事，不做多少理论概括，尽量不讲空话、套话，不掺入表现自己的杂念。理论上有创造谈何容易？我只是学习、研究历史唯物主义，老老实实分析历史，自己不唱高调，从历史的实际出发。历史很丰富，给人的启发也很丰富。光讲某一点，是狭隘的。一个民族，了解自己的历史，就像学习自己的文字一样，有没有这些知识，文化修养、思想素质是不一样的，作用是潜移默化的。”

“听说，您早就想写一部《中华史纲》这样的书？”我问。

“说来话长。”蔡先生拉开书桌左手边的一个抽屉，拿出一本粉色封面的本子，只见本子的纸已经有些发黄。先生翻开书页，是一本油印的讲义。“1954 年，中央戏剧学院的欧阳予倩先生对范（文澜）老讲，从事戏曲工作的人，都应了解中国历史。于是，范老把为他们讲课的任务交给了我。我讲了一年的中国历史，自己写的讲义，想修改后出一本书。‘文革’时，我有空就改我的讲义，别人说，‘都什么时候了，你还写书’，我还是没停下来。后来，胡乔木同志要我主持写一本《祖国历史》，没能写成。

第三次，是《中国通史》十卷本出版后，胡绳建议我再写一本简本。我说，‘不行，要先写通史十一卷、十二卷’。但这次，无论如何要写了，我都八十多岁了，不能再等了。所以说，《中华史纲》写成是最近两三年，但从六十年前开始，脑子里一直想着怎么写为好。写《中华史纲》时，有些章节是以旧稿做参考。

书刚出来，奖誉过多，愧不敢当，希望听些批评指正。这本书是我八十岁以后写的，精力不行了，又没和别人合作，书中的问题是少不了的。

《光明日报》记者庄健采访记录
原载 2012 年 8 月 6 日《光明日报》，
原题《洗尽铅华呈本色》，收入本书，略有修改。

答《中国社会科学报》

一　《中华史纲》与《中国通史》

《中国社会科学报》：蔡先生好，今年您共有三部著作问世，《学林旧事》、《辽金元史考索》和《中华史纲》，《中华史纲》更是受到社会的广泛关注。您能否谈谈对这三部著作的感想？

蔡美彪：您提到的这三部书，都算不得“著作”。《学林旧事》是我历年所写的述评文字和纪念文字，涵盖了我六十多年来的见闻与经历，其中涉及二十多位学术界前辈和一些集体工作。对我来说，这是一本学习历程的记录而非掌故汇编。《辽金元史考索》是我写作的有关论文的选编，前后六十多年，只在这一领域写了这么一点东西，结集出版，不免惭愧。我在“前言”中说，“倘若其中某些文稿还值得有兴趣的朋友翻一翻，就不算白费事了”。《中华史纲》是我近年写作的小书，是提供给广大读者浏览的通俗读物，也不能算学术著作。

《中国社会科学报》：您太谦虚了。大家都知道，当年您协助范文澜先生编写《中国通史》，有人说《中华史纲》是《中国通史》的简写本，但更多的人认为是“升华本”，您认为这部著作有何创新？

蔡美彪：感谢您提供给我这个信息。看来读者中有些误解，需要做些说明。十卷本《中国通史》和续编两卷在 2007 年出齐。次年出版了十二卷合装本,近四百万字。应人民出版社的邀约,我和几位编者编写了一本约五十万字的《中国通史》的简本。简本的框架和论点均不作改动,内容只简不增,是严格的简编本。这部书题为《简本中国通史》,在《中华史纲》完稿前已经交稿,尚未出书。

2009年,中国社会科学院陈奎元院长遵照江泽民同志关于出版简史的提议,委托我编写,限定二十几万字。编写的宗旨是供广大读者了解中华民族历史发展的概况。已出的十二卷本当然是重要的参考,个别章节也还不免因袭。但就总体来说,这是按照我的思路新编的一本小书,书名题为《中华史纲》,与《简本中国通史》不是一回事。

承问"这部著作有何创新"。这部小书不是学术著作,旨在传播历史知识,遵循三个"基本",即运用历史唯物主义的基本观点、依据基本史料、叙述基本事实。作者的任务是把纷繁复杂的史实分别取舍,梳理出条理,便于读者阅读。所以说,这是一本普及型的小书,不是创新型的专著。书中对某些问题也做过自己的解释,例如"中华民族",我没有沿用通行辞书作为词语释为"总称"的释义,而是作为实体名词释为"以汉族为主体的多民族共同体"。书中没做论证,这样说行不行,还有待读者和专家的指正。

二　编书甘苦:与崔瑞德"同病相怜"

《中国社会科学报》:十分感谢您对《中华史纲》的说明,我们也期待着《简本中国通史》的出版。听闻作为《中国通史》主编的您在访问美国普林斯顿大学期间,会见了《剑桥中国史》的主编崔瑞德(Denis Twitchett),一称对方为"大将军",一称对方为"大元帅",成为一时佳话。您能否谈谈这两部巨著各自的特点?

蔡美彪:您说的这事,已经过去近三十年了。1985年秋,我去美国访问,在普林斯顿大学会见了《剑桥中国史》的主编英籍教授崔瑞德。他和我年龄相仿,只差一两岁,又都在主编中国通史,因而一见如故,无拘束地畅谈编书的经验。您说的"大将军"、"大元帅"之类的话,我以前还没有听说过,大概是外国朋友开玩笑。我倒是还记着他说过一句英语:"我们两个住在一个医院里。"大概就是说"同病相怜"。

剑桥出版社的这部书 1966 年开始组织编写,序言中说"目的是为西方读历史的人提供一部基础性的中国史"。原计划编写六卷,后扩展为十五卷。主编由费正清和崔瑞德两人署名。实际上费正清只主编近现代两卷,十几卷的古代史都由隋唐史专家崔瑞德负责。他自己编写若干章节,还要负担庞大的组织工作。这部书的组织办法是,每卷分出若干章,每章由一位著者编写。著者分布在许多国家和地区,各自独立写作,写好稿子送给主编处理。可以想见,出自众多作者的稿件必然是观点不同、详略不同、有长有短。主编的工作是很繁重的。

崔瑞德对我说起他工作中的甘苦:"别人不了解我,你能了解我。"原来"住一个医院"也就是这个意思。我问他估计什么时候全书可以出齐,他风趣地说,大概得活到一百岁吧!他解释说,这部书完成一卷出一卷,第一卷总是写不出来,因为你们不断有考古新发现,赶也赶不上。后来事实证明,他说的是真心实话。几年后,他终于下决心放弃第一卷先秦部分的编写,申明"出于无奈,《剑桥中国史》从秦汉开始"。虽然困难重重,依然坚持不懈。上世纪末,我在国内看到新出版中译本的元代部分,总共不满三十万字,而明代部分却超过一百万字。我又从中看到了主编的"无奈"。一位香港学者说"这不像一部书"。我倒认为这可以说是别一种体裁,是论文集式的通史。分布在各国各地的作者多是研究有素的专家,各写一章像是各写一篇论文,不受拘束,可以独立发挥。就读者来说,也可以较方便地了解各位作者的研究成果。但就全书而论,作为一部基础性中国史,还有相当的差距。看来,多作者论文集式的体裁,便于专题检索,不适于整体通读,有优点也有缺点。

当年我和崔瑞德会见时,他已为此书奋斗了二十年,以后又工作了十多年。一位英国学者为向西方人介绍中国的历史，不惜用三十多年的时间艰苦奋斗，始终其事，是令人钦佩的。

三　学习马克思主义要“神似”

《中国社会科学报》：谢谢您告诉我们这么多关于《剑桥中国史》的“幕后故事”。您曾长期随同范文澜先生工作，您觉得这些经历对您以后的治史生涯有何影响？

蔡美彪：范文澜同志逝世已经四十多年了。学术界和报刊杂志不断有人邀我介绍他的治学情况。我已经写了不少，其中一部分收入您提到的《学林旧事》一书中，不需要再多说了。

说到他在治学方面对我的影响，应该是多方面的。我想了一下，最主要的有两点。第一点是他的“神似貌似”说。他一再强调学习马克思主义要“神似”，即学习精神实质和观点、方法，不要“貌似”，拘守概念，抄袭词句作装饰。他曾说：“问题的发生，新变无穷，解决他们的办法也新变无穷，这才是活生生的富有生命力的马克思主义，这才是学习马克思主义得其‘神似’。‘貌似’是不管具体实践，把书本上的马克思主义词句当作灵丹妙药，把自己限制在某些抽象的公式里，把某些抽象的公式不问时间、地点和条件，千篇一律地加以应用。这是伪马克思主义、教条主义。”他平生著作，当然都是一家之言，但都在实践着不求貌似求神似的信念，形成自己的学风和文风。对我们这一代人很有影响。

历史科学的任务，在于探索那些尚未被人们认识的社会历史现象和它们的本质与客观发展规律。这就要求在历史研究中不断开拓新领域，提出新问题，求得新认知。倘使只是重复已知的结论或者只是引用历史事例去论证某个既定的原理，历史研究工作也就失去了它存在的意义。马克思主义指示了研究历史的途径和方法，但不可能对具体的历史问题都提供现成的答案。

第二点是人所共知的“冷板凳”说，专心治学，不求闻达。范老躬行实践，七十岁得病休养前，每天早上自己端着茶杯走到办公室埋头著述，天天如此。平时尽量辞谢外务，把时间用在治学上。他的言行为我们做出了榜样。我在近代史所坐“冷板凳”算来已有六十年，倘若天假以年，还得坐下去。“鞠躬尽力，死而后已。”

四　蒙元史研究群花并艳　人才辈出

《中国社会科学报》：您是研究蒙元史的大家，是中国元史研究会名誉会长，在这一领域有重大影响，您能否谈谈当今蒙元史研究的现状与未来的发展？

蔡美彪：蒙元史研究是蒙古民族史和元朝断代史的交叉重叠，具有自己的特点。民国初年，出版过《蒙兀儿史记》、《新元史》等多种新编的纪传体元史，沿袭传统的编纂方法。尔后转而注意域外史料和西方史学，以考据为主。新中国成立前夕，知名专家屈指可数，被视为“冷门”。

新中国成立以来的六十多年间，蒙元史研究取得重大发展，成绩显著。基本史料《元史》点校本出版后，中华书局又在组织修订，准备出新版。蒙文音译的《元朝秘史》完成蒙文还原本和新译本，最近又出版了综合多种版本的校勘本。《元典章》点校重刊，是重大的创举。浙江出版的《元朝史料丛刊》，编印多种少见的元代文献，颇有助于元朝制度的研究。前人想看而不容易看到的波斯文史籍《世界征服者史》、《史集》等都已有汉文译本出版，满足了需求。此外，有好多种元人文集经过学者精心校注，并且完成了《全元文》总集。学者撰著的综合性著述和专题著述也不断有新著问世，群花并艳。成立于 1980 年的中国元史研究会，每次开会都有大量论文提交，会后编印文集出版，题为《元史论丛》。其他学术期刊历年发表的论文更是数不胜数。

总的说来，经过六十多年主要是近三十年的努力，蒙元史研究状况已经大为改观。两个月前，中国元史研究会在天津南开大学开会，到会近百人。历年培养的优秀博士、硕士已是蒙元史研究的骨干，并且还在培养新的人才。令人欣慰的是，和我们这一代相比，他们当中不少人能掌握更多的语种，熟练运用英、法、德、日、俄语的大有人在。蒙文、藏文、波斯文等，也都有不少精通的专家。多语种的掌握，使得史料利用的范围大为扩展，也使研究领域大为扩展。每一两年就能看到一两篇功力深厚的学位论文，令人高兴。展望未来，我满怀信心，相信蒙元史研究定会人才辈出，一代胜过一代。

五　对青年学者的几点建议

《中国社会科学报》：作为前辈学者，您对青年学者有何建议？

蔡美彪：首先，科学研究需要一个良好的外部环境。改革开放以来，我们有了一个多年所不曾有过的安定的政治环境。安定团结的政治局面的形成是党的正确路线的贯彻和全国人民共同努力的结果，这为我们从事科研工作创造了一个良好的环境。科学研究工作需要人们持续不断、专心致志的刻苦钻研，一个课题的完成往往需要几年、十几年甚至几十年的努力。所以，自觉珍惜和维护安定团结的政治局面，充分利用来之不易的良好条件以发展我们的科研工作，今后仍是我们争取更大成绩的首要前提。

其次，认真读书，建立坚实、广阔的研究基础。对于青年学者来说，花时间打基础尤为重要。现在的学校教育体制重在听课，而不在读书，教师念讲义，学生记笔记。据说有人直到读完大学都从来没有系统地读过任何一部马克思主义经典著作，也没有系统地读过古代的或近代的基础性学术著述，而只是读过一些文选之类的零散片段。这种情况对于从事历史研究不可避免地带来先天的缺欠。加强马克思主义理论的学习和运用，仍然是提高我们研究水平的关键。马克思主义给我们以科学的历史观和方法论，它本身又是一个完整的思想体系，直到现在，世界上还没有任何一种更完整更科学的体系足以代替。当然马克思主义不是僵固的教条，而需要不断地向前发展。它需要汲取自然科学和社会科学的新成果和新方法来丰富自己,从相关学科得到治史的借鉴。但是,如果认为现在马克思主义已经过时,想从西方寻找一种改变一切的灵丹妙药,那便是严重的误解了。

再次,循序渐进。科学研究有它自己的规律,适应这个规律,循序渐进,看来好像较慢,其实才能更快更高。违反这个规律,看来似乎是快,其实并不能获得真才实学。古人说"欲速则不达",大概就是这个道理。记得五十年代初期,老一辈科学家经常告诫青年不要急于求成,使我们这一代人受益匪浅。由此想到,我们现在对于青年学者的考察,也需要有深入全面的了解。总的来说,应该着重于学术水平的高低,而不在于过多地强调成果的数量。否则会助长急于求成的思想情绪,甚至会滋长不良学风,从而导致科研水平的降低。这是一个值得注意的问题。

最后,要坐得住"冷板凳",抵制诱惑。我坚信,那些善于独立思考、不受外界利诱的有志青年,必能甘于冷漠、不避艰苦,坚持不懈地攀登科学的高峰,取得前人不曾取得的辉煌成就。

六　坚持马克思主义指导、百家争鸣的《历史研究》编辑方针

《中国社会科学报》:谢谢您用自己的治学经历给我们以教诲。《历史研究》创办以来,得到您和许多前辈学者的支持,您的一些重要文章也在《历史研究》上发表。您对《历史研究》未来的发展有何期待?

蔡美彪:五十多年来,《历史研究》经过曲折的道路,不仅已在学术界站稳了脚跟,而且已经为海内外公认为我国最具权威性的历史学专门刊物,为中国历史学的发展作出了多方面的贡献。《历史研究》从创刊之日起,就把学习、应用马克思主义的立场、观点、方法研究历史作为自己的编辑方针。马克思主义的发展不仅依靠科学的新成果,也还借助于对传统学术的批判吸收。《历史研究》从创刊之

日起，即在认真执行“百家争鸣”的政策。据说，“百家争鸣”，最初就是毛泽东为创办《历史研究》而提出的政策，尔后才发展为党对整个学术文化工作的总政策。我在《历史研究》创刊三十五周年致辞中曾说：“(《历史研究》)坚持执行马克思主义为指导的编辑方针，认真贯彻‘百家争鸣’的政策，有此两条，即已取得可观的成就。”

中国的史学研究，尤其是中国史的研究需要与外国交流，但不必处处向外国看齐，而要有自己的特点，从研究方法到表述形式都应形成自己的风格和特色。《历史研究》作为史学研究阵地正承担着这一责任和历史任务。2014 年，《历史研究》将迎来创刊六十周年，我期待它为中国历史学登上更高峰作出更多的贡献！

《中国社会科学报》记者方兴记录

原载 2012 年 11 月 28 日《中国社会科学报》

答乌兰女士问

问:《中国民族研究年鉴》编辑部委托我对您做一次访谈,介绍给广大读者。承您接收采访,衷心感谢。您潜心历史研究几十年,完成《中国通史》这部巨著,贡献卓著。您曾提到续编各册“每个时期不仅有汉族,还有少数民族,宋元明清都是这样,所以在章节结构上和前四册并不完全一样”。请您从民族史的角度谈谈处理非汉族历史内容的原则和设想。

答:范文澜同志创始的《中国通史》原来是提供给广大干部阅读的知识性读物,并不是学术专著。延安时编写的本子题为《简编》,篇幅较小。建国后修订,扩展篇幅,才对各少数民族的历史有所叙述。如隋唐时期分别编写吐蕃国、回鹘国、南诏、大理国等三章,与唐朝并列,据事直书,较全面地反映了唐代中国的全貌,也体现了民族平等的原则。范老去世后,我们继续编写未完成部分,开头就碰到了宋辽金时期。元朝为编写这一时期的纪传体史书,对编写体例争论了几十年,叫作“正统辩”。最后确定宋史、辽史、金史各编一部,解决了争议。但没有编写西夏史。西夏立国西北一百九十年,对历史发展有重大影响。我们反复考虑之后,努力克服当时文献上的困难,为夏国自立一章,形成宋辽夏金四国四章并列,以便读者了解各国的兴衰。元朝统一,只列一节,题为“元朝统治下的各民族”,分别叙述各民族的简况。清代部分,也援此例,设为“清朝统治下的各民族”一节。中国几十个民族,几千年来有分有合,有和有战,有民族压迫,也有民族融合。历史的内容错综复杂,发展的道路迂回曲折，如实地全面地记述历史事实，才能深刻认识各民族凝结为一体的历史过程和发展规律。在中国通史的领域里，对待汉族和非汉族的历史不能有双重标准，都要遵循历史唯物主义的原则，一切从实际出发，具体分析具体事物。这些是我们写作时的设想和努力方向。书中只对一些少数民族的历史作了极简要的介绍，难得周全，更不可能多作理论分析。疏误之处，有待读者指正。

问：1948年您还在读大学时就发表了《元秘史中所见古代蒙古之婚俗》一文，分析、归纳出古代蒙古人婚俗的几种形式和特征，并做出一些合理的解释，即使在今天读来也仍然具有参考价值。近些年来我主要做《元朝秘史》的研究，很想了解您当时选择这一题目的初衷和写作心得。

答：我在大学时选读过社会学课程，后又选修杨志玖先生开设的"元朝秘史研究"专题课。您说的那篇文章《元秘史中所见古代蒙古之婚俗》是一篇习作，只是排比一些资料，很肤浅。我原来还想继续对古代蒙古氏族制度作些研究，但没能如愿。1950年夏季，我参加社会学家林耀华先生率领的燕京、清华、北大三校民族调查团，去内蒙古呼伦贝尔地区考察。林先生要我协同他作蒙古族亲属称谓的调查，由我记音，回京后做了整理。这年秋季，我到北大文科研究所工作，罗常培先生送给我一本他的新著《语言与文化》，其中有一节，竟是"亲属称谓与婚姻制度"，我读后惊喜不已。在两位先生的启示下，我打算再作一个课题，拟为"元秘史中所见古代蒙古的亲属称谓"。元代汉文文献中记录的蒙古亲属称谓多是汉语称谓的比附套用，掩盖了原来的内在含义。《元朝秘史》中保存了大量蒙古语原词，是珍贵的记录。我有志于这项研究，但已是有心无力。现在我把这个课题贡献给您。您如果有兴趣做这件事，一定比我做得好，也一定会对古代蒙古的亲属制度得到更多的理解，有所发明。

问：史料整理等基础性的研究工作，费时费力，对专业知识的要求度相对也高，民族文字文献的整理更是如此。这类工作对于提高研究人员的能力和水平具有重要意义。请您谈谈如何理解基础性工作的重要性。

答:您提的这个问题很重要。前辈学者对历史研究工作的要求,主要是强调两条。一是要在基础史料上下功夫,一是要善于独立思考。这是和自然科学不一样的。数学、物理学可以把别人的新成果作为研究的起点,不必再去引据阿基米德、牛顿、瓦特。历史研究不同。尽管秦汉史研究的专著、论文很多,你要研究项羽、刘邦,还得依据《史记》、《汉书》。不能依据别人的文章,写自己的文章。对于别人的所谓"新成果",包括中国的和外国的,都应该有所了解,但又都要加以识别,可以同意,也可以不同意,可以参考,也可以不参考。对于基础史料的理解程度和独立思考的深度,才是学术评价的依据。

如您所说:"史料整理等基础性研究工作,费时费力",难度很大。非汉族史料的整理和基础性研究,难度更大。这不仅是因为语言障碍需要克服,也还因为不同时代不同民族有着不同的思维方式、不同的道德标准、文化传统以及互不相同的社会政治制度。汉文文献往往是应用汉族的思想习惯和传统观点来观察和记录非汉族状况,不免似是而非。剥去汉化的外衣,才能发现合理的内核。所以,要想深入了解各民族的具体的历史实际,就需要付出很大的功力,依据原始史料做基础性的研究。这类工作的甘苦,不易为人知,工作的意义也不容易被人们了解和认同。这就需要甘于冷漠,人不知而不愠,为学术事业无私奉献。建国以来六十多年间,各民族历史文献的整理研究取得了划时代的成就,这表明无数的奉献者付出了穷年累月的辛勤劳动,应当受到人们的尊敬。各民族的文化宝库中还有大量文献有待整理和研究,希望年轻一代的朋友们继承前辈的奉献精神,继续努力做出更多的成绩。

问:我在内蒙古大学学习和工作时,亦邻真老师、周清澍老师都曾多次称赞您的文章,不仅学术水平高,而且文风正,逻辑清楚,语言简明流畅,让我们认真学习。您在最近的一次学术座谈中谈到如何写文章的一些问题,我很受启发,能否请您再展开来谈一谈。

答:如何写文章是个大题目,不知从何说起。我的文章写得不好,并不像您说的那样。承蒙过奖,愧不敢当。如果问我的体会,我只能说一句话,努力为读者服务。

文章有多种类型,您说的是学术性文章。这也有两类。一类是传播知识的普及性文章,另一类是专业性文章,破解疑难,探索未知。两类文章读者对象不同,但都是写给读者看的,不是个人抒情遣兴。所以,必须考虑让读者容易看、看得明白、看得下去并愿意看。要做到这些并不容易。首先需要对要谈的问题想清楚,否则先别急着写,等想清楚了再说。写作时要处处为读者着想。比如:能写的简短就不要拖长,浪费读者时间;能用平常话说明白就不要用生僻的词句,令人费解;引用史料旨在说明问题,不能贪多;注释明意而止,不需烦琐,如此等等的问题,心中有读者才能更好地为读者服务。如果心里总想着显示自己有学问,看书多,材料多,就难免陷于烦冗,影响读者畅读。文章怎么写才算好,还包含文学修养和写作技巧等问题,前人论说很多,见仁见智,都给人以启迪。就学术文章来说,树立为读者服务的观念,或许有益。

访问者:乌兰

原载《中国民族研究年鉴》2013 年